交通运行管理丛书

城市多模式公共交通运行协调优化方法

Operation Coordination and Optimization
of Urban Multimodal Public Transit System

过秀成 窦雪萍 著

东南大学出版社

图书在版编目(CIP)数据

城市多模式公共交通运行协调优化方法 / 过秀成，窦雪萍著.
—南京：东南大学出版社，2018.1
ISBN 978-7-5641-7582-5

Ⅰ.①城… Ⅱ.①过…②窦… Ⅲ.①城市交通系统—公共交通系统—运输调度 Ⅳ.①U492.2

中国版本图书馆 CIP 数据核字(2017)第 324154 号

城市多模式公共交通运行协调优化方法

出版发行：	东南大学出版社
社　　址：	南京市四牌楼 2 号　邮编：210096
出 版 人：	江建中
网　　址：	http://www.seupress.com
电子邮箱：	press@seupress.com
经　　销：	全国各地新华书店
印　　刷：	虎彩印艺股份有限公司
开　　本：	700 mm×1 000 mm　1/16
印　　张：	14.25
字　　数：	314 千字
版　　次：	2018 年 1 月第 1 版
印　　次：	2018 年 1 月第 1 次印刷
书　　号：	ISBN 978-7-5641-7582-5
定　　价：	48.00 元

本社图书若有印装质量问题，请直接与营销部联系。电话(传真)：025 - 83791830

前　言

落实公交优先发展战略是提高交通资源利用效率、缓解交通拥堵、促进城市可持续发展的重要举措。为提升公共交通吸引力，各大城市相继建设轨道交通网络，与地面公交网络共同构成多模式的城市公共交通系统。轨道交通与地面公交网络的融合、运行的协调进而成为改善当前城市公共交通系统服务质量的关键。

本书围绕"多模式公共交通运行协调"主题，以轨道交通与地面公交系统为研究对象，从协调设计、协同调度与运行控制三方面综合剖析多模式公共交通协调机理，探索轨道交通与地面公交网络协调设计方法，提出多模式公共交通时刻表协调优化方法，并给出保障运行协调方案有效落实的控制策略。本书共10章：第1章绪论；第2章多模式公共交通协调优化研究现状；第3章多模式公共交通协调优化机理；第4章多模式公共交通网络协调设计；第5章单线路行车时刻表编制；第6章地面公交线路时刻表协调优化；第7章同步换乘导向下公交时刻表设计；第8章轨道交通与地面公交时刻表协调设计；第9章基于协同调度的首末班运行计划优化；第10章多模式公共交通运行控制策略。

本书对提高公共交通系统服务与管理水平、建设便捷高效的多模式协同的公共交通系统，具有较强的参考借鉴价值。本书可作为高等院校交通运输、交通工程等专业高年级本科生、硕/博士研究生的学习用书，也可作为城市规划、交通运输领域科研人员、管理人员以及公交企业管理人员和技术人员的参考读物。

在本书撰写过程中，参阅了大量国内外文献资料，由于条件所限，未能与原著作者一一取得联系，引用及理解不当之处敬请谅解，在此谨向原著作者表示崇高的敬意和由衷的感谢！

由于作者的时间和水平有限，书中难免有疏漏之处，恳请读者批评指正。

电子邮箱：seuguo@163.com。

著者

于东南大学

2017年6月

目 录

第1章 绪论 ………………………………………………………………… 1
  1.1 背景 ……………………………………………………………………… 1
  1.2 主要内容 ………………………………………………………………… 3
  1.3 本书总体架构 …………………………………………………………… 5
  1.4 本章小结 ………………………………………………………………… 6

第2章 多模式公共交通协调优化研究现状 ……………………………… 7
  2.1 多模式公共交通网络协调设计 ………………………………………… 7
  2.2 多模式公共交通协同调度 ……………………………………………… 9
  2.3 公共交通运行控制策略 ………………………………………………… 17
  2.4 既有研究现状评述 ……………………………………………………… 18
  2.5 本章小结 ………………………………………………………………… 19

第3章 多模式公共交通协调优化机理 …………………………………… 20
  3.1 换乘便捷性概念界定 …………………………………………………… 20
  3.2 基于换乘便捷性的协调优化框架 ……………………………………… 22
  3.3 多模式公共交通协调优化策略 ………………………………………… 23
  3.4 本章小结 ………………………………………………………………… 27

第4章 多模式公共交通网络协调设计 …………………………………… 28
  4.1 地面公交线路调整技术 ………………………………………………… 28
  4.2 接运公交线路布设方法 ………………………………………………… 37
  4.3 本章小结 ………………………………………………………………… 44

第5章 单线路行车时刻表编制 …………………………………………… 45
  5.1 时刻表分类与编制流程 ………………………………………………… 45

5.2 时刻表编制核心任务 ………………………………………………… 47
5.3 时刻表编制基本方法 ………………………………………………… 48
5.4 时刻表编制方法拓展 ………………………………………………… 58
5.5 本章小结 ……………………………………………………………… 59

第 6 章　地面公交线路时刻表协调优化 …………………………………… 60
6.1 乘客偏好差异对协同调度的影响分析 ……………………………… 60
6.2 共线公交线路时刻表协调优化 ……………………………………… 73
6.3 公交网络线路时刻表协调优化 ……………………………………… 83
6.4 本章小结 ……………………………………………………………… 96

第 7 章　同步换乘导向下公交时刻表设计 ………………………………… 97
7.1 等间隔时刻表设计 …………………………………………………… 97
7.2 非等间隔时刻表设计 ………………………………………………… 103
7.3 本章小结 ……………………………………………………………… 108

第 8 章　轨道交通与地面公交时刻表协调设计 …………………………… 109
8.1 基于协同调度的时间控制点时刻表设计 …………………………… 109
8.2 轨道交通接运公交时刻表设计 ……………………………………… 126
8.3 本章小结 ……………………………………………………………… 138

第 9 章　基于协同调度的首末班运行计划优化 …………………………… 139
9.1 轨道交通首班列车运行计划优化 …………………………………… 139
9.2 轨道交通末班列车运行计划优化 …………………………………… 154
9.3 地面公交深夜时段运行计划优化 …………………………………… 169
9.4 本章小结 ……………………………………………………………… 187

第 10 章　多模式公共交通运行控制策略 ………………………………… 189
10.1 运行控制策略分类 ………………………………………………… 189
10.2 越站控制策略 ……………………………………………………… 190
10.3 考虑车载能力约束的越站控制策略 ……………………………… 200
10.4 本章小结 …………………………………………………………… 205

参考文献 …………………………………………………………………… 206

后记 ………………………………………………………………………… 220

第1章 绪 论

1.1 背景

尽管我国公共交通发展已由规模扩张的粗放式步入服务质量引导的精细化阶段,但目前大部分城市的公共交通出行比例增长缓慢甚至下降,公交服务质量低和吸引力弱是主要原因。公共交通网络运行的可靠性和换乘的便捷性是居民出行选择公共交通时考虑的关键服务质量因素。通过提高公共交通运输的直达率并不能有效缓解准点率低和换乘不便的问题,却会引起线网重复系数的增加和线路距离的延长,从而降低公交系统运行可靠性。因此,构筑轨道交通、地面公交衔接顺畅的多模式公共交通网络,实现单线运行的可靠与多线换乘的便捷,提升公交服务吸引力已成为共识。对于政府管理部门,通过优化多模式公共交通组织提供优质的公共交通服务、改善城市交通结构,可保障城市交通资源的合理利用;而对于公共交通运营企业,通过轨道交通与地面公交的协同合作,采用高周转率、短运距的线路组织模式,既能合理配置车型降低能耗,又能通过客流集聚减少单位运输成本、增加运营绩效,实现公共交通资源共建共享共赢。

目前,单线运行的可靠性问题已有相对成熟的成果并得到了有效应用,在网络运行可靠性基础上考虑多模式公共交通网络内的换乘衔接问题仍处于探索阶段。本书将多模式公共交通网络界定为由城市轨道交通线路与地面公交线路构成的城市公共交通网络。面向多模式公共交通网络内不同方式、不同线路之间的换乘衔接问题,需要综合考虑:

(1)兼顾企业成本和乘客需求的线路布局与发车频率。即在进行公共交通网络设计时,在确保不(过度)增加企业成本的前提下尽可能减少乘客一次完整出行过程中涉及的换乘次数和经历的换乘时间(包括步行时间和等待时间)。

(2)便捷舒适的换乘设施。在站点间提供便捷的换乘路径,如通过建设综合枢纽、增加空中连廊、加密过街设施等尽可能缩短乘客换乘步行时间,并可通过改善步行环境,提升乘客步行时的愉悦度。

(3) 公共交通线路间的协同调度。将确定的发车频率拓展为详细的线路时刻表时,协调各线路在换乘站点处离站时刻与到站时刻的匹配程度,实现网络内线路间的协同调度,减少乘客换乘等待时间、降低乘客换乘失败率。

(4) 服务于协同调度的运行控制策略。采取适当的运行控制策略如中途越站、滞站控制等,纠正由于不可控的内部因素影响或外部环境干扰引起的运行时间的变化,降低其对到站时刻、离站时刻匹配方案的影响。

(5) 完善的公共交通服务信息发布系统。通过公布线路时刻表信息和实时更新的车辆位置信息、车内满载情况,乘客可提前制订并灵活调整其公共交通出行方案,确保换乘时间处于其可容忍范围。

"公交优先"战略导向下多数大城市已逐步开始关注不同方式、不同线路间的衔接换乘问题,在网络设计时尽可能降低多次换乘路径(出行路径内涉及 2 次以上换乘过程)所占比例,同时在线路、站点等基础设施布设时尽可能为乘客提供便捷的步行换乘路径,并实施公共交通换乘票价优惠政策。然而实际中在轨道交通建设运营前,城市已形成稳定的地面公交系统,如何真正实现轨道交通网络、地面公交网络的有效融合有待进一步探索研究。同时,在运营调度阶段,不同营运企业的调度工作各自独立又往往不予协调,引发公共交通运力的断面落差大、换乘候车时间长等问题。北京市换乘时间低于 5 min 的公交出行只占 8%[1]。即便隶属同一运营企业,由于以单线调度(定时、定线、定站)为主,缺乏对网络换乘衔接便捷性的考虑,使得公共交通出行者换乘意愿整体不高。"高昂"的换乘惩罚(如过长的换乘等待时间)使得空间换乘可达却未能充分发挥价值。考虑到运营成本限制和资源利用效率,大部分城市不提供 24 小时公共交通服务(尤其是运营成本高昂的轨道交通服务)。当各线路末班运行计划未能协调匹配时,会使得空间换乘可达线路间出现换乘失败的情况(即乘客到达换乘站点时发现所需换乘的末班列车/车辆已离站)。换乘失败作为换乘等待时间过长现象的特例(即换乘等待时间无限长),迫使乘客采用其他方式完成后续出行,出行成本的增加易引起乘客的不满,特别是对于部分在夜间仍需工作的低收入群体。

结合给定的轨道交通、地面公交网络规划方案,调整与轨道交通线路服务范围存在重叠的地面公交线路可加强两者的有序协作,便于轨道交通站点客流高效集散与转换;同时适当新增轨道交通接运公交线路,为居民提供全过程的公共交通出行服务。基于协调后的多模式公共交通网络,进一步通过运行协调可有效缓解前文所述两类换乘衔接问题:非末班车次间的换乘问题和涉及末班车次的换乘问题。其中,运行协调优化过程主要涉及协同调度及其配套的运行控制两个方面。协同调度方案是运行控制方案的输入,是缓解换乘衔接问题的关键。

本书拟界定多模式公共交通网络换乘便捷性的内涵,剖析基于换乘便捷性的多模式公共交通协调机理,探索轨道交通与地面公交线路协调设计方法,提出考虑换乘便捷性的时刻表协调优化方法,并给出运行协调方案保障策略(即有效的调度控制策略),以期为多模式公共交通规划设计、运行管理提供理论基础和决策支持,从而为出行者提供运行可靠、换乘便捷的高品质公共交通服务,提升公共交通吸引力,缓解城市交通拥挤。

1.2 主要内容

结合当前公共交通换乘衔接问题的前沿研究和实践经验,著者认为应该回答好如下问题:

1. 如何通过调整和新增地面公交线路,减少轨道交通与地面公交换乘的步行时间?
2. 如何改进面向协同调度的时刻表设计优化方法,减少不同方式间、同一方式下不同线路间换乘等待时间?
3. 如何拓展面向协同调度的车辆运行计划优化方法,降低不同方式间、同一方式下不同线路间换乘失败率?
4. 如何制订考虑运行随机性的线路调度控制方案,保障多模式公共交通运行协调方案实施效果?

由于研究精力有限,本书拟重点探讨多模式公共交通协同调度问题,即主要围绕第 2、3 个研究问题展开论述,提出多模式公共交通协调优化方法,为公交企业提升公共交通网络换乘便捷性提供理论基础与关键技术,具体包括:

(1) 多模式公共交通协调优化机理

以由轨道交通、地面公交构成的多模式公共交通网络为研究对象,界定网络换乘便捷性的内涵,剖析其与线路运行可靠性的关联性,分析影响换乘便捷性的因素,提出基于换乘便捷性的多模式公共交通协调优化框架与策略。

(2) 多模式公共交通网络协调设计

基于给定的轨道交通网络研究既有地面公交线路调整技术和接运公交线路生成方法。制订系统的地面公交线路调整流程、明确各环节关键技术。提出接运公交线路候选线路启发式生成方法,建立候选线路优选模型并设计算法进行求解。

(3) 单线路行车时刻表设计方法

介绍单线路行车时刻表编制的内容与基本流程,明确时刻表编制的核心任务是确定合理的发车间隔,在给出时段划分方法的基础上重点探讨各时段合理的发车间隔确定方法。

(4) 地面公交线路时刻表协调优化方法

梳理公共交通乘客换乘行为基本特征，利用新加坡 EZ-Link 刷卡数据定量分析共线段内换乘乘客对站点的选择规律与偏好差异；根据换乘客流量在公交线路共线段各站点的不均匀分布，建立使共线段内总换乘负效用最小的时刻表调整优化模型，结合蒙特卡罗仿真进行比较分析与敏感性分析研究是否考虑乘客偏好差异对协同调度效果的影响。

基于乘客对换乘站点的偏好差异，提出共线公交线路间时刻表协调优化方法，即在考虑乘客选择偏好和公交运行随机性的基础上通过适当调整现状时刻表以减少线路间换乘等待时间。以研究时间范围内线路间换乘等待时间最小为目标函数、以各车次计划发车时刻调整方案为决策变量，建立鲁棒优化模型。提出基于样本均值近似方法的求解算法。

针对区域内局部或整个公交网络协同调度的客观需求，构建适应大规模网络换乘协调要求的时刻表鲁棒优化模型，计算使网络内总换乘等待时间最小的各线路时刻表整体偏移方案（各线路研究时间范围内各车次计划发车时刻调整幅度一致）。考虑到公交运行的随机性和优化网络的规模，利用包含蒙特卡罗仿真的遗传算法获取近似最优解。

(5) 同步换乘导向下公交时刻表设计方法

介绍同步换乘系统的内涵与构成要素，给出同步换乘导向下等间隔线路时刻表脉搏发车间隔选择方法及多中心同步换乘网络设计流程，构建面向公交网络同步换乘需求的非等间隔线路时刻表设计优化模型，寻找使网络内同步换乘次数最大的各线路各车次计划发车时刻。

(6) 轨道交通与地面公交时刻表协调设计方法

考虑到地面公交与轨道交通的换乘需求，提出基于协同调度的公交线路（非接运公交线路）时间控制点时刻表设计问题。以区段松弛时间为决策变量，构建考虑公交运行随机性、驾驶员恢复行为和乘客换乘行为的鲁棒优化模型，旨在减小公交车辆实际运行与时刻表的偏差以及地面公交与轨道交通的换乘等待时间。结合蒙特卡罗仿真，利用分支定界法求解模型。

基于给定的轨道交通运行计划，提出考虑换乘乘客排队过程的接运公交时刻表设计问题。建立基于协同调度的接运公交时刻表设计优化模型寻找可有效减少乘客换乘等待时间、降低公交企业运营成本的服务于轨道交通的接运公交发车计划。以各车次计划发车时刻为决策变量构建混合整数规划模型，利用嵌入枚举过程的遗传算法进行求解。

(7) 面向首末班换乘需求的运行计划协调优化方法

研究与首班列车具有换乘关系的车次的识别方法，构建考虑换乘关系重要度的轨道交通首班列车运行计划优化模型,利用分支定界法求解模型,寻找使轨道交通网络内首班列车乘客换乘等待时间最小的各线路计划发车时刻。

明确提出轨道交通末班列车运行计划优化目标与调整策略,以末班列车计划发车时刻、计划运行时间和计划停靠时间为决策变量,构建优化模型旨在通过微调优化现状末班列车运行计划降低换乘失败的换乘关系所占比例,采用分支定界法求解模型。

基于优化后的轨道交通末班列车运行计划,研究如何进一步协调优化地面公交深夜时段公交车辆运行计划,以最小的调整幅度最大限度地减少地面公交与轨道交通间换乘失败的情况。以深夜时段公交车辆计划发车时刻、计划运行时间为决策变量构建数学模型,利用分支定界法进行求解。

(8) 多模式公共交通运行控制策略

总结公共交通常态运行过程常用的运行控制策略,重点分析越站控制策略,考虑车辆运行随机性建立非客流高峰期公交车辆越站控制方案生成模型,并设计包含蒙特卡罗仿真的遗传算法进行求解,同时给出客流高峰期综合考虑车辆运行随机性和车载能力约束的公交车辆越站控制方案生成方法。

多模式公共交通网络内,面向协同调度的运行计划协调优化方法的研究对象空间维度上涉及三类换乘关系:地面公交内部换乘关系、地面公交与轨道交通间换乘关系和轨道交通内部换乘关系;时间维度上涉及两类换乘问题:非末班车次间的换乘问题和涉及末班车次的换乘问题;时空维度交叉后即形成六类换乘问题。

表1-1梳理了本书研究内容所涉及的换乘关系及其优化目标。

表1-1 研究内容所涉及的换乘关系及其优化目标

优化目标 换乘关系	减少换乘等待时间	减少换乘失败
公交↔公交	研究内容(4)、(5)	—a
公交↔轨道	研究内容(6)	研究内容(7)
轨道↔轨道	研究内容(7)b	研究内容(7)

注:a. 深夜时段公交车辆内部换乘需求较小,故本书未探讨公交内部换乘失败问题;
  b. 轨道交通发车频率(尤其是高客流高峰期),换乘等待时长往往在乘客可容忍范围之内,故本书仅讨论较为特殊的轨道交通首班列车换乘问题。

1.3 本书总体架构

本书以交通运输工程学、运筹学、随机优化理论、整数规划理论为指导,以数学建模、蒙特卡罗仿真方法、分支定界法、启发式算法为主要手段,对基于运行可靠性

和换乘便捷性的多模式公共交通协调方法进行研究。本书共分为10个章节,各章节内容如下:

第1章绪论。阐述多模式公共交通协调问题研究的目的意义和必要性,以及本书的主要研究内容。

第2章多模式公共交通协调优化研究现状。综述国内外既有研究成果。

第3章多模式公共交通协调优化机理。界定换乘便捷性的内涵,提出多模式公共交通协调优化框架与策略以及策略作用机理。

第4章多模式公共交通网络协调设计。基于给定的轨道交通网络研究既有地面公交线路调整技术和接运公交线路生成方法。

第5章单线路行车时刻表编制。给出单线路行车时刻表编制流程,在明确时刻表时段划分方法的基础上重点探讨各时段发车间隔的确定方法。

第6章地面公交线路时刻表协调优化。分析乘客偏好差异对协同调度的影响,提出共线公交线路时刻表协调优化方法和公交网络时刻表协调优化方法。

第7章同步换乘导向下公交时刻表设计。确定同步换乘导向下等间隔线路脉搏发车间隔选择方法和非等间隔线路时刻表协调设计方法。

第8章轨道交通与地面公交时刻表协调设计。基于给定的轨道交通时刻表,研究基于协同调度的一般地面公交线路与接运公交线路时刻表设计方法。

第9章基于协同调度的首末班运行计划优化。提出轨道交通首班列车、末班列车运行计划优化方法和地面公交深夜时段运行计划优化方法。

第10章多模式公共交通运行控制策略。探讨公共交通运行控制策略,给出公交车辆越站控制方案生成方法。

1.4　本章小结

本章阐述了研究多模式公共交通协调方法的目的、意义与必要性,介绍了拟解决的核心问题及其相应的研究内容,并给出了本书总体架构。

第 2 章
多模式公共交通协调优化研究现状

2.1 多模式公共交通网络协调设计

2.1.1 轨道交通与地面公交线路协调方法

随着各大城市相继建设运营轨道交通网络,轨道交通线路与既有地面公交线路间协调优化问题引起广泛关注。同济大学范海雁、杨晓光等[2]从站点、线路及线网三个层面研究了以轨道交通为核心的地面公交线网调整问题,提出了由点到线到面的线路调整方法。周昌标等[3]从地面公交线路功能结构、公交客流变化幅度、公交可替代性等三方面研究了基于轨道交通的地面公交线网的调整问题,并提出了具体的公交线网调整的方法。同济大学周韬和邵敏华[4]从公交出行需求和走廊运输能力、道路运行状况、公交服务质量以及换乘枢纽的位置等方面分析线路调整的影响因素,并以上海市公交线路为例,给出了每种影响因素下的具体调整方法。陈素平、刘岱宗等[5]以公交企业利益、代表乘客利益的公交服务水平和公交网络运载效率三方均衡发展为优化目标,构建了公交线网优化评价指标体系,基于目标要素分析法提出了线网优化比选方案评价方法。孙杨等[6]基于轨道交通新线,以公交网络有效服务及轨道交通客运量最大、乘客平均公交成本最小、运营成本最低、车辆需求最少为目标,构建了地面公交网络优化调整的多目标规划模型。西南交通大学张毅[7]以乘客平均出行时间最小化、公交集团营运成本最小化为目标,建立了接驳城市轨道交通的地面公交线路优化模型,并设计了对应的遗传算法求解该多目标问题。东南大学过秀成、李家斌[8]深入探讨了轨道交通运营初期地面公交系统优化方法。吉林大学刘华胜[9]研究了轨道交通规划方案确定或建成条件下常规公交站点优化、网络设计、运营协调、突发事件应急联动等关键问题。上述研究多基于给定的轨道交通线路布局方案,研究地面公交调整优化方法。事实上,多方式公交网络设计方法亦是近年来的研究热点。Wan 等[10]利用了两阶段方法在多模式网络中进行公交线网设计:第一阶段建立状态增广多模式网络,采用随机用户均衡进行公交客流分配;第二阶段运用混合整数规划方法,以运营成本最小为目标函数建立线路设计模型。之后 Wan 等[11]考虑拥挤效应与方式换乘,在上述多模式状态增广网络中,对线路间及方式间的换乘行为进行建模研究。Szeto 和 Jiang[12]建立了双层规划模型进行网络设计,上层是以乘客换乘数最小化为目标的混合整数非线性规划模型,下层为客流分配模型,并设计了人工蜂群算法进行求解。

2.1.2 轨道交通接运公交线路生成方法

针对轨道交通接运公交线路生成问题,Kuah 和 Perl 等[13]以乘客出行总时间最小为目标函数建立了非线性规划模型,并利用启发式算法进行求解。Lúcio 和 Vaz[14]则以乘客出行总成本和公交运营成本最小为目标函数构建模型。Verma 和 Dhingra[15]在研究接运公交服务范围的基础上,提出了两阶段线网生成方法:利用线路长度约束,应用 K 最短路算法求解候选线路,再应用遗传算法筛选候选线路以组成接运公交网络。曹玫和林小涵[16]以运营者和乘客出行成本之和最小为目标函数建立模型,并设计了遗传算法搜索最优路线。Kuan 等[17]将蚁群算法应用于接运公交线路生成问题的研究,通过 20 个测试算例比较了蚁群算法与遗传算法的计算效率,发现蚁群算法可在更短的时间内获取较优的解。Shrivastava 和 O'Mahony[18]结合遗传算法与启发式算法,设计了求解接运公交线路生成问题的混合算法,并证明了其有效性。Shrivastava 和 Dhingra[19]进一步利用启发式算法,在确定首末站后通过逐个插入中途站的方式设计接运公交线路。北京交通大学许旺土等[20]以最少线路接运最大客流量为目标建立了线路生成模型,并设计了改进的遗传算法求解模型。宋瑞和刘志谦[21]则以乘客延误最小和公交线路行驶时间最短为目标,提出了一种启发式算法寻找轨道交通接运公交线路最优布设方案。孙杨、宋瑞等[22]进一步研究了弹性需求下接运公交网络设计问题,引入 Logit 模型分析乘客对接运交通方式的选择行为,以接运公交乘客量最大化、乘客成本最小化、运营成本最小化为目标,建立了数学模型并选用遗传算法进行求解。武汉理工大学李诗灵等[23]将接运公交线路规划区域进行了离散化处理,以接运效率最大为优化模型构建了数学模型,并利用了粒子群算法进行求解。东南大学张杰林等[24]考虑站点覆盖率、非直线系数、运营费用等指标,以整体客运系统运输效率最大为目标,提出了基于启发式算法的接运公交线路布设方法。北京交通大学熊杰、关伟等[25]提出了社区公交接驳地铁路径优化方法,即基于社区居民出行数据利用遗传算法对服务社区的公交路径进行优化设计。

2.2 多模式公共交通协同调度

2.2.1 地面公交单线路计划时刻表设计

单线路公交时刻表设计的核心为确定合理的发车间隔(或发车频率)以兼顾乘客与企业双方利益。Salzborn[26]基于给定的乘客达到率寻找使车队规模和乘客等待时间最小的发车间隔方案。Schéele[27]建立了以乘客总旅行时间最小为目标、以发车间隔为决策变量的非线性优化模型,并将发车间隔优化问题与公交客流分配问题进行联合求解。Furth 和 Wilson[28]以系统社会效益最大为目标、以车队规模、最大发车间隔和成本预算为约束条件建立了发车间隔优化模型。Ceder[29]给出了根据客流需求确定线路发车频率的四种方法。Van Nes等[30]以满足需求和减少换乘为目标、以车队规模为约束条件同步进行公交网络设计和发车频率优化。Constantin 和 Florian[31]则基于给定的车队规模以乘客总旅行时间最小为优化目标建立了混合整数非线性规划模型,由于模型非凸故采用了投影次梯度算法获取最优的线路发车频率。Gao等[32]建立了双层规划模型确定线路最优的发车频率,上层模型以乘客总旅行时间和企业运营成本最小为优化目标,下层为客流分配模型用以确定乘客路径选择方案。东南大学牛学勤等[33]基于给定的客流需求建立了优化模型,寻找使乘客满意度和企业满意度加权平均值最大的公交线路发车频率。陈茜等[34]建立了多目标优化模型确定公交线路发车频率,兼顾企业与乘客的满意度。同济大学滕靖、杨晓光[35]以兼顾企业成本与乘客成本为目标,研究了公交线路发车间隔优化问题。吉林大学杨兆升[36]构建了以乘客初始等车时间成本、乘车时间成本、换乘时间成本和运营者的可变运营费用四部分加权和最小为优化目标、以公交线路发车频率为决策变量的优化模型。大连理工大学于滨等[37]构造了以公交系统总成本最小为优化目标、以公交线路发车频率为决策变量的双层规划模型。Yu 等[38]进一步考虑乘客随机到站的特征建立了以乘客总旅行时间最小为目标的双层规划模型,下层模型用以确定乘客路径选择方案而上层模型则在给定客流分配方案下优化线路发车频率。长沙理工大学王佳等[39]以乘客与企业双方利益加权和最大为优化目标、以公交线路发车频率为决策变量,同样构造了双层规划模型,并采用了禁忌搜索算法求解模型。Zhao 和 Zeng[40]以线路布局、发车间隔、时刻表为优化对象,并利用超启发式算法(模拟退火、禁忌搜索、贪婪搜索的组合)搜索使乘客成本函数取最小值时所对应的解。北京交通大学许旺土等[41]以最大化社会福利为目标构建了不同运营时段内公交线路发车间隔优化模型。北京交通大学姚锦宝等[42]以兼顾乘客和企业双方利益为目标、以公交线路发车间隔为决策变量、以不增加公交车辆为约束条件构建了非线性优化模型,并设计了双种群遗传算法求解模型。Li 等[43]综合考虑了乘客需求与线路运行的不确定性,建立了随机优化模型用以寻找使企业运营成本和乘客等待成本总和最小的线路发车频率,并设计了遗传算法求解模型。上海理工大学宋晓鹏、韩印等[44]以兼顾乘客成本与企业成本为目标,以车辆载客能力为约束条件,建立了公交线路发车间隔优化模型,并提出了非支配排序遗传算法用于求解模型。为了提高基于时刻表运行的公交线路运行可靠性,Bie 等[45]基于自动车辆定位(Automatic Vehicle Location,简称 AVL)数据利用改进的聚类方法提出单日时刻表设计时段划分标准和划分方法。

考虑到公交车辆调度方案对线路发车间隔方案的影响,部分学者将线路时刻表与车辆调度方案进行联合优化。北京交通大学宋瑞等[46]提出了车辆调度与公交时刻表设计联合优化模型,并利用了启发式算法求解模型。又在模型中重点考虑了与乘客平均等待时间、车辆满载率相关的约束条件(宋瑞等)[47]。北京市交通委员会邹迎[48]以乘客成本与企业成本之和最小为优化目标,以线路发车时刻和车辆调度形式为决策变量,构建了行车计划优化模型。北京交通大学刘志刚、中金升等[49-50]则建立了公交时刻表设计与车辆调度之间的双层规划模型。Ceder[51]基于公交车辆车型的多样性提出了实现车辆间满载率均匀、线路发车间隔均匀目标的时刻表设计方法。Hadas 和 Shnaiderman[52]以总成本(考虑车内剩余座位数和未满足的需求量)最小为目标,建立了动态需求下线路发车频率和车辆车型联合优化模型。Petersen 等[53]以车辆运营成本和乘客换乘成本加权和最小为目标建立了公交时刻表设计和与车辆调度方案联合优化模型。

可靠的单线路行车时刻表是实现多线路间有效协同调度的关键之一。北京交通大学孙杨、宋瑞等[54]建立了考虑乘客成本与企业成本的公交时刻表鲁棒优化模型,并设计了遗传算法获取解。东北大学吴影辉等[55]构建了考虑车辆运行随机性的单线路公交时刻表设计优化模型,结合蒙特卡罗仿真,将随机优化模型转化为确定性线性规划模型,进而采用了分支定界法求解模型。又进一步在时刻表设计中考虑了运行控制策略的作用[56-57]。设计基于时间控制点的公交时刻表也是提高线路运行可靠性的常见方式之一,通过在时间控制点引入松弛时间以调控公交运行的随机性。关于时间控制点的筛选,Lesley[58]建议将时间控制点布设在车头时距的变异系数超过所有站点处的车头时距变异系数的平均值的两倍的站点处。Abkowitz 和 Engelstein[59]以及 Abkowitz 等[60]研究发现,最佳时间控制点的位置对线路断面客流较为敏感,可设置在上车乘客数比较大的几个站点的前一个站点处。在确定了时间控制点方案后(或基于给定的时间控制点方案),需要在时间控制点引入合理的松弛时间,最小化车辆在时间控制点处实际到站时刻与计划到站时刻间的偏差。Carey[61]以运行时间成本和偏离计划时刻表成本之和为目标函数构造了中途停靠站计划到站时刻优化模型。Dessouky 等[62]基于对 3 条公交线路实际运行数据的统计分析,给出了松弛时间与计划运行时间比值的推荐值为 0.25。Zhao 和 Dessouky 等[63]以乘客等待时间期望值最小为优化目标,得出了应附加在线路平均循环时间上的松弛时间方案。Yan 等[64]以及过秀成、严亚丹[65]考虑驾驶员恢复行为和公交车辆随机运行时间,以所有时间控制点处的时刻表偏差的总惩罚成本最小为目标,构建了公交线路计划时刻表设计的鲁棒优化模型。Zhao 等[66]在考虑站点间公平性和运营者冒险态度的基础上构建了松弛时间随机优化模型,并设计了包含蒙特卡罗的遗传算法求解模型。

部分研究中结合滞站控制策略进行线路时刻表设计以提高线路运行可靠性,也需确定中途停靠站点松弛时间方案。Wirasinghe 和 Liu[67]在滞站控制策略条件下,以乘客等待时间成本、乘车时间成本、运营成本之和最小为优化目标,以线路上时间控制点的选取以及时间控制点处的松弛时间为决策变量,构建了动态规划问题。Liu 和 Wirasinghe[68]进一步结合滞站控制策略,提出了一个用于设计公交线路计划时刻表的仿真模型。Furth 和 Muller[69]研究了滞站控制条件下低频公交线路的时刻表设计问题,以乘客成本和运营成本之和为目标函数,推导出与松弛时间有关的各时间控制点处的滞站概率以及首末站点处的调度可靠性。

2.2.2 面向地面公交内部换乘问题的时刻表协调设计

面向换乘的多线路协同调度与单线调度相比,在确定各条线路发车频率或间隔之后,还应充分考虑换乘站点处关联线路到站时刻、离站时刻的匹配性,编制出能够最大限度地减少乘客在不同线路间换乘等待时间的计划时刻表。针对地面公交内部不同线路间的换乘问题,大部分研究以最小化换乘等待时间为目标构造数学模型,以获取(近似)最优的线路发车计划。Rapp 和 Gehner[70]以车辆离站时刻为决策变量构造了以换乘等待时间最小为目标的确定性优化模型(假定各线路发车间隔和换乘需求已知),并将该模型应用于瑞士公交系统,发现在不增加任何运营成本的基础上能够有效减少近 20% 的换乘等待时间。Salzborn[71]为镇际通勤公交线路及其接运线路分别提出了时刻表编制方法,其中接运线路时刻表设计时以乘客等待时间和接运车辆数最小为目标。自 Klemt 和 Stemme[72]首次将优化问题构造成整数规划模型后,以换乘等待时间最小为优化目标、以发车时刻为主要决策变量构建混合整数非线性规划模型并设计启发式算法求解模型,成为时刻表协调设计领域较为常见的研究思路。Castelli 等[73]构建了以换乘等待时间最小为目标的优化模型,并利用了拉格朗日启发式算法求解模型。西南交通大学何迪[74]以乘客换乘时间最小为优化目标,建立了区域协同发车时刻表优化模型,并设计了改进的遗传算法求解模型。Khani 和 Shafahi[75]构建了非线性规划模型以减少线路间乘客换乘等待时间，具体包含发车时刻优化模型和发车间隔优化模型，并采用了遗传算法求解模型。Hassold 和 Ceder[76]构建了不同公交车车辆类型下时刻表优化模型，旨在使乘客等待时间最小和各类型车辆间满载率差距最小。哈尔滨工业大学赵航等[77]则以车辆载客能力为约束条件，以换乘等待时间最小为优化目标，建立了线路等间隔发车计划优化模型，并设计了遗传算法获取模型的解。Tilahun 和 Ong[78]构建了使不同换乘情况下乘客等待时间最小的优化模型，同样利用了遗传算法求解模型。Parbo 等[79]基于乘客出行路径选择行为建立了双层规划模型，下层为分配模型用以计算乘客的路径选择方案，上层为时刻表优化模型用以计算当乘客路径确定后使乘客换乘等待时间最小的时刻表调整方案，并采用了启发式算法求解模型。

考虑到非线性规划问题的求解难度，构建线性规划模型某种程度上更具实践指导/应用价值。Schröder 和 Solchenbach[80]构建了使换乘等待时间最小的时刻表优化模型，并利用了 CPLEX 精确求解所构建的线性规划模型。同济大学杨晓光、周雪梅等[81-82]假设在给定的时间范围内每条线路等间隔发车，以乘客总换乘等待时间最小为优化目标、以公交车辆发车时刻为决策变量，建立了线性规划模型。Shafahi 和 Khani[83]同样针对等间隔发车的线路以网络内总换乘时间最小为优化目标，以线路发车时刻为决策变量，建立了混合整数线性规划模型，并针对不同规模的网络分别应用了 CPLEX 和遗传算法求解模型。东南大学颜建新、李文权等[84]以线路间乘客换乘等待时间最小为优化目标，以线路发车时刻为决策变量，构建了地面公交时刻表优化模型。华南理工大学的司徒炳强、靳文舟[85]以线路到站时刻的总时间差最小为目标、以始发车时刻和发车间隔为决策变量构建了发车时刻优化模型，并设计了启发式算法进行求解。Saharidis 等[86]考虑了高峰期大客流的情况构建了以换乘等待时间最小为优化目标的混合整数线性规划模型。

部分研究则将乘客换乘等待时间最小作为优化目标之一，建立了时刻表多目标优化模型。Chakroborty 等[87-88]以换乘枢纽内车辆到站时刻、离站时刻为决策变量、以换乘乘客等待时间和站内始发乘客等待时间加权和最小为优化目标构建数学模型，并利用了遗传算法获取模型的解。Yan 等[89-90]和 Chen 等[91]针对市际巴士以企业运营成本与乘客等待成本的加权和最小为优化目标提出了线路间协同调度模型。Wu 等[92]构建了地面公交时刻表多目标优化模型，旨在以最小的时刻表调整幅度最大限度地改善线路间换乘服务。

还有一类研究将不同线路间车辆同时到达换乘站点作为衡量换乘便捷性的指标。Ceder 和 Tal[93]、Ceder 等[94-95]以同时到达换乘枢纽车辆数最大为目标建立了混合整数规划模型，并设计了遗传算法求解模型。Ibarra-Rojas 和 Rios-Solis[96]进一步延伸了 Ceder 和 Tal[93]的研究，提出为了避免串车现象应使具有换乘关系的车辆间保持一定的时间窗,将此定义为"同时到达"并通过优化使"同时到达"的车辆数最大。Ibarra-Rojas 等[97]更进一步提出应针对不同运营时段进行上述时刻表协调优化过程。Ibarra-Rojas 等[98]又将时刻表设计与车辆调度计划联合进行优化,时刻表设计以能够乘坐到"同时到达"车辆的乘客数最多为优化目标,而车辆调度计划以运营成本(车队规模)最小为优化目标。北京工业大学田启华、陈艳艳[99]以换乘枢纽处车辆相遇次数最大为优化目标,以线路在换乘枢纽处离站时刻和驻站时间为决策变量,构建了基于换乘枢纽的协同调度优化模型,模型可利用遗传算法进行求解。合肥工业大学石琴等[100]以提高车辆相遇次数和多辆车同时相遇的概率为优化目标,建立了线路时刻表双目标优化模型,并设计了启发式算法求解模型。长沙理工大学陈霞等[101]以换乘站点处换乘车辆数最大为优化目标,建立了线路时刻表设计优化模型,并采用遗传算法获取模型的解。柏海舰等[102]以车辆同时到站次数最大和同时到站车辆数最大为优化目标,建立了公交线路发车时刻优化模型。

然而上述研究中均假设公交车辆运行时间是确定的,即都忽视了车辆到站时刻随机性对实施协同调度的不利影响。Bookbinder 和 Désilets[103]在时刻表协调优化模型中考虑了车辆随机运行时间的影响,明确将车辆到站时刻设定为随机变量并将其作为等待惩罚的一部分用以衡量换乘乘客的不便程度。尽管研究中仅简单假定车辆到站时刻符合截尾指数分布,但开启了在时刻表协调优化问题中考虑车辆随机运行时间影响的新篇章。Knoppers 和 Muller[104]调查分析了公交网络内线路间协同调度的可行性和限制条件,基本模型与 Bookbinder 和 Désilets[103]提出的模型类似,研究发现通过调整接运车辆的离站时刻可以有效减少乘客换乘等待时间,且仅当接运车辆到站时刻标准差在一定范围内时时刻表协调优化才能有效改善换乘服务。Cevallos 和 Zhao[105]基于由实际车辆运行时间数据拟合得到的对数正态分布,提出了以线路发车时刻为决策变量的地面公交网络协同调度模型,旨在通过修正现状时刻表找到最优的协同调度方案,并利用了遗传算法求解模型。东南大学李铭、李旭宏[106]以换乘综合费用最小为优化目标,以线路发车间隔和发车机动时间为决策变量构建了公交枢纽内车辆发车计划优化模型,并设计了随机扰动梯度近似算法求解模型。Wu 等[107]针对地面公交网络时刻表设计问题,在考虑公交运行随机性的基础上,构建了随机整数规划模型以确定合理的松弛时间,使换乘乘客、上车乘客、直达乘客的等待时间最小,并设计了遗传算法求解模型。

在时刻表设计时设置脉搏发车间隔(pulse headway)使关联线路每隔一定时间间隔在换乘中心同时到站、离站,被广泛应用于解决涉及低频公交线路(如覆盖城市郊区的线路)的协同调度问题(Lee)[108]。考虑到公交车辆到站时刻的随机性,可在时刻表设计时同时引入换乘松弛时间(transfer slack time)以保障乘客能在换乘中心顺利完成不同线路间的换乘。Hall[109]以松弛时间为决策变量构建了时刻表优化模型(假定车辆到站延误概率服从指数分布),研究表明当车辆平均到站延误接近发车间隔时,协调车辆到站和离站时刻效果显著。Lee[108]构建了以乘客换乘成本最小为优化目标,以线路发车间隔、松弛时间为决策变量构建了时刻表优化模型。Shih[110]、Ngamchai 和 Lovell[111]在公交网络设计过程中确定线路发车间隔时引入了脉搏发车间隔,发现协同调度能够有效降低系统运营成本,不采取协同调度时最好的运行效果几乎与采取协同调度时最差的运行效果相同。Ting[112]针对公交车辆到站时刻的确定性和随机性分别推荐了换乘成本计算函数,用以评估协同调度的有效性,研究发现随着发车间隔的增大协同调度的有效性相应提升。

2.2.3 面向轨道交通内部换乘问题的时刻表协调设计

城市轨道交通网络内大多数乘客需要经历1次以上换乘才能到达目标车站。理论上,前文2.2.2节所介绍的不考虑车辆到站时刻随机性的地面公交时刻表协调设计模型同样适用于轨道交通内部换乘问题。Domschke[113]提出了以换乘等待时间最小为目标的城市轨道交通时刻表优化模型,并利用启发式算法和分支定界法求解模型。同济大学张铭、徐瑞华[114]以及张铭、杜世敏[115]以城市轨道交通网络内乘客换乘等待时间最小为优化目标,建立了轨道交通网络内列车运力衔接模型,并设计了递阶循环协调算法求解模型。Barrena 等[116]研究了动态交通需求下城市轨道交通网络时刻表设计问题,以乘客平均等待时间最小为目标构建了三个不同的线性规划模型,并利用了分支定界法求解各模型。Nachtigall[117]以及 Nachtigall 和 Voget[118]构建了使不同时段内各轨道交通站点换乘等待时间总和最小的优化模型,并分别利用分支定界法和遗传算法求解了不同网络规模下的优化问题。Nachtigall 和 Voget[119]又考虑通过改善轨道性能提高列车运行速度进一步减小乘客换乘等待时间,构建了相应的双目标优化模型,平衡换乘服务提升效果和轨道性能改善成本,并设计了基于模糊逻辑的遗传算法求解模型。

事实上,多目标优化模型在后续研究中成为主流之一。Kwan 和 Chang[120]致力于以最小的时刻表调整量最大限度地改善轨道交通线路间换乘衔接水平。北京交通大学周艳芳等[121]以乘客换乘等待时间最小、乘客换乘不满意率最低为优化目标,建立了城市轨道交通线路时刻表协调优化模型。Kaspi 和 Raviv[122]以乘客成本(初始等待时间、换乘等待时间)和运营成本加权和最小为优化目标提出了城市轨道交通线路规划和时刻表设计联合模型,并采用了交叉熵算法进行求解。Yang 等[123]以提高再生能源利用率和减小乘客等待时间为优化目标,以线路发车间隔和停靠时间为决策变量,建立了双目标整数规划模型,并设计了遗传算法获取模型的解。Aksu 和 Akyol[124]以及 Aksu 和 Yilmaz[125]分别研究了等间隔和非等间隔发车情况下城市轨道交通时刻表协调优化问题,以初始等待时间、乘车时间、换乘时间总和最小为优化目标，并利用了遗传算法进行求解。Wu 等[126]以城市轨道交通网络内乘客换乘等待时间和不同换乘站点处乘客换乘等待时间差最小为目标，以线路发车时刻、发车间隔、运行时间和停靠时间为决策变量，建立了轨道交通线路时刻表优化模型。

也有部分学者基于实际城市轨道交通网络开展了相关研究。Liebchen 和 Möhring[127]以柏林轨道交通系统为例提出了不同优化目标下（平均换乘等待时间最小是优化目标之一）的整数线性规划模型，并利用了 CPLEX 精确求解模型。之后，Liebchen[128]进一步完善了该时刻表优化模型，通过调整列车在各换乘站点处的到站和离站时刻使得线路间换乘等待时间总和最小。Vansteenwegen 和 Oudheusden[129-130]基于比利时轨道交通网络建立了乘客等待成本函数，对不同类型的等待时间和列车延误情况赋予不同的权重，并通过优化时刻表使等待成本最小。Wong 等[131]针对香港轨道交通网络内换乘问题构建了时刻表协调优化模型，通过调整列车发车时刻、运行时间、停靠时间、发车间隔等使乘客的换乘等待时间最小，并利用了启发式算法求解所构建的混合整数规划模型。

2.2.4 面向轨道交通与地面公交换乘问题的时刻表协调设计

既有研究中轨道交通与地面公交时刻表协调优化问题的求解思路一般为基于给定的轨道交通线路时刻表优化地面公交线路时刻表（Shrivastava 和 Dhingra）[132]。同济大学李萌、彭国雄[133]基于固定的轨道交通调度方案，以地面公交与轨道交通换乘系统总经济效益最小为目标，构建了地面公交线路调度方案优化模型。北京交通大学林国鑫、陈旭梅[134]深入探讨了城市轨道交通与地面公交系统协调的内涵、层次与评价方法，并提出了具体的评价指标体系。北京交通大学姚凤金、杨浩[135]以枢纽内换乘时间最小为优化目标，以线路车辆配置数量、线路发车间隔为决策变量，构建了接驳线路运营调度计划优化模型。陈旭梅等[136]建立了地面公交与轨道交通调度协调模型，以制订面向换乘的运营时刻表。张宇石、陈旭梅等[137]以系统总成本费用（包括运营企业费用和乘客费用）最小为目标，建立了城市轨道交通与地面公交协同调度模型。Hsu[138]建立了不同方式间换乘等待时间优化模型，基于算例的仿真分析发现换乘等待时间主要受车辆载客能力和线路发车间隔的影响。吉林大学宗芳等[139]建立了综合客运枢纽内各方式协同调度模型，寻找使乘客费用最小的各方式发车间隔，并利用了遗传算法获取模型的解。北京交通大学孙杨、宋瑞等[140]以乘客成本最小、企业运营成本最小为目标，构建了区域调度优化模型，并设计了启发式算法进行求解。武汉理工大学陈鹏等[141]以社会效益最大为目标，分别构建了城市轨道交通与地面公交非协同调度模型和协同调度模型。长安大学马天山等[142]以最小化乘客换乘总时间为目标，建立了城市轨道交通接运公交发车间隔优化模型,并采用了遗传算法求解模型。东南大学魏明、陈学武等[143]提出了多模式公交时刻表协调优化模型。

相较于高频率的城市轨道交通线路,与其存在换乘关系的地面公交线路可被视为低频线路,故也可考虑在时刻表设计时引入脉搏发车间隔和松弛时间实现轨道交通与地面公交的协同调度。Lee 和 Schonfeld[144]通过计算一条轨道交通线路与一条地面公交线路间的换乘成本寻找最优松弛时间(假定公交车辆到站时刻分别服从离散分布、极值分布和正态分布),研究发现最优松弛时间与线路发车间隔、车辆运行时间、换乘乘客量、乘客时间价值和车辆运营成本等有关,并建议松弛时间和发车间隔能够联合优化。Chien[145]针对一条轨道交通线路与多条地面公交线路接驳的现象,建立了网络优化模型和协同调度模型,借助网络优化模型确定线路和站点选址以及线路发车间隔,以期使乘客和企业总成本最小,在协同调度模型中通过在时刻表中引入松弛时间以提高换乘可靠性,并降低系统运营成本。Chien 和 Schonfeld[146]建立了轨道交通与地面公交时刻表协调优化模型,对轨道交通和地面公交采取、放弃协同调度两种情况下的轨道交通线路长度、轨道交通站点间距、轨道交通线路发车间隔、地面公交线路发车间隔、地面公交线路长度和地面公交线路站点间距等参数进行了优化。Chowdhury[147]针对一条轨道交通线路、多个换乘站点、多条地面公交线路组成的联运系统,以线路发车间隔和车辆衔接富余时间为决策变量建立了时刻表协调优化模型(假设轨道交通到站时刻固定、地面公交到站时刻服从正态分布),并提出了联运系统协同调度的四阶段流程。Chowdhury 和 Chien[148]基于给定的地面公交到站时刻分布,提出了轨道交通与地面公交时刻表协调优化模型,针对轨道交通和地面公交采取、放弃协同调度两种情况分别给出了模型的求解方法,研究发现当轨道交通与地面公交的发车间隔、换乘客流量均较大时对两者实施协同调度效果较为显著。

2.2.5 面向首末班换乘问题的时刻表协调设计

末班车协同调度的目标为降低乘客遭遇换乘失败的可能性,其优化目标与高峰期协同调度目标(减少换乘等待时间)有所不同。相应地,两者对应的时刻表优化方法亦有所差别。轨道交通系统内末班车换乘衔接问题近期已开始引起关注与讨论。徐瑞华、李璇[149]建立了城市轨道交通网络末班车衔接方案优化模型,确定兼顾换乘乘客和运营企业的衔接方案。北京交通大学徐杰等[150]针对城市轨道交通末班车换乘问题,以出行时间最小为优化目标,建立了换乘路径可达性分析模型,并利用了遗传算法求解模型。Kang 等[151]提出了以换乘剩余车头时距(transfer redundant headway)最大化为优化目标,以列车运行时间和停靠时间为决策变量的轨道交通末班车协同调度模型,并设计了模拟退火遗传算法进行求解。Kang

等[152]针对城市轨道交通末班车换乘问题,进一步构建了降低换乘失败率和换乘等待时间的混合整数非线性规划模型,采用了遗传算法进行求解。又考虑到轨道交通运行延误对末班车换乘问题的影响,更进一步提出了考虑列车运行延误的末班车协同调度模型[153]。北京市轨道交通指挥中心汪波等[154]则针对城市轨道交通网络末班车衔接特点,研究了线路末班车发生延误后的衔接调整方法。城市轨道交通网络内各站点之间末班车可达性衔接方案的生成和发布,对提升城市轨道交通服务水平具有重要意义。东华大学彭益兵等[155]基于上海已建成的轨道交通网络布局和各线路末班车时刻表,提出了轨道交通末班车换乘最佳多条路径搜索、判断算法。罗钦、徐瑞华等[156]综合考虑列车运行图的刚性控制和乘客换乘行走的柔性影响,根据弹性换乘时间,定义完全可达、条件可达和不可达三个层次,提出了城市轨道交通网络动态可达性的衔接模型。

部分学者将城市轨道交通内部涉及首末班次的换乘问题进行了综合研究。同济大学徐瑞华等[157]基于早晚间客流特点提出了城市轨道交通首末班列车发车时间域的计算方法,实现了城市轨道交通网络内列车运行的综合协调。Zhou 等[158]针对轨道交通网络内的首末班车换乘问题,分别提出了首班车、末班车运行计划协调优化模型,针对首班车问题以始发乘客等待时间和换乘乘客等待时间加权和最小为优化目标,而对于末班车问题则在增大末班车可达可靠性的同时减少末班车间换乘等待时间和网络内无法换乘成功的乘客数量。近期,也出现了针对首班车换乘问题进行的专门研究。Guo 等[159]根据换乘需求情况赋予各线路、各换乘站点差异化的重要度,进而以各线路、各换乘站点处乘客换乘等待时间加权和最小为优化目标,以线路始发时刻为决策变量,构建了混合整数线性规划模型。Kang 等[160-161]以最小化到站时刻间时间差和错失车次数为优化目标,以线路始发时刻为决策变量,建立了混合整数线性规划模型,并设计了局部搜索算法求解模型。

2.3 公共交通运行控制策略

公共交通线路运行的随机性往往导致线路间运行计划协调方案实际实施效果无法达到预期目标,需采取适当的调度控制策略提高公共交通单线路运行可靠性,以保障多线路运行协调方案的有效落实。Dessouky 等[162]认为结合自动车辆定位、自动乘客计数(Automatic Passenger Counting,简称 APC)和无线通信技术,调度员便可灵活地采取多种实时控制策略协调车辆在换乘中心的到站、离站时刻。常用的调度控制策略主要包括越站调度、驻站控制、速度控制等。越站调度的核心是确定各班车辆途经但却不作停靠的站点集合(换言之,确定其停靠站点集合),以实现减少车辆运营成本、乘客等待时间等目标。Fu 等[163]基于实际的乘客需求和前两班车辆站点停靠方案,以乘客总等待时间成本最小为目标建立数学模型优化当前班次车辆站点停靠方案。Sun 和 Hickman[164]认为实施越站调度时可允许乘客在越站段下车,并在考虑乘客上、下车时间不确定性的基础上构建了以乘客等待时间最小为优化目标的非线性整数规划模型寻找最优的越站调度方案。Cortés 等[165]和 Sáez 等[166]致力于寻找使乘客车外等待时间最小和车内旅行时间最小的调度控制方案(包括越站调度与驻站控制)。基于车头时距的驻站控制可保证车辆等间隔均匀地到达中途停靠站点,进而减少乘客的平均等待时间[167-174];基于到站时刻的驻站控制则可有效减少乘客线路间换乘等待时间。Hall 等[175]基于公交车辆到站时刻分布特征构造了分析模型用以确定换乘站点处车辆最优的驻站时间。同济大学滕靖和杨晓光[176]面向换乘枢纽研究了公交车辆驻站协调优化流程,建立了公交车辆驻站时间优化模型并设计遗传算法进行求解。Delgado 等[177]实施驻站控制策略用于帮助乘客顺利完成线路间的换乘。速度控制可视为将驻站控制在车辆行驶过程中通过减速完成以减少站点处停驻引起乘客的不满[178],故其也可用以保证线路等间隔到达停靠站点避免串车[179],同样可以实现线路间便捷换乘。

2.4 既有研究现状评述

国内外学者针对公共交通调度问题进行了广泛的探索与研究。尤其是近年来,智能公共交通系统的发展进一步促进了公共交通网络协同调度的研究,然而既有研究依然有待进一步深化:

针对轨道交通与地面公交线路协调问题,既有研究更多地从定性的角度给出了地面公交网络优化方案的确定方法,用以指导相关工程实践。然而,如何引入定量分析方法科学合理地筛选待调整线路、如何系统有序地调整线路布局方案仍有待进一步探索。对于新增的接驳轨道交通客流的地面公交线路生成问题,既有研究聚焦于考虑不同的优化目标建立相应的数学模型确定优选线路,然而实际布设接运公交线路时需要经历站点方案确定、候选线路生成、线路评价筛选等多个环节,故有必要系统地研究轨道交通接运公交线路布设方法。

尽管既有文献针对地面公交内部换乘问题展开了较为深入的讨论,然而为了尽可能突出问题本质降低求解难度,在问题抽象、建模过程中对诸多现实情况进行了必要的简化,如未能考虑公交车辆到站时刻的不确定性对时刻表协调设计的影响与要求。实现换乘等待时间最小化的基础是准确识别具有换乘关系的车次,因此,需要进一步探索关联线路间的换乘车次识别及其换乘等待时间计算方法,使其能更好地适应网络调度问题。然而,约束条件的增加意味着模型求解难度的增大,尤其当模型应用于实际大规模公交网络时,需进一步优化模型结构并设计高效的求解算法。

既有轨道交通与地面公交协调调度领域以接运公交时刻表设计为热点,然而此类文献鲜少讨论接运公交车辆载客能力的限制,旨在降低模型复杂度与求解难度。对于换乘客流量较小的站点,载客能力不受限的假设合理且适用。少量研究即便考虑了接运公交车辆载客能力的限制,也多以车辆满载率这一宏观指标的形式出现在约束条件中用以保证线路发车间隔方案的合理性,而由车辆载客能力限制引起的高峰期轨道交通乘客等待多班接运公交车次后方可顺利离开的现实情况尚未引起充分关注。故应研究考虑轨道交通换乘乘客排队候车现象的等待时间计算方法及其相应的时刻表协调优化方法。另外,随着轨道交通网络规模的不断扩大,其与一般地面公交线路的换乘需求日益频繁,然而非接运公交线路与接运公交线路不同,其运行计划设计时需要考虑兼顾与轨道交通的换乘需求,更需要照顾非换乘乘客的出行需求,故有必要对此类换乘问题进行专门研究。

同时伴随轨道交通成网运行出现的还有首末班换乘问题。尽管部分学者已开始关注此类特殊的换乘问题并对其展开了较为深入细致的讨论,但研究对象多聚焦于首末班次行车计划,往往忽略了首末班次行车计划调整对其他时间段(尤其是相邻时间段)行车计划的影响,且文献中多利用启发式算法如遗传算法求解所构建的优化模型,无法保证所得到的解的全局最优性。既有关于首末班换乘问题的研究成果无法直接应用于解决轨道交通与地面公交首末班换乘问题。首先,地面公交首末班公交车运行计划无法仅由与其存在换乘关系的轨道交通首末班列车运行计划决定;其次,经协调后多辆公交车将同时到达同一公交停靠站,停靠站泊位的有限性将不可避免地引起公交车辆排队进站现象。故针对不同方式间的首末班换乘问题,有必要进行专门且细致的研究。

为了保证时刻表协调方案的有效落实,需要采用适当的调度控制策略以提高线路运行可靠性。事实上,考虑到时刻表协调设计可能引起的负面效应,如当线路发车间隔变化过于频繁时极易导致线路运力断面落差大、串车现象频发等问题,如何将时刻表协调设计与实时控制策略进行耦合研究以保证单线运行的可靠与多线换乘的便捷亦有待进一步研究。

2.5 本章小结

本章分别梳理了多模式公共交通网络协调设计、协同调度、运行控制三个方向的已有研究成果,并着重围绕协同调度方向展开阐述了单线路时刻表设计、多线路时刻表协调、首末班运行计划优化三方面理论与实践研究成果,深入剖析了多模式公共交通设施规划与运营管理领域有待进一步探索研究的问题。

第3章 多模式公共交通协调优化机理

换乘便捷性是多模式公共交通系统的属性,可用于研究系统内部要素间的匹配协调程度;同时,也是反映多模式公共交通服务质量的重要方面。本章界定多模式公共交通换乘便捷性的概念,并分析基于换乘便捷性的多模式公共交通协调优化机理。

3.1 换乘便捷性概念界定

3.1.1 换乘便捷性的定义

多模式公共交通系统内,运营车辆按照预先给定的时刻表在其所属的固定线路上运行,站点是供车辆停靠和乘客上下车的设施,站点和站点间线路段即构成完整的线路,线路之间通过站点建立连接配合完成各O-D点对间的运输任务,多条线路的集合构成了具有拓扑结构的多模式公共交通网络。整个拓扑结构可分为站点、线路、网络三个层次,站点、线路、时刻表、车辆、驾驶员等为多模式公共交通系统内部元素,而乘客、道路网、交通状况等构成了系统的外部环境。

基于多模式公共交通网络的特点,本书将网络换乘便捷性定义为:多模式公共交通系统中,车辆在各固定线路上按照计划时刻表正常运行时,以站点(或枢纽)处线路间换乘引起的额外时间成本的高低衡量网络换乘便捷性。本书将换乘引起的额外时间成本简称为换乘时间,由换乘过程中的步行时间和等待时间两部分构成。若线路间出现换乘失败的情况(即乘客到达换乘站点时发现所需换乘的末班车辆已离站),此时计算线路间换乘引起的额外时间成本时,可直接令其等于一个较大的数值,表征换乘失败造成的高昂成本。网络换乘便捷性越高表明换乘引起的额外时间成本越低,反之则说明额外时间成本越高。

3.1.2 网络换乘便捷性与线路运行可靠性

换乘步行时间长短受多模式公共交通网络结构与布局影响,即网络规划阶段已基本确定,而换乘等待时间长短则主要由线路发车频率、线路运行计划间的匹配程度以及线路实际运行状态与运行计划间的偏差程度决定,即等待时间为网络规划阶段与运行协调阶段综合作用的结果。线路实际运行状态与运行计划间的偏差程度可由线路运行可靠性衡量。线路运行可靠性具体定义如下:在驾驶员和车辆可用的情况下,车辆在实际运行过程中,由于各种内部因素的影响和外部环境的干扰,所导致的公共交通运行系统的属性随着时间的推进而发生的变动性。这种变动性反映了公共交通系统维持规划的运行状态的能力。线路运行可靠性越高说明车辆实际运行状态与给定的运行计划间的偏差越小,反之则意味着偏差越大。

多模式公共交通线路布局方案与发车频率在网络规划设计时确定,需要兼顾企业成本和乘客需求,确定后在较长一段时间内维持不变;根据确定的发车频率制定完整的计划时刻表时需要协调各线路在换乘站点处离站时刻、到站时刻的匹配程度,由于乘客需求和交通状况的时变性,通常需分别制订分日(如工作日、周末、假日)、分时段(如早、晚高峰和平峰时段)的计划时刻表,确定的计划时刻表决定了理想状态(车辆在不受任何干扰的背景下严格按照给定时刻表运行的状态)下乘客将经历的换乘等待时间。车辆按照协调设计的计划时刻表运行时,由于运行的不可靠引起的其运行状态与运行计划间的偏差则直接决定了乘客实际经历的换乘等待时间。可见当满足网络规划合理、时刻表匹配良好、线路运行可靠三项要求后,方可实现网络的换乘便捷性。因此,线路运行可靠是实现网络换乘便捷的必要条件之一。故本书提出的基于换乘便捷性的多模式公共交通协调优化问题可等价于考虑运行可靠性和换乘便捷性的多模式公共交通协调优化问题。

3.1.3　换乘便捷性影响因素

除了轨道交通和享有专用路权与信号的快速公交,常规地面公交作为多模式公共交通系统的重要组成部分,通常需要与社会车辆共享道路网时空资源。因此,多模式公共交通换乘便捷性同时受到内部因素的影响与外部环境的干扰。

1. 内部影响因素

站点特性:站点间(或枢纽内)换乘设施布局直接影响乘客换乘步行时间。

线路特性:线路长度、站点间距及位置、公交专用道所占比例等影响驾驶员对线路段运行时间的控制与调节能力,进而影响线路运行可靠性。

时刻表特性:计划时刻表设计的合理性(规划合理的计划运行时间和足够的停休时间)以及不同线路计划时刻表相互间的匹配程度分别影响线路运行可靠性和乘客换乘等待时间。

车辆特性:车辆特性如底盘高低、车型大小等影响车辆停靠时间和载客量。当换乘需求较大时可能存在部分乘客无法登上其到达后首班到站车辆,需等待后续班次的现象,即换乘等待时间增加。

驾驶员特性:驾驶员驾驶经验、业务水平、性格特点、职业操守等影响车辆运行过程中实际运行状态与运行计划间的偏差幅度及其修正程度。

2. 外部影响因素

乘客特性:乘客需求波动如某站点处乘客量的大幅度增加将延长车辆停靠时间并造成下游站点乘客需求增加,进而影响整个线路运行可靠性,甚至出现乘客无法乘坐其到达后首班到站车辆,换乘等待时间大幅度增加的情况。

交通特性:路段社会车辆交通干扰、信号交叉口处排队延误等易造成实际运行时间与计划运行时间的偏差。若修正不力,则会引起线路运行的不可靠,通过换乘站点负面效应扩大至网络,引起网络换乘的不便。

气候特性:空气能见度低、降雨降雪等恶劣天气都会对车辆运行性能的正常发挥造成直接影响。

道路施工养护、交通临时管制、交通事故等事件也会对车辆的运行造成严重干扰甚至要求车辆绕道行驶,引起运行时间的大幅度延误。此类非常态下的多模式公共交通系统,暂不作为本书研究对象。

3.2 基于换乘便捷性的协调优化框架

多模式公共交通协调优化过程主要包括战略层、策略层、运行层三个阶段。战略层的任务是网络规划,得到兼顾企业成本和乘客需求的线路布局方案和发车频率;策略层将战略层确定的发车频率拓展为详细的计划时刻表,并协调不同线路间的计划时刻表;运行层则通过调度控制策略保障时刻表协调优化方案实际实施效果。

战略层上要预防换乘不便的发生,即网络规划时就需把线路间换乘便捷性考虑在内。进行公共交通网络规划设计时,在确保不(过度)增加企业成本的前提下尽可能减少乘客一次完整出行过程(各O-D点对间的公共交通出行路径)中涉及的换乘次数和经历的换乘时间。

策略层上,将战略层确定的发车频率拓展为详细的线路计划时刻表,并在设计时侧重于协调各线路在换乘站点处离站时刻与到站时刻的匹配程度,即基于给定的发车频率,面向换乘问题编制利于实现线路间协同调度的时刻表,减少乘客换乘过程中的等待时间。

运行层上,采取适当的运行控制策略纠正由内部或外部因素引起的实际运行状态与运行计划间的偏差,降低其对线路间到站时刻、离站时刻匹配方案的影响。同时基于采集的实际数据辨析换乘不便的成因,并反馈给战略层和策略层以分别指导网络规划方案和时刻表设计方案的制定。

"分层多环"协调优化框架(见图 3-1)以改善多模式公共交通网络换乘便捷性为核心,从战略、策略、运行三方面综合协调优化,从预防、应对到纠正,形成多个反馈环,将换乘便捷性引入上述环节并有效整合,可以最大限度地提高网络换乘便捷性,或者在换乘不便发生后尽快恢复系统协调运行的状态,是可持续的多模式公共交通协调优化框架体系。战略层和策略层以减少多模式公共交通系统内部因素影响为主,运行层则以抵抗系统外部环境干扰为重点。

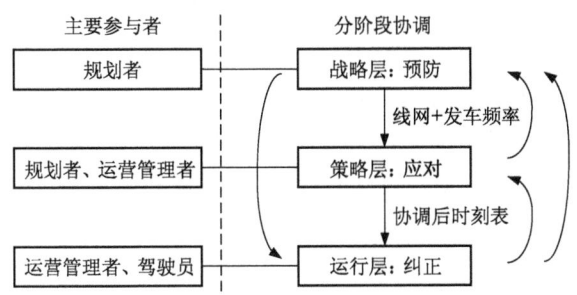

图 3-1 "分层多环"协调优化框架

基于换乘便捷性的多模式公共交通协调优化是通过对多模式公共交通网络规划、运行的全面控制,实现改善网络换乘便捷性的目标。网络规划阶段输出的线路布局方案和发车频率是运行协调阶段的输入。运行协调阶段又可进一步细分为考虑线路运行可靠性的线路间计划时刻表协调设计阶段和运行过程中对运行不可靠引起的线路实际运行与运行计划偏差的纠正阶段。

3.3 多模式公共交通协调优化策略

3.3.1 网路规划阶段策略

网络规划层以宏观协调优化为主,以网络换乘便捷性和线路运行可靠性为约束条件,进行公共交通网络设计,确定兼顾企业成本和乘客需求的线路布局与发车频率。在确保不(过度)增加企业成本的前提下尽可能减少乘客一次完整出行过程中涉及的换乘次数和经历的换乘时间。

规划设计多模式公共交通网络时还应选用合适的线路长度和站距以提高线路运行可靠性。研究[180-181]发现,线路长度与运行时间的波动有重要关系。运行时间的变异系数与行驶站数基本呈幂函数关系,且随着出行站距的增加,车内时间的波动性基本上与车内时间保持线性关系[182]。线路运行可靠性的提高有助于线路间协同调度方案的实现，减少由于换乘引起的额外时间成本。

通过在网络内增设专用路权和信号、合理布设中间停靠站等也可有效提高线路运行可靠性继而改善网络换乘便捷性，尤其是公共交通优先设施的设置。专用路权是指通过设置路段专用车道和交叉口处专用进口道为公共交通车辆提供独立的路权，减少社会车辆对公共交通车辆运行的干扰，增强驾驶员对线路运行时间的调控能力，使车辆运行状态与运行计划能最大限度地保持一致。专用信号是指在信号交叉口通过设置专用信号给予公共交通优先通行权，减少其在交叉口处的排队延误，增强线路运行的可靠性。信号优先包括主动优先和被动优先两类，被动优先又被称为静态优先，无需实时检测公共交通车辆到达信息，依据经验和历史数据进行信号优先形式选择（包括调整绿信比、缩短信号周期、设置专用相位、设置公交绿波等）与参数设置给予公共交通信号优先，故被动优先隶属于网络规划层面。中间停靠站的位置，尤其是停靠站与交叉口的相对位置关系，对乘客换乘的便捷性具有重要影响，如当停靠站设置在交叉口处时，乘客可利用交叉口过街设施快速步行至对向停靠站点换乘目标线路，有效缩短乘客换乘步行时间。因此，需要在网络层面考虑中间停靠站设置问题。

在完成了轨道交通网络与地面公交网络规划设计任务后，需要进一步考虑两网融合问题。实际中在轨道交通建设运营前，国内城市已形成了稳定的地面公交系统。因此，为提高多模式公共交通网络内线路间换乘便捷性，应依据地面公交网络规划方案逐步优化现状地面公交系统，同时在按照规划方案逐条建设轨道交通线路的过程中，调整与轨道交通服务范围存在重叠的地面公交线路并适当补充部分地面公交线路专为轨道交通接送客流。

3.3.2 运行组织阶段策略

多模式公共交通系统中，车辆在各固定线路上按照计划时刻表正常运行时，以站点（或枢纽）处线路间换乘引起的额外时间成本的高低衡量网络换乘便捷性。故可在两个阶段进行运行协调改善网络换乘便捷性，计划时刻表设计时协调不同线路在换乘站点处的离站时刻、到站时刻，同时尽可能使线路自身的运行计划能适应实际运行情况，运行过程中调控车辆实际运行状态使其尽可能与计划时刻表保持一致。

1. 基于协同调度的时刻表设计

面向换乘的多线路协同调度与单线调度相比，在确定各条线路的发车频率或间隔之后，还应尽可能地考虑乘客换乘的便捷性，从而编制出能够最大限度地减少乘客在不同线路间换乘等待时间的计划时刻表。基于协同调度的时刻表设计思路可分为两类：同步换乘与换乘优化。

同步换乘通过设置脉搏发车间隔要求具有换乘关系的多条线路每隔一定时间同时到达换乘站点（或枢纽），使各线路上乘客均可实现无缝换乘[183-184]，有效减少乘客的换乘等待时间，尤其是当乘客换乘至长发车间隔线路时。欧美地区从1970年起便开始采用同步换乘的理念协调优化公共交通网络内不同线路间的计划时刻表使乘客可轻松换乘，提升公共交通服务吸引力。与同步换乘有所不同的是，换乘优化不要求关联线路的车辆同时到达换乘站点。换乘优化旨在通过时刻表协调优化使乘客换乘等待时间最小。假设线路发车间隔已知，通过协调关联线路间的计划发车时刻等使各线路在换乘站点处的离站时刻与到站时刻最大程度匹配，最大限度地减少乘客换乘等待时间。由于线路运行的不可靠属性，进行协调设计时需考虑车辆随机运行时间的影响，可将车辆到站时刻设为随机变量，并将其引起的换乘等待时间的波动性作为等待惩罚的一部分用以衡量换乘乘客的不便程度。

2. 基于时间控制点的时刻表设计

可靠的单线路行车时刻表是实现多线路间协同调度的关键之一。航空、铁路、地铁等运输方式均采用中间站点时刻表。对于地面公交系统，国外城市采用中间站点时刻表的情况居多，然而我国地面公交企业基本仍按照"两头卡点"的思路设计计划时刻表，即侧重于控制公交车辆到达首、末站点的时间。控制点时刻表是中间站点时刻表的一部分，目前我国城市的地面公交运行环境还不足以有效支撑中间站点时刻表的全面推广，但已具备实施控制点时刻表的条件。基于时间控制点的时刻表设计核心内容包括：(1)选取一些站点作为时间控制点；(2)确定线路在每一个时间控制点处的计划到站时刻以及首末站点处的休整时间。考虑到部分时间控制点处乘客换乘需求，可通过合理设置此类时间控制点处计划到站时刻，既满足线路自身运行的可靠性要求，又能实现线路间高效换乘目标。

3. 服务于协同调度的运行控制策略

公共交通车辆的运行以计划时刻表为依据，当实际运行过程中与计划时刻表发生偏差时，应采取适当的运行控制策略最大限度地纠正偏差，降低线路运行不可靠引起的负面效应，保障线路间协同调度方案的实施效果。运行控制策略按照其控制发生位置可细分为站点处控制策略、站点间控制策略和其他控制策略，具体如表3-1所示。

表 3-1　服务于协同调度的运行控制策略

站点处控制	准时发车	早到车辆需等至计划发车时刻方可发车；晚到车辆在末站处停靠最短休整时间后便需发车
	快速过站	当车辆落后于计划时刻表时，车辆在途经某些站点时不停或者只允许乘客下车
	区间车	在车辆还未运行至末站时提前结束当前班次，掉头服务于线路的反向班次（即下行方向的班次）
	延时出站	已经准备好离站的车辆在站点处额外停靠一段时间后再出站
站点间控制	规范驾驶员行为	基于与计划时刻表的偏差信息，提醒驾驶员在有条件的情况下加速和减速，适用于采用中间站点或控制站点时刻表的线路
	公共交通信号主动优先	检测到公共交通车辆到达交叉口后，采取绿灯延长、绿灯提前、相位插入、专用相位、相位倒转、跳跃相位等形式给予公交车优先通行权
其他	空驶补点	当实际运行过度偏离计划时刻表时，要求车辆空载行驶至目的站点，即从目的站点开始方允许乘客上车
	放车	车辆空载从首站驶出，经过数个站点后，依次停靠沿线途经站点

3.3.3　协调优化策略作用机理

换乘便捷性分析是对线路运行可靠性和网络换乘便捷性现状做出判断，为参与决策过程的各方（政府、企业、乘客）提供评判标准与决策依据。换乘便捷性分析与评价更是贯穿于整个多模式公共交通协调优化过程的核心内容。具体的协调优化方法与技术从换乘便捷性分析出发，并为最终实现改善换乘便捷性目标而服务。

网络规划时把网络换乘便捷性考虑在内，作为约束条件之一，依托网络设计模型与算法，得到线路布局与发车频率。其中，线路布局用以指导现状地面公交线网的调整与优化以完成轨道交通与地面公交两网融合；而发车频率则用于后续的计划时刻表协调设计和车辆运行控制过程。

时刻表协调设计时尽可能选用与实际运行一致的参数，并采用基于协同调度或基于协同调度与时间控制点的线路计划时刻表设计鲁棒优化模型与求解算法，将网络规划时确定的发车频率拓展为详细的计划时刻表。

运行控制时识别出实际运行状态与给定运行计划的偏差后，制定偏差纠正的运行控制策略，构建运行控制方案优化模型和求解算法，获取最佳的线路运行控制方案，缓解线路运行不可靠引起的换乘不便问题。

网络规划层与运行协调层之间的关系如图 3-2 所示。

网络规划时聚焦以月或年为单位的多模式公共交通网络设计优化问题；时刻表协调设计时关注以时段（早高峰、平峰、晚高峰）、天或周为单位的信息及其处理；控制策略实施时则涉及以分或时为单位的实时车辆运行数据及其分析。可见不同

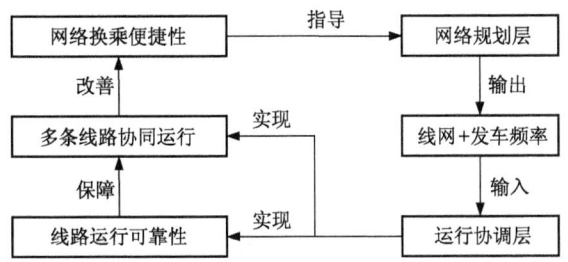

图 3-2 网络规划层与运行协调层的关联性

阶段所需的分析决策手段存在显著差异。要构建换乘便捷性的多模式公共交通系统,必须构建适应不同阶段需求的数学模型及其求解算法。建立数学模型有助于理解多模式公共交通系统内各组成部分及其相关性以及系统整体与各组成部分间的关联性,故模型输出结果可为多模式公共交通规划设计、运行管理提供决策支持。

3.4 本章小结

本章深入剖析了网络换乘便捷性的内涵及其与线路运行可靠性的关联性,提出了基于换乘便捷性的多模式公共交通协调优化框架与策略:规划阶段以网络换乘便捷性和线路运行可靠性为约束条件,获取兼顾企业成本和乘客需求的线路布局方案和发车频率;运行阶段将发车频率拓展为详细的计划时刻表,并协调关联线路时刻表,同时辅以适当的运行控制策略保障时刻表协调优化方案实施效果。

第 4 章
多模式公共交通网络协调设计

随着城市空间拓展和居民职住分离的加剧,长距离出行比例日益增加,轨道交通与地面公交换乘需求突出。正如第 3 章所述,为提高多模式公共交通网络换乘便捷性,规划阶段须以换乘便捷性和线路运行可靠性为约束条件,设计兼顾乘客和企业利益的轨道交通网络和地面公交网络。事实上,轨道交通网络和地面公交网络各自的规划设计方法已较为成熟。然而,如何实现两网融合有待进一步探索研究。轨道交通适应于长距离跨片区出行,具有较高的安全性、可靠性以及舒适性,特别是对于通勤、通学乘客具有较大的吸引力;地面公交在线网密度和可达性方面优势突出,也具有较强吸引力。在完成了轨道交通网络与地面公交网络规划设计任务后,应依据地面公交网络规划方案逐步优化现状地面公交系统,同时在按照规划方案逐条建设轨道交通线路的过程中,调整与轨道交通服务范围存在重叠的地面公交线路并适当新增地面公交线路专为轨道交通接送客流。因此,本章拟探讨地面公交线路调整技术和轨道交通接运公交线路布设方法,为实现轨道交通与地面公交两网融合提供借鉴与参考。

4.1 地面公交线路调整技术

调整与轨道交通服务范围存在重叠的地面公交线路主要是为了加强两者的有序协作,改善衔接条件,便于轨道交通站点客流高效集散与转换。线路调整流程大致可分为待调整线路筛选、线路调整措施选择和线路调整方案生成。

4.1.1 待调整线路筛选

轨道交通走廊是以轨道交通线路为中心、两侧一定距离辐射范围所形成的带状区域,如图 4-1 所示。由于轨道交通走廊内途经的地面公交线路均与轨道交通线路服务范围存在重叠,故筛选待调整地面公交线路时首先需要确定轨道交通走廊宽度。

轨道交通走廊内客流高度聚集影响用地开发和土地价格,故可以从轨道交通

第4章 多模式公共交通网络协调设计

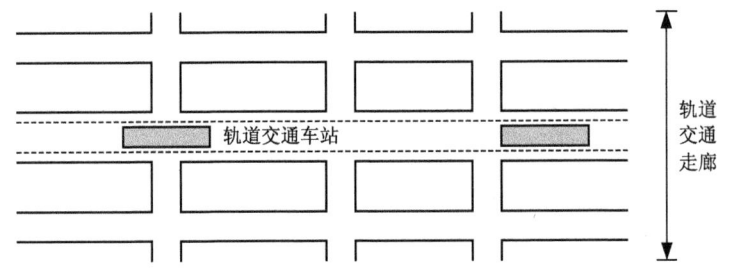

图 4-1 轨道交通走廊示意图

对土地价格的影响范围和站点步行接驳范围两个角度判断客流高度聚集的范围，进而对轨道交通走廊宽度进行分析。

轨道交通走廊内土地具有增值效应，住宅和写字楼价格呈现明显的空间分布规律和辐射效应。例如深圳轨道交通开通后站点700 m半径范围内的土地价格平均上涨19.5%，100 m半径范围内土地价格平均增幅达37.8%；北京轨道交通对住宅价格的影响距离为300～1 000 m。在轨道交通的各种接驳交通方式中，步行是最主要的方式。结合南京轨道交通客流特征调查数据计算得到站点80分位值的步行接驳距离为800～1 000 m。轨道交通对周边地价影响范围与站点步行接驳范围分析结果基本一致，确定轨道交通走廊宽度为1 600 m。

在确定轨道交通走廊宽度后，需要对走廊内途经的所有地面公交线路进行聚类分析，以便进一步筛选出需要进行调整的线路。判断线路是否需要调整需要综合考虑线路几何特性、线路运能、线路与轨道交通线路空间关系以及线路客流需求等因素。因此，在进行线路聚类分析时，需要选取：(1)反映线路几何特性的变量，包括线路长度、站点数、平均站间距和非直线系数；(2)体现线路运能的变量，涉及线路配车数、日发班次数和高峰时段发车间隔；(3)反映线路和轨道交通线路空间关系的变量，包含线路与轨道交通线路共线站数、线路与轨道交通线路共线段长度以及共线段长度占线路全长比例；(4)体现线路客流需求的变量，包含线路日均客流量和线路客流强度。

以无锡市轨道交通1号线走廊内地面公交线路为例，各变量描述性统计分析包括最大值、最小值、均值和标准差，如表4-1所示。

表4-1 各因素描述性统计分析

	最大值	最小值	均值	标准差
线路长度	42.70	2.70	18.46	7.21
站点数	57	5	28.34	9.13
平均站间距	5.25	0.29	0.71	0.38

续表 4-1

	最大值	最小值	均值	标准差
非直线系数	4.50	1.04	1.82	0.58
线路配车数	38	1	10.45	6.55
日发班次数	268	3	58.01	43.90
高峰时段发车间隔	90	2	15.03	10.48
共线站数	10	0	1.45	1.59
共线长度	7.60	0	0.80	1.31
共线比例	0.56	0	0.05	0.08
日均客流量	18 801.71	33.18	4 845.66	4 381.87
客流强度	1 703.09	1.09	296.54	321.99

利用 Pearson 检验计算 12 个变量相互间的相关性。如表 4-2 所示，相关性高的因素（绝对值大于 0.7）是日发班次数与线路配车数（0.734）、线路配车数与日均客流量（0.825）、线路配车数与高峰小时发车间隔（−0.712）、日发班次数与日均客流量（0.891）、日发班次数与客流强度（0.944）、共线站数与共线长度（0.917）、共线站数与共线比例（0.848）、共线长度与共线比例（0.925）以及日均客流量与客流强度（0.859）。相关性大的变量组合约占所有变量组合的 15.15%，适合进行探索性因子分析。

表 4-2 线路调整因素相关性分析

	线路长度	非直线系数	站点数	平均站间距	线路配车数	日发班次数	高峰时段发车间隔	共线站数	共线长度	共线比例	日均客流量	客流强度
线路长度	1	−0.278**	0.670**	0.285**	0.262**	−0.236**	−0.037	−0.006	−0.044	−0.211**	−0.017	−0.365**
非直线系数	−0.278**	1	−0.194*	−0.082	−0.142	0.059	0.186*	0.037	0.035	0.035	−0.126	0.025
站点数	0.670**	−0.194*	1	−0.297**	0.494**	0.093	−0.219**	−0.076	−0.099	−0.210**	0.264**	−0.036
平均站间距	0.285**	−0.082	−0.297**	1	−0.175*	−0.243**	0.194*	0.02	−0.005	−0.06	−0.215**	−0.263**
线路配车数	0.262**	−0.142	0.494**	−0.175*	1	0.734**	−0.712**	0.015	−0.032	−0.037	0.825**	0.596**
日发班次数	−0.236**	0.059	0.093	−0.243**	0.734**	1	−0.641**	0.062	0.034	0.116	0.891**	0.944**
高峰时段发车间隔	−0.037	0.186*	−0.219**	0.194*	−0.712**	−0.641**	1	−0.129	−0.094	−0.131	−0.696**	−0.585**
共线站数	−0.006	0.037	−0.076	0.02	0.015	0.062	−0.129	1	0.917**	0.848**	0.133	0.105
共线长度	−0.044	0.035	−0.099	−0.005	−0.032	0.034	−0.094	0.917**	1	0.925**	0.104	0.094
共线比例	−0.211**	0.035	−0.210**	−0.06	−0.037	0.116	−0.131	0.848**	0.925**	1	0.133	0.216**
日均客流量	−0.017	−0.126	0.264**	−0.215**	0.825**	0.891**	−0.696**	0.133	0.104	0.133	1	0.859**
客流强度	−0.365**	0.025	−0.036	−0.263**	0.596**	0.944**	−0.585**	0.105	0.094	0.216**	0.859**	1

注：** 在 0.01 水平（双侧）上显著相关，* 在 0.05 水平（双侧）上显著相关。

利用探索性因子分析可将具有多重共线性的变量进行线性组合,成为更小维度的因子,以便更有针对性地指导线路筛选工作的开展。进行探索性因子分析时,可根据 Kaiser-Harris 准则和碎石检验综合确定所需公共因子数。本次探索性因子分析采用 4 个公共因子。采用 SPSS 软件对影响因素中的 12 个变量进行探索性因子分析,采用最大似然法提取公共因子,对应的因子荷载表如表 4-3 所示,可知 4 个因子能解释 12 个变量 84.80% 的方差。因子 1 包含 5 个变量,解释全部变量 35.32% 的方差。该因子包含的变量主要与线路运能和客流需求有关,故定义为运能因子,线路运能或者客流需求越大,因子得分越高。因子 2 包含 3 个变量,解释全部变量 23.96% 的方差。该因子包含的变量表现线路与轨道交通线路的空间关系,故定义为位置关系因子,线路与轨道交通线路共线程度越明显,因子得分越高。因子 3 包含 2 个变量,解释全部变量 16.37% 的方差。该因子包含的变量表现线路长度,故定义为线路长度因子,线路越长,因子得分越高。因子 4 包含 1 个变量,解释全部变量 9.15% 的方差。该因子包含平均站间距变量,故定义为站间距因子,线路平均站间距越大,因子得分越高。

表 4-3　因子荷载表

变量名称	因子 1	因子 2	因子 3	因子 4
线路长度(X_1)	−0.082	−0.354	0.862	0.061
非直线系数(X_2)	−0.088	0.190	−0.447	−0.373
站点数(X_3)	0.264	−0.460	0.663	−0.448
线路配车数(X_4)	0.839	−0.334	0.237	0.034
日发班次数(X_5)	0.919	−0.087	−0.273	0.085
高峰时段发车间隔(X_6)	−0.798	0.108	−0.107	−0.120
共线站数(X_7)	0.246	0.853	0.360	−0.033
共线长度(X_8)	0.221	0.895	0.337	−0.060
共线比例(X_9)	0.274	0.909	0.170	−0.038
日均客流量(X_{10})	0.947	−0.119	−0.004	0.107
客流强度(X_{11})	0.882	0.032	−0.363	0.106
平均站间距(X_{12})	−0.330	0.051	0.188	0.838

通过计算特征向量矩阵得到因子表达式,如表 4-4 所示。各因子间的相关性绝对值均小于 0.3,表明独立性良好。

表 4-4　因子分析结果

因子名称	因子表达式
运能因子	$F_1 = 0.4073X_4 + 0.4465X_5 - 0.3876X_6 + 0.4602X_{10} + 0.4286X_{11}$
位置关系因子	$F_2 = 0.5029X_7 + 0.5277X_8 + 0.5360X_9$
线路长度因子	$F_3 = 0.6152X_1 + 0.4728X_3$
站间距因子	$F_4 = 0.7998X_{12}$

在进行分层聚类之前还需对 12 个变量进行标准化,以保证每个变量对于聚类的影响相同。利用表 4-4 中因子表达式计算各条线路的因子得分,以因子得分为聚类变量进行分层聚类。距离矩阵计算采用 Euclidean 距离。分层聚类得到如图 4-2 所示系统树。图中每一个枝叶代表一条线路,随着高度的增加,一些枝叶聚合成分枝。结合线路调整需要,选择在高度为 19 处切割系统树图,得到 5 个类型的线路。需要说明的是,切割高度可根据实际需要灵活调整。

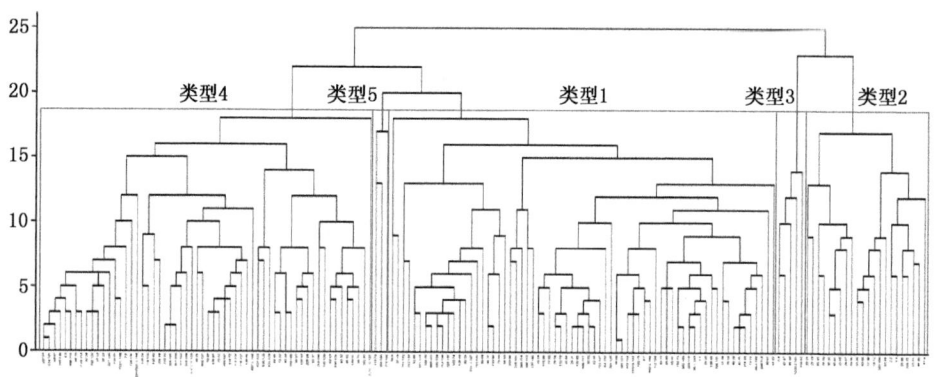

图 4-2　线路分层聚类系统树图

采用方差分析分别判断这 12 个变量在 5 类线路之间的差异总体上是否显著。除站间距因子外其他 3 个因子在 5 类线路间存在显著差异。如表 4-5 所示,第 1 类线路以交叉线路为主,与轨道交通线路共线情况最不明显,线路长度较长,在 15~35 km 之间;第 3 类线路以平行线路为主,与轨道交通线路共线情况明显,运力配置和客流需求量大,线路长度最短,均在 15 km 以下;第 5 类线路同样以平行线路为主,与轨道交通线路共线情况最为明显,运力配置和客流需求量小。第 2、4 类线路以接驳线路为主,与轨道交通具有良好的合作关系。因此,宜从第 1、3 和 5 类线路中筛选待调整的地面公交线路。

表 4-5　各类线路各因素特征对比

线路类型		运能因子	位置关系因子	线路长度因子
类型1	以交叉线路为主	日发班次数:60～90 个之间 配车数:12～20 辆 高峰时段发车间隔:8～15 min 日均客流量:4 000～10 000 人次/d 客流强度:200～800 人次/(km·d)	共线站数:<2 站 共线长度:<1.2 km 共线比例:<11%	长度:15～40 km
类型2	以接驳线路为主	日发班次数:>90 个 配车数:12～28 辆 高峰时段发车间隔:4～8 min 日均客流量:>8 000 人次/d 客流强度:>800 人次/(km·d)	共线站数:1～4 站 共线长度:0.4～3.7 km 共线比例:2%～22%	长度:<18 km
类型3	以平行线路为主	日发班次数:>90 个 配车数:12～20 辆 高峰时段发车间隔:6～8 min 日均客流量:>7 000 人次/d 客流强度:>700 人次/(km·d)	共线站数:>5 站 共线长度:>4.5 km 共线比例:>27%	长度:<15 km
类型4	以接驳线路为主	日发班次数:<60 个 配车数:<12 辆 高峰时段发车间隔:15～30 min 日均客流量:<4 000 人次/d 客流强度:<200 人次/(km·d)	共线站数:1～4 站 共线长度:0.4～3.4 km 共线比例:2%～20%	长度:15～30 km
类型5	以平行线路为主	日发班次数:<60 个 配车数:<9 辆 高峰时段发车间隔:12～20 min 日均客流量:<4 000 人次/d 客流强度:<200 人次/(km·d)	共线站数:>5 站 共线长度:>5.4 km 共线比例:>31%	长度:17～20 km

4.1.2　线路调整措施

地面公交线路调整措施包括撤停、延长、截短、局部调整、运力调整和站点调整等。各类线路在调整时,应当依据线路调整策略,适应轨道交通线网布局形式和轨道交通与地面公交网络衔接形式,结合线路自身功能定位(主干线、次干线、支线)合理选择调整措施。

1. 第 1 类线路

该类线路以交叉线路为主,运能、客流适中,与轨道交通共线特征不明显且线路里程高。当该类线路中公交主干线与轨道交通线路呈现交叉关系且共线特征不明显时无需做调整。当该类线路中公交次干线与轨道交通线路无共站现象时,可将线路适当延长至轨道交通站点处,方便乘客换乘,扩大轨道交通服务覆盖范围,如图 4-3 所示;也可调整线路走廊内部分的走向,使其与轨道交通站点形成衔接,如图 4-4 所示。在选择衔接的轨道交通站点时,需结合场站、道路以及站点客流集散能力等条件综合考虑,同时避免调整后的线路过于曲折。当该类线路中的公交支线与轨道交通线路无共站情况时,也可采取如图 4-4 所示的调整措施,但不宜延长线路,以免造成支线线路过长的情况。

图 4-3　延长线路衔接轨道交通站点示意图

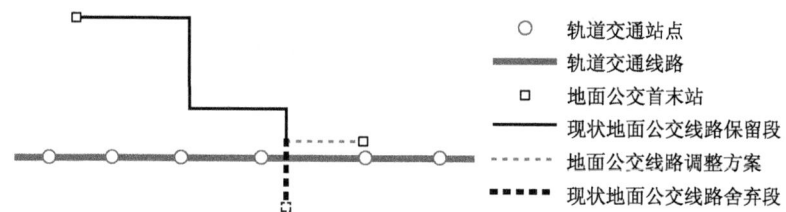

图 4-4　调整部分线路走向衔接轨道交通站点示意图

当公交次干线长度大于 20 km,公交支线长度大于 15 km 时,可在轨道交通站点处进行截断,原线路乘客通过换乘或利用其他线路完成出行,如图 4-5 所示。线路截短后,能够更好地体现公交次干线和支线集散公共交通骨架线路客流的作用,提高车辆周转效率,进一步提升整体运营效率。该类调整措施实施前需要对原线路上客流分布进行详细分析,截断点尽可能控制在客流断面变化量大(客流断面量小)的站点处,如图 4-6(a)和(b)所示,也可是乘降量大(客流交换量大)的站点,如图 4-6(c)所示,但尽量避免换乘总量过大,对交通接驳设施供给产生压力。

图 4-5　线路截短至轨道交通站点处示意图

2. 第 3 类线路

该类线路以平行线路为主,运能、客流大,与轨道交通线路共线特征明显。该类线路中的公交主干线需针对平行线路和接驳线路分别制定调整措施。对于平行

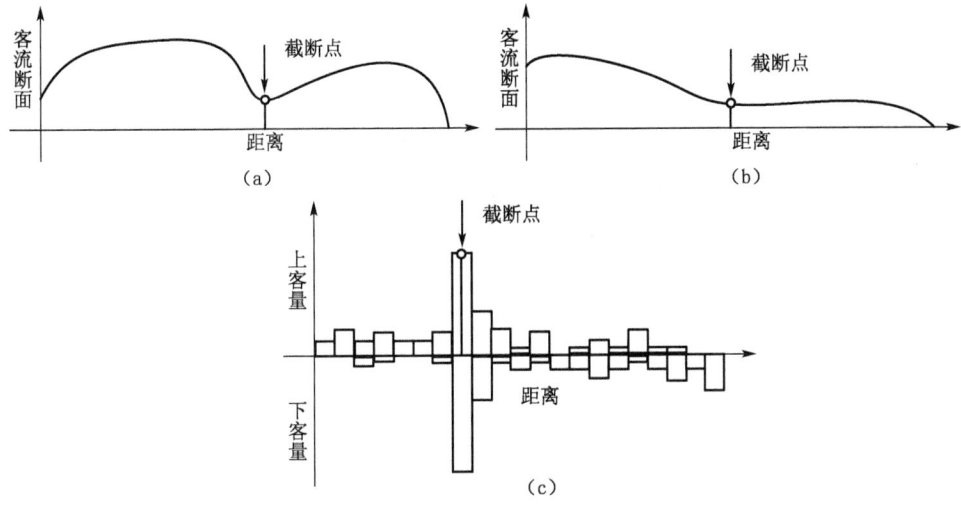

图 4-6 合适的线路截断点示意图

线路可以将与轨道交通线路共线区段或部分区段调整出走廊,使其能够服务于其他次级走廊,如图 4-7 所示。对于该类运能、客流大的线路调整需慎重,特别是对于大部分乘客出行 O-D 点均在轨道交通走廊上的线路,或为满足特定区域或特定人群(如老年人)的出行需求的线路,可以将其功能变更为公交次干线,采取运力调整措施,适当减少配车,延长发车间隔缩减运力,在走廊上发挥小站距的优势,作为轨道交通方式的补充。

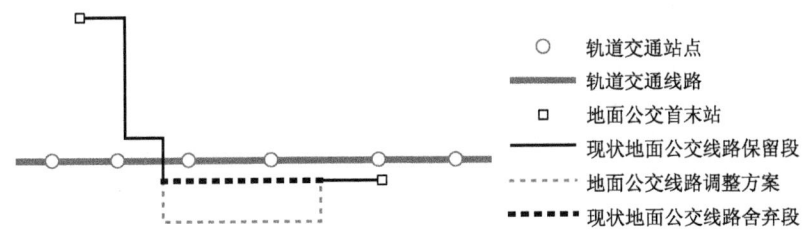

图 4-7 部分线路调整出走廊示意图

该类线路中的公交次干线也应进行运力调整以适应由于建设轨道交通而有所下降的地面公交客流,当线路平均站间距大于 800 m 时,为减小平均站间距可考虑对站点位置进行调整,如将远离轨道交通站点的公交停靠站点调整至轨道交通站点附近,或在轨道交通站点附近新增公交停靠站点,又或在轨道交通站点间新增公交停靠站点。

3. 第 5 类线路

该类线路以平行线路为主,运能、客流小,与轨道交通线路共线特征明显。该类线路中的公交主干线可撤停,其大部分功能将由轨道交通承担,撤停线路后产生的服务盲区应由其他地面公交线路覆盖或其调整后覆盖。实际中较少出现地面公交线路与轨道交通线路走向完全一致的情况,应仔细分析原地面公交线路上客流O-D点的一端或两端在轨道交通走廊上的比例,再慎重进行是否撤停线路的决策。

该类线路中的公交次干线和公交支线可采取如图4-7所示的局部调整措施,但应避免调整后的公交次干线过于曲折。对于公交支线,也可以通过线路局部调整,弥补其他线路调整留下的公交服务盲区,如图4-8所示。同时,可适当增加配车,缩短发车间隔,或开设区间线,以适应轨道交通运营后造成的接驳客流大幅度增长的情况,如图4-9所示。另外,当公交次干线平均站间距大于800 m、公交支线平均站间距大于500 m时,也应进行站点调整。

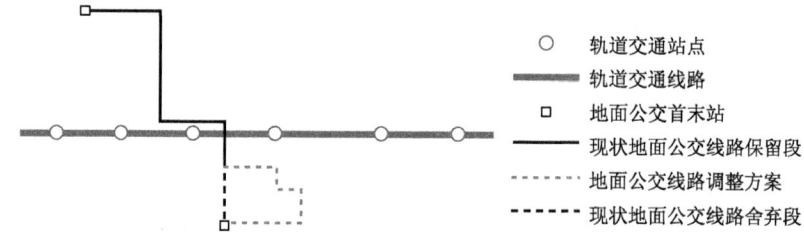

图 4-8　调整部分线路覆盖更多区域示意图

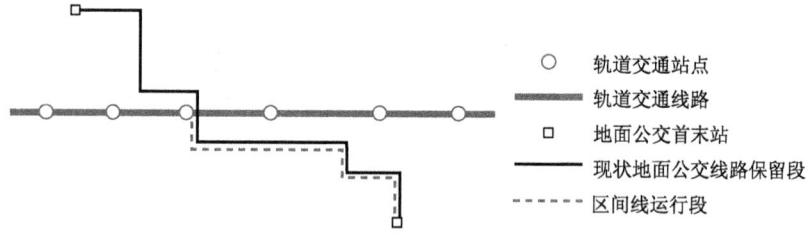

图 4-9　开设区间线示意图

各类线路调整措施总结如表4-6所示。线路调整可以采用多种措施,也可以是多种措施的组合调整,视具体情况而定。在实际应用中,需要在全面分析客流特征、道路、场站条件、其他公交线路分布情况以及其他公交线路调整方案等因素的基础上,综合确定线路调整方案。

表 4-6　各类型线路可选择的调整措施

线路类型	公交主干线	公交次干线	公交支线
类型 1	不做调整	延长、局部调整（共站数 0 时） 截短（长度＞20 km 时）	局部调整（共站数 0 时） 截短（长度＞15 km 时）
类型 3	局部调整、运力调整（平行线路） 运力调整（接驳线路）	运力调整 站点调整（站间距＞800 m 时）	
类型 5	撤停	局部调整 站点调整（站间距＞800 m 时）	局部调整 站点调整（站间距＞500 m 时）

4.2　接运公交线路布设方法

轨道交通接运公交是指专为城市轨道交通客流提供集散服务的地面公交系统,旨在为乘客提供无缝衔接的出行服务。接运公交线路布局方案生成流程:确定接运公交线路服务范围,筛选线路布设道路,生成线路的中途站、首末站和控制点,确定线路基本走向,在一定规则下生成候选线路路径,将路径连接组合后形成候选线路集合,建立数学模型从候选线路集合中优选出线路布局方案。

4.2.1　候选线路集合生成

在生成候选线路集合前,需要确定轨道交通接运公交服务区域,筛选可以布设公交线路的道路以及需要串联的站点,而后确定线路在空间上的基本走向。

1. 服务区域与布设道路

接运公交服务区域的范围受到轨道交通线路走向、客流特征、行政边界、地形特征和地面公交场站位置等因素影响。既定轨道交通站点与中心城区之间的乘客会选择距离中心城区更近的站点出行,因而服务区域应在以该轨道交通站点为圆心,远离中心城区的方向上。以地面公交作为轨道交通接运方式的乘客中有 80% 的接驳时间在 20 min 以内,经换算可知服务范围应为以轨道交通站点为中心、半径约为 5～7 km 的范围。然而若该范围内无地面公交场站时,范围应向外适当扩张,以保证区域内拥有供接运公交车辆停放、始发的场地。

服务区域内道路网络系统主要包括城市道路网络和区域公路网络两部分。接运公交线路可布设于除快速路以外的城市道路网络和除高速公路、等外公路以外的区域公路网络。为避免接运公交开行的不便,应在道路网络筛选时剔除"断头路"。

2. 中途站与首末站

接运公交服务区域内通常已有地面公交线路,即已存在公交停靠站点。依据公交站点存在与否及其与轨道交通站点的衔接关系,可将其分为4类:第Ⅰ类站点是既有地面公交站点,且站点与轨道交通站点间有线路直接连通;第Ⅱ类站点也是既有地面公交站点,但站点与轨道交通站点间无线路直接连通;第Ⅲ类站点为新增加的地面公交站点,且无既有线路经过;第Ⅳ类站点亦是新增加的地面公交站点,但站点位于既有线路上。其中,第Ⅱ、Ⅲ类站点为接运公交线路必须服务的站点,即线路布设时必须串联这两类站点;第Ⅰ、Ⅳ类站点在接运公交线路生成中可依据线路走向选择性串联。

第Ⅲ、Ⅳ类站点设置应以扩大轨道交通的服务范围为目标进行,靠近主要客流集散点。《城市道路公共交通站、场、厂工程设计规范》(CJJ/T 15—2011)提出,地面公交的中途站距宜为500～800 m。除考虑合理站距外,站点生成时还需考虑所在区域用地开发情况。站点设置应尽可能提高居住人口、就业岗位覆盖率和居民出行的可达性,在用地成片开发地区结合居住小区、大型商场、体育馆、剧院等主要客流集散点设置,并控制站间距;在用地点状化开发地区,结合已开发的用地布局并考虑未来用地开发,预留合适的站间距。

首末站与最远端的中途站的确定是候选线路路径生成的基础,其与轨道交通站点与地面公交场站位置关系以及线路布设形态有关。依据场站位置关系和线路形态可将接运公交线路大致分为8类,如图4-10所示。类型(a)、(b)、(c)、(d)的

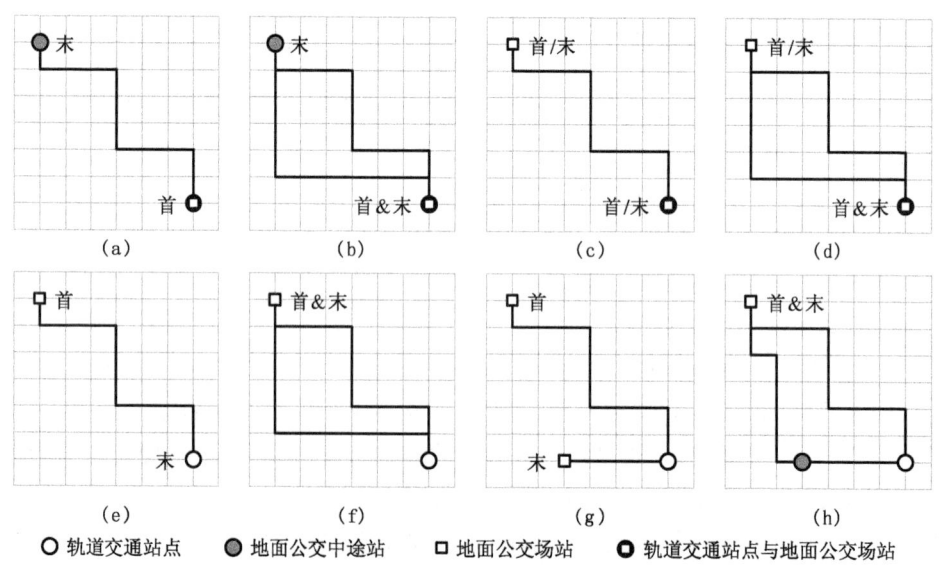

图4-10 依据场站位置关系和线路形态的线路分类

轨道交通站点与地面公交场站一体化设置;类型(e)、(f)、(g)、(h)的轨道交通站点与地面公交场站分离设置;类型(c)和(d)地面公交场站在轨道交通站点处和外围均有设置;类型(b)、(d)、(f)、(h)的线路由于单向路径过短,构成环形线路。

除类型(a)和(b)外,其他类型线路均可直接确定首末站。类型(a)线路首站已确定,即为轨道交通站点,末站的位置与合理的线路长度直接相关。接运公交线路长度应大于大部分乘客换乘出行距离(即最小线路长度)同时小于公交支线最大线路长度。以轨道交通站点为接运公交线路的首站,采用最短路算法计算各地面公交站点距离首站的最短距离。离首站最短距离介于最大线路长度和最小线路长度之间的地面公交站点可作为末站候选站点。依据需要选择若干个接运公交末站,优先选择距离首站远的站点。类型(b)线路首末站均已确定,都为轨道交通站点,当离首站最远的地面公交站点距轨道站点距离仍小于最小线路长度时,可将其作为远端控制点,形成环形线路。

3. 候选线路路径

将地面公交场站、轨道交通站点附近的地面公交中途站以及距离轨道交通站点最远的地面公交中途站作为候选线路的控制点,候选线路可由一段路径(图4-10(a)、(c)、(e)、(g))、两段路径(图4-10(b)、(d)、(f))、三段路径(图4-10(h))组成。在候选线路生成时,可将线路控制点分别作为路径的搜索起始点与终止点,生成候选路径,后将路径组合成候选线路。以图4-10(d)所示的线路为例说明候选线路生成过程:以地面公交场站为起始点、以轨道交通站点附近的地面公交中途站为终止点搜索路径;以轨道交通站点附近的地面公交中途站为起始点、以距离轨道交通站点最远的地面公交中途站为终止点搜索路径;以距离轨道交通站点最远的地面公交中途站为起始点,以地面公交场站为终止点搜索路径;将三段路径连接组合形成候选线路。可见路径搜索是接运公交线路生成的关键,具体方法一般可分为基于图论的方法和基于启发式规则的方法。其中,基于图论的方法又可细分为随机路法、最短路法和K最短路法。尽管基于启发式规则的方法较其他方法复杂,但其搜索得到的路径更具合理性且符合接运公交的功能定位,可减少候选线路集合的规模,因此,选择其作为轨道交通接运公交候选线路路径搜索方法。

线路路径必须经过第Ⅱ、Ⅲ类站点,且站点不能相距过远。路径从起始点出发要朝着终止点的方向进行搜索,新选择的站点要离起始点越来越远,离终止点越来越近,离已选择的站点越来越远,且不应过度偏离终止点方向,也不能出现"反复曲折"现象。下文基于搜索起终点对(s_1, s_N)具体介绍启发式规则。

规则1:站点间距离应小于某一定值,即

$$d(s_i, s_{i+1}) < \delta_1, \forall i = 1, 2, \cdots, N-1 \tag{4-1}$$

式中：$d(s_i, s_{i+1})$——站点 s_i 与站点 s_{i+1} 间距离（km）；
  δ_1——所允许的最大站间距（km）。

规则 2：向终止点方向进行搜索，即

$$x(i+1)\cos\theta - y(i+1)\sin\theta > x(i)\cos\theta - y(i)\sin\theta, \forall i = 1, 2, \cdots, N-1 \tag{4-2}$$

$$\theta = \arctan^{-1}\frac{y(N)}{x(N)} \tag{4-3}$$

式中：$x(i)$——站点 s_i 相对于起始点 s_1 的横坐标值；
  $y(i)$——站点 s_i 相对于起始点 s_1 的纵坐标值。

规则 3：搜索方向不过度偏离终止点方向，即

$$x(i)\sin\theta + y(i)\cos\theta < \delta_2, \forall i = 1, 2, \cdots, N \tag{4-4}$$

式中：δ_2——所允许的偏离终止点方向的最大距离。

规则 4：离搜索起始点越来越远，即

$$d(s_{i+1}, s_1) > d(s_i, s_1), \forall i = 1, 2, \cdots, N-1 \tag{4-5}$$

规则 5：离搜索终止点越来越近，即

$$d(s_{i+1}, s_n) < d(s_i, s_n), \forall i = 1, 2, \cdots, N-1 \tag{4-6}$$

规则 6：无"反复曲折"现象，即

$$\arg\min d(s_{i+1}, s_j) < s_i, \forall j = 1, 2, \cdots, i \tag{4-7}$$

上述规则中，规则 1～5 在每一步的站点搜索中均需遵循；而在整条路径生成后，不满足规则 6 的路径将被剔除。在搜索过程中，可能会产生 3 类无效路径：(1)搜索到某一站点后，无法满足规则 1～5 而导致站点搜索无法继续进行，如图 4-11(a)所示；(2)搜索路径经过某一站点后，又原路返回开始搜索下一站点，如图 4-11(b)所示；(3)由于经过选择性途经站点（即第 Ⅰ、Ⅳ 类站点）而无法经过必须途经站点（即第 Ⅱ、Ⅲ 类站点），如图 4-11(c)所示。将无效路径删除后保留有效

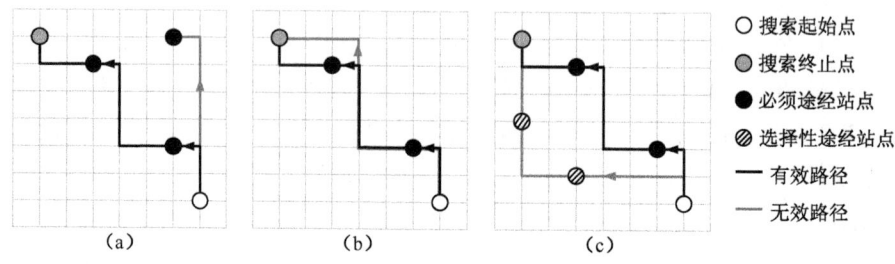

图 4-11 无效路径示意图

路径,并进行连接组合,可得到候选线路路径集合。

候选线路路径集合生成步骤总结如下:

Step 1:确定搜索起始点 s_1 和终止点 s_N,并将起始点 s_1 加入到初步候选路径集合 L;

Step 2:依据规则 1~5 搜索下一站点 s_i;

Step 3:将站点 s_i 加入到当前初步候选路径 l;

Step 4:重复 Step 2 和 Step 3,直到 $s_i = s_N$;

Step 5:将当前初步候选路径 l 加入到初步候选路径集合 L,直到集合 L 不变;

Step 6:依据规则 6 和如图 4-11 所示的路径筛选形式,对初步候选路径集合 L 进行筛选,剔除无效路径,得到候选线路路径集合 L',路径连接组合后即可得到候选线路集合 R。

4.2.2 线路布局方案生成

在确定了候选线路集合 R 后,需要进一步构建数学模型从集合 R 中优选出较优的线路布局方案。

过短或过长的线路均不利于接运公交线路功能的发挥。令 $L_{\max}$ 为所允许的最大线路长度,$L_{\min}$ 为所允许的最小线路长度,即

$$L_{\min} < \sum_{i=1}^{N-1} d(s_i, s_{i+1}) < L_{\max} \qquad (4-8)$$

同时,应保证线路平均站间距在合理范围内,令 $\gamma_{\max}$ 为所允许的最大平均站间距,$\gamma_{\min}$ 为所允许的最小平均站间距。

$$\gamma_{\min} < \frac{\sum_{i=1}^{N-1} d(s_i, s_{i+1})}{N-1} < \gamma_{\max} \qquad (4-9)$$

依据 4.2.1 节中关于地面公交站点分类的情况,可知第 Ⅱ 类站点是既有站点,第 Ⅲ 类站点为新增站点,均与轨道交通站点无线路直接连通,是接运公交线路必须提供服务的站点,均应纳入接运公交线路途经站点集合。令 S 表示接运公交线路途经站点集合,$S_{Ⅱ}$ 表示第 Ⅱ 类站点集合,$S_{Ⅲ}$ 表示第 Ⅲ 类站点集合,即

$$S_{Ⅱ}, S_{Ⅲ} \subset S \qquad (4-10)$$

接运公交线路布设需要兼顾企业与乘客双方的利益。乘客期望线路尽可能顺直使其能快速到达轨道交通站点或目的地;公交企业则期望线路以尽可能少的运行成本覆盖尽可能多的区域,吸引更多的客流,获取经济效益。因此,接运公交线路布局方案既要满足线路行程时间最小化要求,也要实现覆盖居住人口和就业岗

位数最大化目标。

线路行程时间可按式(4-11)计算：

$$z_1 = \sum_{k=1}^{K} \left[\sum_{i=1}^{N_k-1} t(s_i^k, s_{i+1}^k) + (N_k - 1) \cdot t_d^k \right] \quad (4-11)$$

式中：z_1—— 总行程时间(min)；

K—— 线路数量(条)；

N_k—— 线路 $k(k=1,2,\cdots,K)$ 上站点数量(个)；

$t(s_i^k, s_{i+1}^k)$—— 线路 k 站点间最短行驶时间(min)，可根据站点间最短距离除以平均行驶速度估算获得；

t_d^k—— 线路 k 上车辆站点平均停靠时间(min)，可根据既有线路历史 AVL 数据估算其取值。

线路覆盖总人口岗位数可按式(4-12)计算：

$$z_2 = \sum_{k=1}^{K} \left[\sum_{i=1}^{N_k-1} p(s_i^k) + e(s_i^k) \right] \quad (4-12)$$

式中：z_2—— 总人口岗位数(人)；

$p(s_i^k)$—— 线路 k 上站点 300 m 服务半径内覆盖的居住人口数(人)；

$e(s_i^k)$—— 线路 k 上站点 300 m 服务半径内覆盖的就业岗位数(人)。

综合考虑乘客和企业双方利益，目标函数表达为：

$$\max z = C_2 \cdot z_2 - \lambda \cdot C_1 \cdot z_1 \quad (4-13)$$

式中：z—— 线路运营效益(元)；

C_2—— 单位乘客票价(元/人)；

C_1—— 单位时间线路运行成本(元/min)；

λ—— 非负权重系数，表征减少线路行程时间的重要性。

故接运公交线路布局方案生成问题可抽象为由目标函数(4-13)、约束条件(4-8)~(4-12)构成的多目标优化模型。当候选线路集合规模较小时可以采用枚举法求解模型，但当问题规模较大时，宜采用启发式算法如遗传算法进行求解。一条接运公交线路可以表示为途经站点的有序排列，故遗传算法中线路布局方案编码设计如图 4-12 所示。当线路为环线时，染色体的第一个基因和最后一个基因相同。

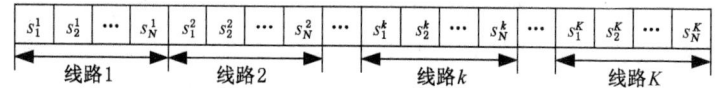

图 4-12　遗传算法中线路布局方案编码设计示意图

下面具体介绍遗传算法中的交叉运算、变异运算和选择运算。

交叉运算的目的是对两个布局方案内的线路和线路走向进行交换,以获得更好的方案,可分为两类。

第Ⅰ类交叉运算通过从不同的父代方案中抽取线路进行交换形成子代方案,如父代方案 1 拥有线路 1、2、3、4,父代方案 2 拥有线路 A、B、C、D,进行交叉运算后产生子代方案 1(1、2、C、D)和子代方案 2(A、B、3、4)。需要说明的是,由于各条线路串联的站点数不一定相同,个体的基因串长度存在差异,第Ⅰ类交叉运算需要在具有同名首末站点的两条线路之间进行,即在经过同一对首末站的两条线路之间进行。

第Ⅱ类交叉运算通过对同一个父代方案中两条线路的部分走向进行交换形成子代方案,如图 4-13 所示。当两条线路被随机选中后且存在共同经过的站点时进行交叉运算,如线路 2 和 4 被随机选中,交换部分线路区段产生线路 A 和 B;如无共同经过的站点,则继续随机搜寻其他线路。若两条线路共同经过的站点数大于 1,则各站点作为交叉点的概率相等。

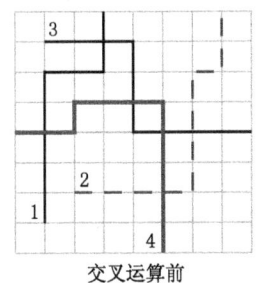
交叉运算前
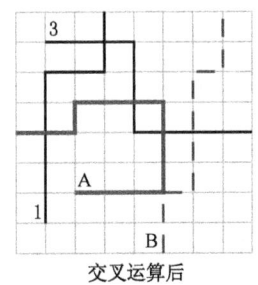
交叉运算后

图 4-13　第Ⅱ类交叉运算示意图

变异运算的目的是对线路走向进行微调,以获得可能丢失的较好的布局方案。变异点(站点)的选择是随机的,变异后的站点应为该站点的邻接站点,且需与下一站点有连通路径。

选择运算是依据父代方案产生子代方案的过程,将较好的方案遗传的同时淘汰较差的方案。为避免遗漏较好的方案,将所有方案的目标函数值进行排序,选择前 M 个方案作为优选出的方案。

求解接运公交线路生成问题的遗传算法具体步骤如下:

Step1:初代种群。在候选集合中随机生成初代种群,令种群代数 $i=1$。种群规模为 G,交叉率为 ρ_c,变异率为 ρ_m,最大迭代次数为 $i_{\max}$。

Step 2:第Ⅰ类交叉。对每一个染色体,设一个服从 $[0,1]$ 均匀分布的随机数 $\alpha^{(i)}$。将 $\alpha^{(i)} < \rho_c$ 的染色体进行配对,对选中的每一对染色体,在 1 至 K(线路数量)

间取一个整数 K'，交换代表前 K' 条线路的基因，即产生两个新的染色体。

Step 3：第Ⅱ类交叉。对经过第Ⅰ类交叉后的每一个染色体，设一个服从 $[0,1]$ 均匀分布的随机数 $\beta^{(i)}$。将 $\beta^{(i)} < \rho_c$ 的染色体进行配对，对选中的每一对染色体中相应线路，寻找相同的基因（记其顺序为 H），交换前 H 个基因，即产生两个新的染色体。

Step 4：变异。对所有染色体上的每一个基因（除染色体的第 1 个和最后 1 个以及各线路的第 1 个和最后 1 个基因外），设一个服从 $[0,1]$ 均匀分布的随机数 $\eta^{(i)}$。若 $\eta^{(i)} < \rho_m$，则改变该基因的值（其编号变为邻接站点编号），从而产生新的染色体。

Step 5：计算目标函数值。判断各染色体是否满足约束条件，若满足，则计算目标函数值；否则，在增加惩罚参数 P 后计算目标函数值。

Step 6：选择。将所有染色体的目标函数值进行排序，选择前 M 个染色体作为优选出的染色体。

Step 7：收敛判断。若 $i > i_{\max}$，算法停止并输出优选出的染色体目标函数值以及对应的染色体；否则，令 $i = i+1$，转至 Step 2。

4.3 本章小结

本章基于给定的轨道交通网络研究了既有地面公交线路调整技术和接运公交线路生成方法。针对地面公交线路调整问题，制订了系统的调整流程，着重介绍了待调整线路筛选和调整措施选择环节。在线路筛选过程中引入定量分析方法，并详细介绍了筛选步骤；在调整措施选择环节结合线路功能定位分析给出了各类线路适宜的调整措施。对于轨道交通接运公交线路生成问题，提出了考虑线路服务范围、布设道路、途经站点、基本走向等因素的候选线路启发式生成方法，以线路行程时间最短和线路覆盖人口岗位数最大为优化目标建立了数学模型，从候选线路集合中优选出线路布局方案，并设计了遗传算法求解模型。

第 5 章

单线路行车时刻表编制

公共交通调度计划是在现行运营管理模式下，基于运营条件和乘客需求的全面分析，确定合理的运营服务水平后编制完成的用以组织和指导公共交通运营全过程的调度计划，通常包含行车时刻表、车辆排班表和人员排班表三部分。行车时刻表是计划调度的基本形式，是车辆和人员排班计划编制的重要依据，因此如何编制科学合理的行车时刻表成为公交调度计划制定过程中需要解决的关键问题。大量文献对行车时刻表编制问题开展了广泛且深入的研究，形成了较为系统的编制流程，且逐步应用于实践。由于了解与掌握单线路行车时刻表编制方法是进行多线路行车时刻表协调设计与优化的重要基础，故本章拟探讨单线路行车时刻表编制方法。

5.1 时刻表分类与编制流程

5.1.1 时刻表分类

行车时刻表按照控制站点数的不同可分为单站点时刻表、双站点时刻表和多站点时刻表，即分别为首站时刻表、首末站时刻表和中途站时刻表；按照发车间隔的特征可分为等间隔行车时刻表和不等间隔行车时刻表；按照客流的日间波动性可分为工作日时刻表和非工作日时刻表；按照客流的时段波动特征可分为全天时刻表、高低峰时刻表和平峰时刻表；按照客流的季节性波动可分为春季、夏季、秋季、冬季及高温季行车时刻表；还可按照线路特性进行细分。

首末站时刻表是行车时刻表的主体，它确定了在某首末站始发（或停发）的所有公交车辆的到站时刻、停留时间、发车时刻、发车间隔、发车类型以及调度方案等。基于线路的首末站时刻表，以首末站班次始发时刻、末班到站时刻以及停车场位置信息等为依据可推导出相应的车辆出/进场时刻表。依据首末站时刻表中各班次车辆发车时刻，结合实际区段行驶时间，确定每班从首站（或末站）发车的车辆中途站计划到站时刻，则可形成中途站时刻表。中途站行车时刻表往往被用于统计分析本线路各车组的运营正点和班次完成情况。城市轨道交通的行车时刻表编制按照"逐站卡点"的理念固定列车到达沿途各停靠站点的时刻并制成表单,是一类特殊的中途站行车时刻表。

地面公交运行过程中由于受到道路交通运行状态的干扰与影响,其到达各中途停靠站点的时刻具有随机性。因此,我国大部分城市的地面公交企业基本上仍沿用"两头卡点"的传统调度方式,即借助首站(或末站)停留时间调整单程运行过程中所引起的误差。然而利用首末站时刻表也仅能控制车辆的发车时刻,其到站时刻仍具有波动性,即仅能确保各班次车辆的发车准点率。实际中,若是为了保证发车准点率而一味地设定较大的首站(或末站)停留时间,则将大幅度降低车辆有效利用率,增加地面公交企业运营成本。随着信息技术的发展,公共交通智能化调度控制已具备良好基础条件,可逐步将中途站行车时刻表应用于城市地面公交系统日常运营,提高地面公交运行可靠性,提升地面公交服务吸引力。

5.1.2 编制流程

行车时刻表的编制是在现行运营管理模式下根据运营生产的特点,全面分析运营生产条件和乘客实际诉求而确定出合理的运营服务水平后编制的,是用以组织和指导公共交通运营生产的全过程,从而保障城市公共交通系统的基本功能得以充分实现的生产作业性计划。

行车时刻表编制过程可分为三个阶段:(1)参数输入;(2)计算过程;(3)结果输出。

参数输入阶段即时刻表编制所需数据准备阶段,包括线路特征、客流情况、服务标准三类参数。此三类参数既涉及长期较稳定的数据(如线路长度),需周期更新的数据(如客流需求),也包括不定期变化的运营参数和服务标准,由经验丰富的时刻表编制人员根据实际诉求灵活调整确定。

计算过程即时刻表各项参数确定阶段,为时刻表编制过程的中心环节,需要确定发车间隔、车队规模、周转时间等参数的取值。由于客流情况的时变性(如存在高峰时段与平峰时段),需要计算确定不同时段内各参数的取值。5.2 节将进一步讨论时刻表编制的核心任务,阐述计算过程中需要关注的重点。

结果输出阶段即生成时刻表的过程。各时段发车间隔确定后即可推导出完整的行车时刻表。行车时刻表即是公共交通运营企业发车的依据,也可为乘客提供乘车信息。结果输出阶段还可获取车队规模、车辆里程等数据,可用于评价所编制的时刻表在兼顾乘客需求与企业成本方面的效能。

5.2 时刻表编制核心任务

5.2.1 编制核心任务

行车时刻表需要明确给出线路发车间隔、车队规模、周转时间等参数的取值。发车间隔是指某一方向上相邻两个班次的车辆/列车通过某一固定点的时间间隔。乘客总是期望企业能够提供短间隔的服务以缩短其等待时间,而企业则期望通过长间隔发车以减少其运营成本。车队规模是指某一线路上所需配备的运营车辆总数。周转时间是指公交车辆/列车从相同起点站连续发车的时间间隔,包括两个方向的运行时间和终点站停留时间。运行时间为车辆从起点站出发至终点站所需时间;终点站停留时间的设置一方面是为了给司乘人员提供休息、用餐时间,另一方面也是为了抵消车辆运行过程中的延误。

由于发车间隔与车队规模、周转时间存在关联性,故时刻表编制的核心任务为确定发车间隔的合理取值,既要与乘客需求(客流量)相匹配,又必须小于乘客最大可接受的发车间隔(即政策发车间隔,通常由企业和政府协商确定)。考虑到等间隔发车时刻表能够最大限度地减少随机到站乘客的等待时间和车辆延误传播的概率,在制订行车计划表时多采用等间隔发车方案。

5.2.2 编制方法分类

行车时刻表编制的核心任务是确定发车间隔的合理取值。确定了在某首末站始发(或停发)的首班车辆的发车时刻后,依据发车间隔可以依次确定后续所有班次车辆的发车时刻,形成完整的行车时刻表。在公共交通调度领域,国内外针对发车间隔优化问题展开了深入的理论研究与丰富的实践探索,形成了一系列发车间隔计算方法,大致可以分为传统经验法和数学规划法两类。

1. 传统经验法

大多数城市在调度过程中仍采用传统的凭借编制人员经验制订的行车时刻表。依托历史数据和过往经验,调度人员在大致掌握线路客流量的基础上,基于给定的服务水平(最大满载率)和限定的车型(车辆载客能力)计算发车间隔及相关参数的取值。由于调度人员难以实时全面地了解道路交通、乘客需求的变化情况,所确定的发车间隔方案难免与实际客流需求特征存在偏差,引起乘客对公共交通服务质量的不满。

2. 数学规划法

构建数学规划模型描述乘客需求、最大最小发车间隔等输入参数间的相关性,建立科学合理的目标函数与约束条件,并利用适当的精确算法或启发式算法求解模型。发车间隔优化问题通常需要兼顾多个优化目标,综合考虑乘客出行费用和企业运营成本。乘客出行费用评估不能仅考虑狭义的出行时间成本,还需涉及车内拥挤程度、乘车体验满意度等能够综合衡量乘客出行费用的指标计算转化过程。

单纯凭借主观经验编制时刻表时,即便是经验丰富的调度人员也难免出现判断偏差。因此为了尽可能减少人为主观因素的干扰,综合传统编制经验、数学规划方法与现代信息技术的行车时刻表制订方法已成为解决实际调度问题的必然选择,以保障行车调度工作的科学化、规范化。

5.3 时刻表编制基本方法

5.3.1 时段划分

由于客流需求的波动性,线路行车时刻表编制时首先需要根据客流时间分布将整个时刻表服务时长划分为多个时段,即基于客流时间分布确定时刻表时段划分方案,多以客流需求发生较大变化的时刻作为某一时段的起/终时刻。时段划分是公共交通系统资源配置和运营调度的基础。对应不同的时段采取差异化的调度策略是提高公共交通服务吸引力、降低公共交通运营成本的关键。

时段划分时需满足:(1)同一时段内客流特征相近。结合客流时间分布特征进行时段划分时,应保证同一时段内客流时空分布特征无显著差异,以保障资源配置与运营调度方案在同一时段内的普适性。(2)时段划分个数适量。通常不能多于统计时段(一般不大于半小时)数目的一半;也不能太少,至少能够反映客流的显著波动特征。实际中调度员多根据客流时间分布情况粗略地将整个服务时长划分为早高峰、日平峰、晚高峰、晚平峰等时段。所谓平峰时段是指相邻两个高峰时段之间客流较小且平稳的时段。时段划分方法大致可分为经验划分方法、聚类划分方法和抽样划分方法。

1. 经验划分方法

早期由于客流数据获取的难度,调度人员仅能凭借主观经验和小量人工调查数据进行时段划分,首先判断客流集聚的高峰时段,进而确定平峰时段,最终确定早高峰、日平峰、晚高峰、晚平峰各自对应的时间范围。早高峰时刻表主要针对上午上班、上学客流,而晚高峰相应地服务下午回程(下班、放学)客流。部分城市(以中小城市为主)往往中午时段也存在客流高峰,主要由中午上下班、上下学客流构成。因此,城市公共交通调度人员须结合城市实际客流特征开展时段划分工作。尽管经验划分法精度有限,但在当前客流调查频率低、客流信息更新慢的条件下,仍然被广泛应用于实际调度工作中。

2. 聚类划分方法

时段划分是为了合并客流特征相似的相邻时段,从而得到具有不同客流特征的时间区间。这一过程可以看作有序样品的分类聚类问题。随着信息技术的发展,在进行公共交通客流时段划分时,可基于全日的 APC 数据和 AVL 数据,利用聚类分析得到客流特征、交通特征相似的时段[185,45]。聚类分析方法通常涉及大量的数据分析工作,但能更加科学精准地划分编制时段,能更好地响应客流波动特征,有利于同时提高车辆利用率和乘客满意率。

3. 抽样划分方法

统计抽样分析方法是在传统经验划分方法的基础上,通过对线路关键站点进行抽样调查并预测估计线路未来客流分布情况,进而调整更新由传统经验方法确定的时段划分方案的方法。该方法调查工作量小,适用性广,但相较聚类划分法其精度较低。可在城市尚不具备实施聚类划分方法时,采用抽样划分方法校准由主观经验确定的时段划分方案。

调度人员在制订线路运力配置计划时,大多依据客流量的时间分布曲线,即客流时段的"时间相似性",很少考虑客流空间分布特征对客流时段"相似性"、时段划分的影响。客流的空间分布曲线反映客流在空间上的分布情况,不同的时段,客流的空间分布曲线有所不同。客流的空间分布特征直接影响到线路的平均满载率,对线路的运营效率有着重要影响。即客流的时段特征不仅存在"时间相似性",也存在"空间相似性"。因此,建议以线路断面客流量的"时空相似性"为基础,采用有序样品聚类分析方法,构建一维、二维的公交客流时段划分方法。一维时段划分方法以最大断面客流量的时间分布曲线为划分依据,二维时段划分方法则以最大断面客流量的时间分布曲线和空间分布曲线为划分依据。

5.3.2 传统经验法

1. 基本步骤

假设时段划分与需求分析工作已完成,从中选取某一时段(如早高峰)作为研究时段,令 p_{15} 表示该研究时段内最大承载断面高峰 15 min 客流量,其值由研究时段内客流空间分布图确定,为已知参数。令 P_d 表示研究时段内单位小时设计客流量(人/小时),则

$$P_d = 4 \cdot p_{15} \tag{5-1}$$

令 C_v 表示单位车辆核定载客能力(人/辆),由所提供的车型决定其取值;α 表示研究时段内最大承载断面最大满载率,由所设定的公交服务水平决定该参数取值。研究时段内单位小时设计客流量除以最大承载断面内单位公交车辆所运载的

乘客数,可得到该时段内所需服务频率,其倒数即为发车间隔。令 h 表示研究时段内车辆设计发车间隔(min),即

$$h = \frac{60 \cdot \alpha \cdot C_v}{P_d} \quad (5-2)$$

将设计发车间隔 h 与政策发车间隔 h_p 相比,取两者中的较小值作为最终的发车间隔设计值。为了降低时刻表信息复杂度便于乘客记忆,可考虑进一步将设计发车间隔缩小至最接近的时钟间隔,如 6 min、7.5 min、10 min、12 min、15 min、20 min 等,即可使得车辆在任意中间停靠站的到站/离站时刻均为一个小时的同一时间点。若设计发车间隔小于 6 min,高频率公交服务下乘客往往不再关注具体的发车时刻信息,即无需将设计发车间隔调整为时钟间隔。

将计划发车间隔 h 经调整后的最终取值记为 h',即 $h' = \min(h, h_p)$。当 $h' \neq h$ 时,需重新计算最大承载断面车辆满载率实际取值,记为 α',即

$$\alpha' = \frac{P_d \cdot h'}{60 \cdot C_v} \quad (5-3)$$

令 T_o 表示车辆从起点站出发至终点站单程计划运行时间;T_t 表示车辆在终点站停留时间。则线路周转时间

$$T = 2(T_o + T_t) \quad (5-4)$$

上式适用于双向运营且两个方向运行时间和终点站停留时间都相等的线路,具体应用时可根据实际情况适当调整。

令 N 表示线路车队规模,即

$$N = \left[\frac{T}{h}\right]^+ \quad (5-5)$$

式中:$[\ ]^+$ ——向上取整操作。

则线路实际的周转时间

$$T' = h' \cdot N \quad (5-6)$$

相应地,终点站实际停留时间

$$T_t' = \frac{T' - 2T_o}{2} \quad (5-7)$$

此处 T_t' 仅是终点站实际停留时间的均值,相反方向终点站停留时间可以不同。

由确定的行车时刻表可以计算该方案运行效率,用以评估时刻表方案的优劣,若发现方案满意度较差,则可通过调整时刻表编制的输入参数如服务水平标准重

复上述编制过程获取调整后的时刻表方案。为了获取运行良好的时刻表方案，编制过程中往往需要不断循环反复调试。

2. 演示算例

假设客流数据收集、分析与时段划分工作均已完成，分别为以下四种情景编制符合要求的行车时刻表：

① 高峰期常规公交线路，选用核定载客数量为 45 人的车辆运送乘客；

② 平峰期常规公交线路，选用核定载客数量为 45 人的车辆运送乘客；

③ 高峰期轨道交通线路，每列车次由 6 节车厢构成，每节车厢核定载客数量为 140 人；

④ 高峰期轨道交通线路，每列车次由 2 节车厢构成，每节车厢核定载客数量为 140 人。

其他相关输入参数包括：单程运行时间 T_o、政策发车间隔 h_p、最大承载断面最大满载率 α、设计小时客流量 P_d 和终点站最短停留时间 T_t，上述四种情景下各参数对应取值及具体计算结果输出均已列于表 5-1。

表 5-1 算例计算结果

类别	参数/变量	高峰期—公交	平峰期—公交	高峰期—轨道	平峰期—轨道
输入	C_v（人/辆）	45	45	840	280
	P_d（人/h）	980	160	10 000	1 500
	T_o（min）	40	30	24	24
	α	1.1	0.9	0.8	0.6
	h_p（min）	5	12	5	10
	T_t（min）	7.2	4.5	6	6
输出	h（min）	3	15	4	6
	h'（min）	3	12	4	6
	α'	1.09	0.71	0.79	0.54
	T（min）	95	69	62	62
	N（辆）	35	6	16	11
	T'（min）	96	72	64	66
	T'_t（min）	8	6	8	9

5.3.3 数学规划法

1. 模型构建

如何以合理的运营成本为乘客提供满意的服务，是编制行车时刻表的核心问题。乘客总是期望企业能够提供高频的公共交通服务，而企业出于成本考虑则期望尽可能降低发车频率。乘客对服务品质的需求与企业对经济利益的诉求间的矛盾客观存在,但并非不可调和。公共交通服务水平提高则可以吸引更多的居民选择乘坐公共交通,企业运营效益随之增长,相应地可增加投入进一步提升改善公共交通服务质量,乘客需求被更好地满足。因此,从乘客和企业双方利益最大化出发,根据客流量实际分布情况,以乘客车外等待时间、乘客车内舒适度、企业效益成本比率的加权和最小为目标,建立发车间隔分时段多目标组合优化模型。

由于公共交通运营调度具有影响因素众多、外部环境复杂、客流波动显著等特点,在建立优化模型前需对实际情况进行适当简化。主要假设条件如下:

① 乘客到达规律符合均分分布,任何时段内各站点上下车客流情况与断面客流情况已知;

② 同一时段内采用相同的发车间隔;

③ 所有车辆车型、性能完全相同,且总可以按照计划准时进/出站;

④ 采用一票制收费方法,即票价与乘坐距离无关;

⑤ 车辆容量总是可以满足需求,即所有候车乘客均可顺利乘坐其到站后首班到站的目标车辆离开。

为了表达清晰,下文中用希腊字母和大写字母表示已知参数而用小写字母表示未知的决策变量。

当车外等待时间超出乘客所能容忍的极值时,乘客会产生不满、抱怨的情绪,甚至不再选择公共交通服务出行。调度人员在编制行车时刻表、确定发车间隔时应尽可能减少等待时间超出乘客容忍极限的情况,即模型的优化目标之一是极小化抱怨等待时间过长的乘客所占比例。

由于假设所有候车乘客均可顺利乘坐其到站后首班到站的目标车辆离开(即不考虑车辆载客能力的限制),故乘客车外等待时间最大值等于一个发车间隔 h_j,因此,当 $h_j > W_j$ 时,第 j 个时段内才有可能存在抱怨候车时间过长的乘客。又由于假设站点处乘客到达规律符合均匀分布,故第 j 个时段内抱怨车外等待时间过长的乘客数

$$pc_j = \begin{cases} \dfrac{(h_j - W_j)}{h_j} \cdot \sum_{i=1}^{I} PB_i^j, & h_j > W_j \\ 0, & 否则 \end{cases} \quad \forall j = 1, 2, \cdots, J \quad (5\text{-}8)$$

式中:J——整个研究时段内所划分的客流时段数(个);

I——线路某一方向(上行/下行)所途经的站点数(个);

pc_j——第 j 个时段内抱怨等待时间过长的乘客数(人);

h_j——第 j 个时段内的线路发车间隔(min);

W_j——第 j 个时段内乘客所能接受的最长等待时间(min);

PB_i^j——第 j 个时段内在站点 i 处上车的乘客数(人)。

则整个研究时段内抱怨车外等待时间过长的乘客所占比例

$$r_1 = \frac{\sum_{j=1}^{J} pc_j}{\sum_{j=1}^{J} \sum_{i=1}^{I} PB_i^j} \times 100\% \tag{5-9}$$

式中:r_1——抱怨等待时间过长的乘客所占比例。

当车内过度拥挤时,乘客乘车体验较差,尤其是当拥挤状态持续时间较长时,同样会引起乘客的严重不满。因此,在保证乘客有车可乘的同时应尽可能为乘客提供舒适愉快的乘车体验。换言之,调度人员确定/优化发车间隔时不仅需要关注乘客候车时间,也需要关注运力与需求的匹配情况,即模型的另一个优化目标是极小化拥挤状态下车辆运行里程所占比例。第 j 个时段内拥挤状态下车辆运行里程

$$lc_j = \begin{cases} \sum_{i=1}^{I} PP_i^j \cdot L_i, PP_i^j > \frac{T_j}{h_j} \cdot C \cdot S_{\max}^p \\ 0, 否则 \end{cases} \quad \forall j = 1, 2, \cdots, J \tag{5-10}$$

式中:lc_j——第 j 个时段内拥挤状态下车辆运行里程(km);

PP_i^j——第 j 个时段内在站点 i 处的断面客流量(人);

L_i——站点 i 与站点 $i+1$ 间的间距(km);

T_j——第 j 个时段的时间间隔(min);

C——车辆的额定载客能力(人/辆);

$S_{\max}^p$——乘客所能接受的最高满载率。

则整个研究时段内拥挤状态下车辆运行里程所占比例

$$r_2 = \frac{\sum_{j=1}^{J} lc_j}{\sum_{j=1}^{J} \sum_{i=1}^{I} PP_i^j \cdot L_i} \times 100\% \tag{5-11}$$

式中:r_2——车内拥挤状态下车辆运行里程所占比例。

公共交通是社会公益性事业,相较于高昂的运营成本(车辆购置、维修、保养费用、司乘人员劳动报酬、企业日常管理支出等)票款收入较为有限,尽管政府会给予必要的财政补贴和扶持,企业仍然期望能够在制订运营调度计划时,保证服务质量的同时尽可能降低运营成本,即发车间隔优化时还需考虑提高企业的效益成本比率。

企业运营效益成本比率等于运营盈利与运营成本的百分比,即

$$r_3 = \frac{\alpha_1 \cdot \sum_{j=1}^{J}\sum_{i=1}^{I} PB_i^j - \alpha_2 \cdot \sum_{j=1}^{J} \frac{T_j}{h_j}}{\alpha_2 \cdot \sum_{j=1}^{J} \frac{T_j}{h_j}} \times 100\% \tag{5-12}$$

式中:r_3——企业运营效益成本比率;

α_1——票价(元/人);

α_2——线路单程运营成本(元)。

发车间隔优化模型需要同时考虑上述三项优化目标,最终构建目标函数

$$\min z = \lambda_1 \cdot r_1 + \lambda_2 \cdot r_2 - \lambda_3 \cdot r_3 \tag{5-13}$$

式中:z——目标函数值;

λ_1——非负权重系数,表征减少乘客车外等待时间的重要性;

λ_2——非负权重系数,表征提高乘客车内舒适度的重要性;

λ_3——非负权重系数,表征提高企业运营效益成本比率的重要性。

调度人员可根据设计偏好和实际诉求灵活调整目标函数中非负权重系数的取值,最终编制出合理且适用的行车时刻表。

发车间隔的确定并非无约束优化问题,实际编制行车时刻表时需要考虑若干约束条件。首先需要保证车辆的平均满载率不低于企业所能接受的最低满载率标准,以保证线路运营收入能维持线路日常运营。

$$\frac{h_j \cdot \sum_{i=1}^{I} PP_i^j}{T_j \cdot C} \geqslant S_{\min}, \forall j = 1, 2, \cdots, J \tag{5-14}$$

式中:$S_{\min}$——所允许的最低满载率。

其次,需要保证发车间隔不高于所允许的最大发车间隔 H_j,即

$$H_{\min}^j \leqslant h_j \leqslant H_{\max}^j, \forall j = 1, 2, \cdots, J \tag{5-15}$$

式中:$H_{\min}^j$——第 j 个时段内所允许的最小发车间隔(min);

$H_{\max}^j$——第 j 个时段内所允许的最大发车间隔(min)。

参数 $H_{\min}^j$ 和 $H_{\max}^j$ 的取值通常由企业与政府协商确定。公共交通的公益性决定了企业在规定服务时间必须严格按照行业规定提供服务,即便在客流分布的平峰甚至低谷,仍要提供一定标准的服务。

另外,为避免出现乘客滞留现象,还可增加约束条件

$$\frac{T_j}{h_j} \cdot C \cdot S_{\max} \geqslant PP_i^j, \forall i = 1, 2, \cdots, I-1, j = 1, 2, \cdots, J \qquad (5\text{-}16)$$

式中：$S_{\max}$——所允许的最高满载率。

综上可知，通过求解以下非线性规划模型即可获取目标线路各时段合理的发车间隔方案。

目标函数：式(5-13)

约束条件：式(5-8)~(5-12)、(5-14)~(5-16)

为了降低模型求解难度，增强模型的实用价值，考虑对上述非线性规划模型进行适当的转化降低模型维度。

可通过增加辅助二元变量 y_{pc} 将约束条件(5-8)转化为

$$pc_j = y_{pc} \cdot \frac{(h_j - W_j)}{h_j} \cdot \sum_{i=1}^{I} PB_i^j, \forall j = 1, 2, \cdots, J \qquad (5\text{-}17)$$

$$M \cdot (y_{pc} - 1) \leqslant (h_j - W_j) \leqslant M \cdot y_{pc}, \forall j = 1, 2, \cdots, J \qquad (5\text{-}18)$$

式中：y_{pc}——辅助二元变量，用于实现约束条件的线性化；

M——一个足够大的已知正数。

约束条件(5-17)和(5-18)表明，当且仅当 $h_j > W_j$ 时，y_{pc} 等于 1，即 $pc_j = \frac{(h_j - W_j)}{h_j} \cdot \sum_{i=1}^{I} PB_i^j$，其他情况下，$y_{pc}$ 等于 0，即 $pc_j = 0$。

类似地，通过增加辅助变量 y_{lc}，可将约束条件(5-10)转化为

$$lc_j = y_{lc} \cdot \sum_{i=1}^{I} PP_i^j \cdot L_i, \forall j = 1, 2, \cdots, J \qquad (5\text{-}19)$$

$$M \cdot (y_{lc} - 1) \leqslant \left(PP_i^j - \frac{T_j}{h_j} \cdot C \cdot S_{\max}^p\right) \leqslant M \cdot y_{lc}, \forall j = 1, 2, \cdots, J \qquad (5\text{-}20)$$

式中：y_{lc}——辅助二元变量，用于实现约束条件的线性化。

考虑到发车间隔与发车次数的关联系

$$n_j = \frac{T_j}{h_j}, \forall j = 1, 2, \cdots, J \qquad (5\text{-}21)$$

式中：n_j——第 j 个时段内发车次数(班)。

将模型中所有的发车间隔 h_j 变量均替换为发车次数 n_j 变量，则约束条件(5-17)和(5-18)分别更新为

$$pc_j = y_{pc} \cdot \left(1 - \frac{W_j \cdot n_j}{T_j}\right) \cdot \sum_{i=1}^{I} PB_i^j, \forall j = 1, 2, \cdots, J \qquad (5\text{-}22)$$

$$M \cdot (y_{pc} - 1) \leqslant \left(\frac{T_j}{W_j} - n_j\right) \leqslant M \cdot y_{pc}, \forall j = 1, 2, \cdots, J \qquad (5\text{-}23)$$

约束条件(5-20)相应更新为

$$M \cdot (y_{lc} - 1) \leqslant (PP_i^j - n_j \cdot C \cdot S_{\max}^p) \leqslant M \cdot y_{lc}, \forall j = 1, 2, \cdots, J \quad (5-24)$$

约束条件(5-12)相应更新为

$$r_3 = \frac{\alpha_1 \cdot \sum_{j=1}^{J} \sum_{i=1}^{I} PB_i^j - \alpha_2 \cdot \sum_{j=1}^{J} n_j}{\alpha_2 \cdot \sum_{j=1}^{J} n_j} \times 100\% \quad (5-25)$$

为了进一步降低模型维度,约束条件(5-25)可调整为约束条件(5-26),同样可用于表征企业运营经济性。

$$r_3 = \frac{\alpha_1 \cdot \sum_{j=1}^{J} \sum_{i=1}^{I} PB_i^j - \alpha_2 \cdot \sum_{j=1}^{J} n_j}{\alpha_1 \cdot \sum_{j=1}^{J} \sum_{i=1}^{I} PB_i^j} \times 100\% \quad (5-26)$$

约束条件(5-14)、(5-15)和(5-16)则分别更新为

$$\sum_{i=1}^{I} PP_i^j \geqslant S_{\min} \cdot n_j \cdot C, \forall j = 1, 2, \cdots, J \quad (5-27)$$

$$\frac{1}{H_{\max}^j} \leqslant n_j \leqslant \frac{1}{H_{\min}^j}, \forall j = 1, 2, \cdots, J \quad (5-28)$$

$$n_j \cdot C \cdot S_{\max} \geqslant PP_i^j, \forall i = 1, 2, \cdots, I-1, j = 1, 2, \cdots, J \quad (5-29)$$

考虑到调度计划的实际应用,增加约束条件(5-30)保证发车次数 n_j 取值的合理性,即必须为正整数。

$$n_j \in \mathbf{N}^*, \forall j = 1, 2, \cdots, J \quad (5-30)$$

式中:$\mathbf{N}^*$——正整数集合。

至此上述以发车间隔 h_j 为决策变量的非线性优化模型可转化为以下以发车次数 n_j 为决策变量的混合整数二次规划模型。

目标函数:式(5-13)

约束条件:式(5-9)、(5-11)、(5-19)、(5-22)~(5-24)、(5-26)~(5-30)

可利用包含分支定界法进行模型求解,获取各时段发车次数的精确解,继而根据发车间隔与发车次数的关联性,即约束条件(5-21),可推导出各时段平均发车间隔方案,继而编制出完整的行车时刻表。

2. 演示算例

某一线路根据客流分布情况可将整个服务时长 5:00~23:00 划分为 5 个连续

时段,分别为 5:00～6:00、6:00～9:00、9:00～16:00、16:00～18:00 和 18:00～23:00。各时段内线路在沿线 14 处站点(包含首末站点)上车乘客数和断面通过量已列于表 5-2。现需要确定服务时长内各时段发车间隔方案。

各时段内所允许的最大发车间隔 $H_{\max}^j$ 分别为 15 min、5 min、10 min、5 min 和 15 min。各时段内所允许的最小发车间隔 $H_{\min}^j$ 统一设为 1 min。同时,假设各时段内乘客所能接受的最长候车时间 W_j 分别为 10 min、4 min、8 min、4 min 和 10 min。《城市公共交通分类标准》(CJJ/T 114—2007)中将定员数量小于等于 80 人的公共汽车定义为适用于支路以上等级道路的中型公共汽车,故本算例中假设企业统一采用额定载客能力 C 为 80 人/车的车辆运送乘客。所规定的线路最低满载率 $S_{\min}$ 和最高满载率 $S_{\max}$ 分别为 0.5 和 1.2。乘客所能接受的最高满载率 $S_{\max}^p$ 假设等于 0.9。线路票价 α_1 统一设为 2 元。线路单程运营成本 α_2 包括人员报酬、油费支出和其他费用等,其值可根据企业财政分析报告估算,此算例中设为 70 元。目标函数中的非负权重系数 α_1、α_2 和 α_3 分别设置为 0.5、0.4 和 0.1。

表 5-2　各站点处上车乘客数与断面通过量

	站间距(km)	5:00～6:00		6:00～9:00		9:00～16:00		16:00～18:00		18:00～23:00	
		PB_i^j	PP_i^j	PB_i^j	PP_i^j	PB_i^j	PP_i^j	PB_i^j	PP_i^j	PB_i^j	PP_i^j
A_0	—	371	371	7 680	7 680	5 978	5 978	3 504	3 504	1 573	1 573
A_1	1.61	60	423	1 332	8 548	1 047	6 681	608	3 922	278	1 751
A_2	0.52	52	466	1 166	9 259	892	7 217	551	4 270	240	1 886
A_3	1.05	43	496	938	9 592	744	7 431	429	4 393	199	1 921
A_4	0.73	76	552	2 014	10 606	1 465	8 068	893	4 835	388	2 122
A_5	2.04	90	594	2 011	10 337	1 531	7 690	883	4 574	385	2 031
A_6	1.26	48	597	1 109	9 186	827	6 710	506	4 066	230	1 750
A_7	2.29	83	599	2 066	7 688	1 602	5 535	1 014	3 392	418	1 375
A_8	1.17	85	652	1 853	7 893	1 442	5 784	898	3 565	400	1 296
A_9	1.23	26	660	592	7 563	456	5 524	260	3 415	119	1 172
A_{10}	0.49	45	681	1 048	7 412	775	5 349	458	3 325	210	1 108
A_{11}	1.09	45	701	995	7 075	770	5 072	456	3 152	195	1 017
A_{12}	1.03	11	627	227	3 378	181	1 805	110	1 234	49	252
A_{13}	0.53	0	—	0	—	0	—	0	—	0	—

采用 YALMIP 语言在 MATLAB(R2013a)平台编写求解程序,并调用包含分支定界法的整数规划求解器 CPLEX 12.6 获取模型最优解。所有计算过程在一台内存为 8G 的台式机(Intel Core i3-2100 CPU @ 3.10GHz)上完成。模型求解后

获得的各时段发车次数与平均发车间隔方案列于表5-3。

表 5-3　各时段发车次数与平均发车间隔方案

时段	发车次数 n_j	平均发车间隔 H_j（min）
5:00~6:00	10	6
6:00~9:00	148	1.2
9:00~16:00	113	3.7
16:00~18:00	68	1.8
18:00~23:00	30	10

构建发车间隔优化模型时可以选择不同的指标衡量乘客与企业各自的利益，上述将乘客候车时间、车内拥挤状态、企业盈利情况作为优化项的模型，只是其中一种可能的建模方案，并非完全适用于所有情况。实际应用时可结合线路特征、时段特点等灵活选取衡量指标进行优化，建模方法也不一定局限于所介绍的单层多目标组合优化方法。

5.4　时刻表编制方法拓展

时刻表编制是一项较为复杂的系统工程，需要对基本流程内各个环节所涉及的关键技术、模型、方法反复推敲。本章重点介绍了确定发车间隔的基本方法。但由于基本方法中对多个影响因素进行了适当简化，故实际操作中调度人员可能需要深化、拓展所介绍的基本方法，使得所设计的行车时刻表能够适应实际需求且运行良好。通过梳理发现以下拓展方向：

(1) 处理混合车型

基本方法计算发车间隔时默认仅存在单一车型，实际中公交企业可能拥有多种车型，不同车型载客能力与运营成本均有所差异，即需要同时将发车间隔和车型方案（不同车型可组合使用）作为决策变量[186-187]，获取能够兼顾乘客与企业双方利益的时刻表最优方案。

(2) 响应动态需求

基本方法计算发车间隔时默认需求分布固定且已知，实际中时刻表方案对乘客线路选择具有直接影响，即需求分布与时刻表方案两者存在互动关系。可考虑建立双层规划模型同步进行发车间隔计算与客流分配过程[27,32]，通过两者的互动反馈最终确定合理的发车间隔方案。

(3) 控制运行延误

基本方法仅可用于确定车辆首站计划发车时刻和末站停留时间。为了增强行车时刻表对车辆运行过程的调控作用,可将部分中间停靠站点作为控制点并计算确定其合理的车辆计划到站时刻,辅助驾驶员减少运行延误累积[64,188]。即除了计算发车间隔外还需确定各控制点处计划到站时刻。

所列举的拓展方向无法涵盖编制过程中可能涉及的所有环节,但确实是时刻表编制过程中不可回避的问题。事实上,既有文献中对上述各个拓展方向已展开了深入研究,形成了较为丰硕的成果供参考借鉴,具体方法与成果于此处不再展开赘述。

5.5 本章小结

本章简要介绍了单线路行车时刻表编制的内容与基本流程,明确了时刻表编制的核心任务为确定合理的发车间隔,在给出时段划分方法的基础上重点探讨了各时段内发车间隔确定方法,基于不同的算例演示了传统经验法、数学规划法两类方法计算发车间隔的全过程,论证了方法具有较好的实践应用性。同时,梳理了基本方法中部分被适当简化的环节,即进一步完善时刻表编制方法时将面临的关键问题。

第 6 章 地面公交线路时刻表协调优化

6.1 乘客偏好差异对协同调度的影响分析

6.1.1 乘客换乘行为分析

掌握乘客的换乘行为特性有助于更加科学合理地实施公共交通协同调度。然而,由于实际换乘数据获取与分析工作难度大(尤其是难以判断识别换乘行为)、成本高,使得既有换乘行为特性分析以定性分析和意向调查数据分析为主[189-191],对实际调度工作的指导价值较为有限。既有研究中基于实际数据的换乘行为量化分析成果较为稀缺、零散,但对协同调度的实施具有重要指导价值,故首先梳理、介绍此类量化分析成果。

Jang[192]利用 2009 年 3 月某一周的公共交通智能卡刷卡数据(包含约 100 万条刷卡记录)定量分析了韩国公共交通系统(包括轨道交通方式和地面公交方式)内乘客的换乘行为特性。在韩国超过 90% 的乘客利用智能卡支付票价,保证分析结果基本可以涵盖所有实际换乘行为。基于距离的公共交通收费与结算系统需要乘客上车刷卡、下车刷卡。根据上下车刷卡记录和 AVL 数据可便捷地提取出乘客完整的出行路径,相应地,其中涉及的换乘过程亦可被精准识别。由于乘客乘坐轨道交通时只需进站、出站时各刷一次卡,故无法由刷卡数据识别出乘客在轨道交通网络内部的换乘行为。

Jang 在排除了轨道交通网络内部换乘行为后,发现 31% 的公共交通出行中涉及换乘过程,其中,仅涉及一次换乘过程的出行占总数的 26%,涉及两次及以上换乘过程的出行则占总数的 5%。换乘过程具体类型参见表 6-1,其中,地面公交换乘地面公交、地面公交换乘轨道交通和轨道交通换乘地面公交三种换乘类型分别占总数的 10.15%、8.10% 和 7.95%。同时,Jang 通过分析发现乘客对换乘地点存在显著偏好,并以一组地区对间换乘客流分布为例具体论述了偏好情况。表 6-2 展示了以一山区和江南区为起讫点的各出行路径分布情况,其中约 34% 的出行路

第6章 地面公交线路时刻表协调优化

径涉及一次换乘过程,同时调查发现尽管中央商务区汇聚了多条公共交通线路(换乘便利),换乘乘客仍然更愿意选择在靠近出发地或目的地的区域进行换乘。

表6-1 各出行路径分布情况[192]

路径类型[a]	频率	百分率(%)	路径类型	频率	百分率(%)
B	29347011	38.09	BRBRB	5249	0.01
BB	7816448	10.15	RBBR	17727	0.02
BBB	1167707	1.52	BRBBR	6966	0.01
BBBB	181383	0.24	BBRBB	5906	0.01
BBBBB	48810	0.06	RBBRB	5136	0.01
R	23717527	30.78	BBBRB	8106	0.01
RB	6123714	7.95	BRBR	8769	0.01
BR	6238562	8.10	RBRBR	1292	0.00
RBR	32510	0.04	BBRBR	1216	0.00
BRB	1556847	2.02	RBBBR	2337	0.00
RBB	285277	0.37	RBRBB	1547	0.00
BRBB	67271	0.09	RR[b]	42	0.00
BBR	248571	0.32	BBBRR	1	0.00
BRBBB	11287	0.01	RRB	17	0.00
RBBB	31542	0.04	BBRR	1	0.00
BBBBR	5246	0.01	RRR[b]	2	0.00
BBRB	61126	0.08	RRBR	2	0.00
BBBR	23878	0.03	BBRRB	1	0.00
RBBBB	7371	0.01	BRR	1	0.00
RBRB	9278	0.01	RRBB	2	0.00

注:a. 字母"B"代表地面公交;字母"R"代表轨道交通;
b. "RR"和"RRR"分别为乘客出站后再次进站的情况。

表6-2 以一山区和江南区为起讫点的各出行路径分布情况[192]

路径类型	换乘次数	频率	百分比(%)
R	0	94112	39.90
B	0	4528	19.20
BR	1	3295	13.97
RB	1	2897	12.28
BB	1	1848	7.83
其他	—	1607	6.81

Currie 和 Loader(2009)[193]基于 2007 年公交 OD 调查(涉及全天的跟车问卷调查)数据分析了墨尔本市公交换乘行为特性,其中对出行类型与换乘行为的关系亦有所涉及。图 6-1 给出了不同出行目的下换乘情况分布,可知以上学、工作、探亲访友为目的的出行中涉及公交换乘的出行所占比例较高,而由于大多数公交线路都可直达购物中心使得以购物为目的的出行中较少涉及公交换乘行为。这也说明客流高峰期出行(以通勤、通学出行为主)比客流平峰期出行(以休闲娱乐出行为主)发生换乘行为的概率更高。图 6-2 更是验证了这一分析结论。由图 6-1 可知,公交—地铁换乘比例大大高于公交—公交、公交—轻轨换乘比例,尤其是在早晚客流高峰期。

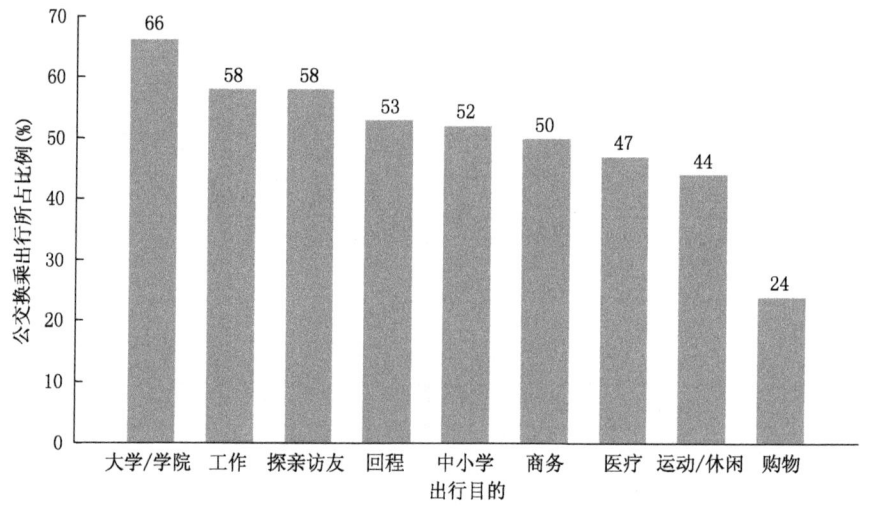

图 6-1　不同出行目的对应的公交换乘出行比例[193]

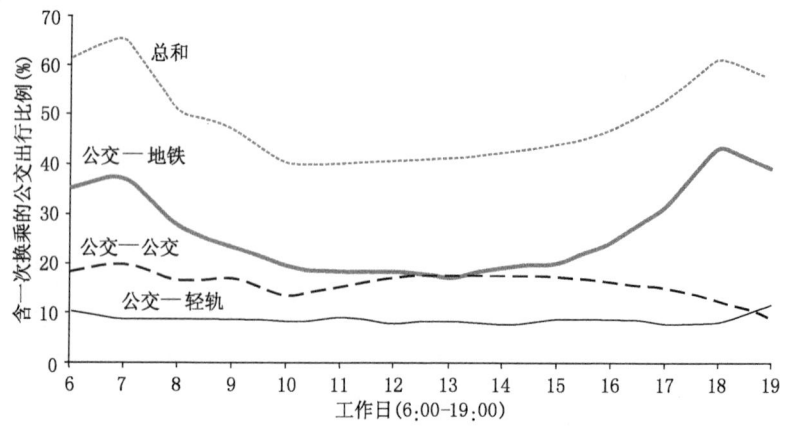

图 6-2　不同公交换乘出行类型时间分布情况[193]

6.1.2 共线段换乘问题

地面公交系统可以满足大部分居民的公共交通出行需求。乘客可利用地面公交从市郊居住区抵达城市中心区,也可穿过中心区到达位于城市另一端的市郊工业园区。对于长距离出行的乘客,往往需要经历不同线路间的换乘。然而,公交线路在途经城市主要干道时往往与多条线路存在共线段,此时不同线路间存在多个可选的换乘站点,如图 6-3 所示。

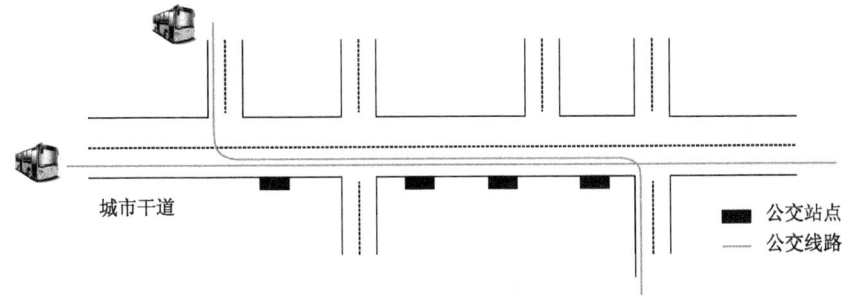

图 6-3 公交共线段示意图

对于需要在共线段内换乘的乘客而言,与其他乘客在同一站点完成换乘不再是其唯一的选择。即当两条公交线路间存在多个连续可选的换乘站点时,每一位需要在这两条线路间换乘的乘客都会根据自己的偏好选择站点完成换乘。尽管不同的乘客由于偏好差异将选择不同的站点进行换乘,但对于同一位乘客,出于惯性,其每日换乘站点的选择方案往往是固定的。即乘客对换乘站点的偏好可根据历史数据估计。

由 6.1.1 节分析可知当两条公交线路间存在多个连续可选的换乘站点时,乘客更偏好在靠近出发地、目的地或交通便利的站点进行换乘。尽管上述偏好特征的普适性仍有待论证,但至少可以说明,乘客由于无法精确了解各个可选换乘站点处所需等待时长,在选择站点时多出于感性判断,如部分乘客倾向于在第一个可选站点处下车换乘而另一部分乘客选择在最后一个可选站点处换乘。

建模优化时刻表以改善换乘服务时为获取每一换乘站点处换乘乘客需求,公交运营企业需要耗费大量时间与资源。为了降低建模成本,是否可以按照线路间换乘乘客均在同一站点换乘的假设进行时刻表优化以达到预期目标(如减少换乘等待时间)? 简化后协同调度效果是否会"大打折扣"? 故本节重点探讨是否可以将公交线路共线段内多点换乘简化为单点换乘这一现实问题,以期提出科学合理且切合实际的共线线路间协同调度方法。

拟构建考虑公交线路共线段内换乘乘客实际选择偏好的时刻表优化方法(后

文简称为"非集计方法"),并通过与简化方法即假定所有乘客在同一站点换乘的时刻表优化方法(后文简称"集计方法")的对比分析研究忽略乘客对换乘站点偏好的异质性对协调优化效果的影响。

1. 问题描述与假设条件

设编号依次为 $1,2,\cdots,r,\cdots,R$ 的 $R(R\geqslant 2)$ 条共线公交线路间存在 $K(K\geqslant 2)$ 个编号依次为 $1,2,\cdots,k,\cdots,K$ 的连续可选换乘站点。每一条线路的上下行被分别视作独立的研究对象。由于每条线路上下行的客流高峰期往往属于两个不同的时段(如分别位于早高峰和晚高峰),故在特定的研究时间范围内(如早高峰)仅需考虑每一条线路客流集中的行车方向(即某一特定的行车方向)。每条公交线路以均匀的发车间隔从首站发车。以线路 r 为例,以发车间隔 H_r 从首站发车,每辆公交车在抵达共线段内第一个换乘站点前已途经包括首站在内的 M_r 个公交站点,如图 6-4 所示。

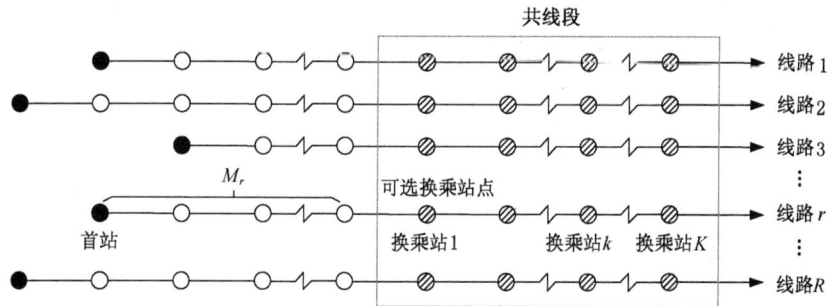

图 6-4 共线公交线路

研究将建立在以下假设基础上:(1)现状公交线路各自按照未经协调的时刻表运行;(2)每一换乘站点处换乘乘客数量固定且已知;(3)调度员仅能保证公交车辆从首站准点发车,途中并未采取任何控制策略以保证车辆运行可靠性;(4)所有公交车辆性能相同且每辆公交车的载客能力都能满足换乘需求。

共线公交线路间换乘问题的优化目标为,通过修正公交车辆首站计划发车时刻协调关联车辆在换乘站点处的离站、到站时刻,以获取使换乘过程中乘客所感知的换乘等待时间最短的首站计划发车时刻最优调整方案。

2. 换乘等待时间

由于公交车辆运行的随机性,在每个换乘站点处的乘客换乘等待时间与公交车辆实际运行时间分布息息相关,而实际运行时间分布特征可根据公交运行历史数据(如 AVL 系统历史数据)估计。既有研究对站点间运行时间或站点处到站时刻的分布已展开了深入讨论并推荐了相应的概率密度函数,如对数正态分布[70,105,194]、伽玛分布[195-196]、正态分布[197-198]、截尾指数分布[103]等。尽管对于上述分布的适应性尚未形成统一认识,偏态分布(如对数正态分布和伽玛分布)在既有研究中得到了广泛应用。另研究发现当公交车辆运行随机性过于显著时,时刻表协调优化的效果不甚显著[144],应该先提高单线路运行可靠性再考虑协调不同线路间时刻表以改善换乘服务。因此,假定连续两个站点间的公交车辆随机运行时间均服从于某一特定截尾对数正态分布。令 TT_{jr}^i 表示公交线路 r 车次 j 在站点 i 和站点 $i+1$ 间实际运行时间,其分布的概率密度函数如式(6-1)所示:

$$f_{jr}^i(t) = \begin{cases} \dfrac{1}{F_{jr}^i(U_{jr}^i) - F_{jr}^i(L_{jr}^i)} \cdot \dfrac{1}{t \cdot \sigma_{jr}^i \cdot \sqrt{2\pi}} e^{-\frac{1}{2}\left(\frac{\ln t - \mu_{jr}^i}{\sigma_{jr}^i}\right)^2}, t \in [L_{jr}^i, U_{jr}^i] \\ 0, 否则 \end{cases}$$

$$\forall r = 1, 2, \cdots, R; j = 1, 2, \cdots, J_r \quad (6-1)$$

式中: f_{jr}^i ——随机运行时间 TT_{jr}^i 分布的概率密度函数;

F_{jr}^i ——随机运行时间 TT_{jr}^i 分布的累积密度函数;

μ_{jr}^i ——随机运行时间 TT_{jr}^i 的均值(min);

σ_{jr}^i ——随机运行时间 TT_{jr}^i 的标准差(min);

L_{jr}^i ——随机运行时间 TT_{jr}^i 可能的最小值(min);

U_{jr}^i ——随机运行时间 TT_{jr}^i 可能的最大值(min);

J_r ——研究时间范围内公交线路 r 待协调优化车次数(班)。

令 arr_{jr}^k 表示公交线路 r 车次 j 的现状首站计划发车时刻偏移后其在换乘站点 k 处的实际到站时刻,可按式(6-2)计算:

$$arr_{jr}^k = D_r^j + x_r^j + \sum_{i=1}^{M_r+k-1} TT_{jr}^i, \forall r = 1, 2, \cdots, R; j = 1, 2, \cdots, J_r; k = 1, 2, \cdots, K$$

$$(6-2)$$

式中: D_r^j ——公交线路 r 车次 j 现状首站计划发车时刻;

x_r^j ——公交线路 r 车次 j 现状首站计划发车时刻偏移量(min);

M_r ——服务于公交线路 r 的车辆在抵达共线段内第一个换乘站点前已途经的站点数(个),包括首站;

K ——共线段内换乘站点数(个)。

令 dep_{jr}^k 为公交线路 r 车次 j 的现状首站计划发车时刻偏移后其在换乘站点 k 处的实际离站时刻,可按式(6-3)计算:

$$dep_{jr}^k = arr_{jr}^k + DT_{jr}^k, \forall r = 1,2,\cdots,R; j = 1,2,\cdots,J_r; k = 1,2,\cdots,K$$
(6-3)

式中：DT_{jr}^k——公交线路 r 车次 j 在换乘站点 k 处的实际停靠时间(min)。

根据关联车辆的到站时刻、离站时刻，即可按式(6-4)计算乘客在换乘站点处的等待时间。

$$w_{jrj'r'}^k = \begin{cases} dep_{j'r'}^k - arr_{jr}^k - WT^k, dep_{j'r'}^k \geqslant arr_{jr}^k + WT^k \\ dep_{j'r'}^k + H_{r'} - arr_{jr}^k - WT^k, 否则 \end{cases}$$
(6-4)

式中：$w_{jrj'r'}^k$——在换乘站点 k 处从公交线路 r 车次 j 换乘至公交线路 r' 车次 j' 的等待时间(min)；

WT^k——在换乘站点 k 处不同车辆间换乘步行所需时间(min)；

$H_{r'}$——研究时间范围内公交线路 r' 计划发车间隔(min)。

3. 换乘负效用

换乘负效用函数 $u(x)$ 可用来表达在换乘过程中乘客所感知的换乘等待时间。既有文献中多选择用平均换乘等待时间度量换乘负效用，即令 $u(x) = E(x)$。尽管此做法由于计算相对简单得到了广泛应用，然而由于公交运行的随机性，对于不同的仿真运行或者试验运行，如果仅仅要求换乘等待时间的均值是最优的，可能会使得换乘等待时间存在很大波动。采用换乘等待时间的均值衡量换乘负效用时默认对于长时间等待情况和短时间等待情况赋予同样的权重，未考虑乘客对于换乘等待时间稳定性和可靠性的需求。具体举例说明如下：假定情景一中换乘等待时间为 5 min 和 25 min 的概率相同，而情景二中换乘等待时间恒定为 15 min，则此时乘客往往更愿意接受情景二以保证在换乘过程中不会出现等待时间极值而打乱整个出行计划。故定义换乘负效用函数 $u(x) = E(x^2)$。根据方差表达式 $E(x^2) = [E(x)]^2 + Var(x)$ 可知所定义的换乘负效用函数可以充分反映换乘等待时间分布的波动特征，使得优化方案更加合理。

换乘问题的优化目标是使共线段内所有换乘站点处的负效用总和最小，故目标函数表达为

$$\min u(x) = \sum_{r=1}^{R} \sum_{r'=1}^{R} \sum_{j=1}^{J_r} \sum_{j'=1}^{J_{r'}} \sum_{k=1}^{K} P_{jrj'r'}^k \cdot E[(w_{jrj'r'}^k)^2]$$
(6-5)

式中：$u(x)$——线路间总换乘负效用($\min^2$)；

$P_{jrj'r'}^k$——在换乘站点 k 处从公交线路 r 车次 j 换乘至公交线路 r' 车次 j' 的乘客数(人)。

需要注意的是，非集计方法中，$P_{jrj'r'}^k$ 为换乘站点 k 处实际换乘乘客数；而集计方

法中,若换乘站点 k 为简化站点(即假定线路间所有换乘乘客都在换乘站点 k 处进行换乘),则 $P_{jrj'r'}^{k}$ 为共线段内 K 个换乘站点处换乘乘客数总和;否则令 $P_{jrj'r'}^{k}=0$。

目标函数(6-5)中决策变量为各车次首站计划发车时刻的调整幅度 x_r^j。约束条件(6-6)表明了决策变量可能的取值范围,保证首站发车时刻的调整幅度不会严重影响车辆发车频率,即无需调整车辆调度计划和司乘调度安排。因此,在进行时刻表优化时未考虑由车辆运行计划调整引起的企业运营成本变化。另外,为了保证设计的时刻表在实际中易于操作执行,将首站计划发车时刻偏移量 x_r^j 设置为以分钟为单位的整数变量。由此可知,所提出的协调优化方法可作为一个有用且符合实际的定量分析工具协助公交企业的日常调度管理。

$$-H_r < 2 \cdot x_r^j < H_r, \forall r=1,2,\cdots,R; j=1,2,\cdots,J_r \quad (6\text{-}6)$$

$$x_r^j \in \mathbf{N}^*, \forall r=1,2,\cdots,R; j=1,2,\cdots J_r \quad (6\text{-}7)$$

式中:$\mathbf{N}^*$——正整数集合。

仅要求一部分决策变量必须取整数值的规划问题称为混合整数规划问题。不考虑整数条件,由余下的目标函数和约束条件构成的规划问题称之为该混合整数规划问题的松弛问题。若松弛问题是一个(非)线性规划问题,则称该规划问题为混合整数(非)线性规划问题。可见上述所构建的优化模型为混合整数非线性规划模型,作为 NP 难问题很难通过精确搜索算法获取其全局最优解。另一方面,当共线的公交线路数超过两条时,利用枚举方法求解时将耗费大量时间。例如当 $R=4$ 且 $H_1=H_2=H_3=H_4=15$ 时,决策变量取值范围内最多可包含 $15^4=50\,625$ 个可行解,显然此时枚举方法的适应性有待商榷。故推荐采用启发式算法如遗传算法以保证在可接受的计算费用/时间内获取近似最优解。由于本节研究的重点为通过对比非集计方法和集计方法协调优化效果分析忽略乘客对换乘站点偏好的异质性对换乘协调优化效果的影响,因此关于启发式算法的适应性及其计算效率分析将暂不考虑。事实上,6.2 节将通过修正上述混合整数非线性规划模型以获取模型的精确解(全局最优解)。6.1.3 节基于仿真的小规模算例分析中,采用枚举算法求取最优解。

6.1.3 仿真分析

为了比较由集计方法优化后乘客所感知的换乘负效用(简称"集计负效用")和由非集计方法优化后乘客所感知的换乘负效用(简称"非集计负效用"),假设公交线路 1 和线路 2 存在共线现象,在共线段内共用 5 个停靠站点(即存在 5 个连续可选换乘站点)。为简化计算仅考虑线路 1 和线路 2 各自第一班车次之间的换乘关系。假设所有公交站点都均匀地分布在线路途经道路上且道路周边环境和路况均相同,即连续两站点间实际运行时间均服从截尾对数正态分布 $LN(2,1)$,取值范围均为$[1,5]$。由于为同站换乘,为简化计算令换乘步行时间 WT^k 均为 0 min,其他相关参数取值如下:

$$\sum_{k=1}^{5} P_{1112}^{k} = 10, \sum_{k=1}^{5} P_{1211}^{k} = 0 \qquad M_1 = 3, M_2 = 6$$

$$D_1^1 = D_2^1 = 7\!:\!00 \text{ am} \qquad H_1 = H_2 = 15 \text{ min}$$

尽管上述算例与实际情况存在较大出入,但基于上述算例的研究已可以深入了解乘客对换乘站点偏好的异质性对换乘协调优化效果的影响。算例中设定换乘客流仅从线路 1 换乘至线路 2,则只需基于固定线路 2 目标车次的时刻表适当调整线路 1 目标车次的首站计划发车时刻。根据公式(6-6)可知共存在 15 个可行解,可利用枚举方法求解上述优化模型以获取算例的最优解。

10 位换乘乘客可在 5 个备选站点内选择换乘,即最多会有 $C_{P+N-1}^{N-1} = C_{14}^{4} = 1\,001$ 种换乘客流量分布情况。为清晰表达各个可能的换乘客流分布的特征,提出换乘客流分布方差 $V_{jrj'r'}$ 和换乘客流平均换乘位置 $D_{jrj'r'}$ 两个描述性指标。分布方差 $V_{jrj'r'}$ 用于描述不同乘客对换乘站点偏好的差异程度,其值可按式(6-8)计算。分布方差值越大则表明换乘客流量分布越集中(即换乘乘客的站点选择方案相似度越高),即乘客对换乘站点的偏好无显著差异;而分布方差值越小则说明换乘客流量分布越分散(即换乘乘客的站点选择方案相似度越低),即乘客对换乘站点的偏好有显著差异。平均换乘位置 $D_{jrj'r'}$ 则用于明确具体的站点偏好,可在分布方差值接近时进一步区别换乘客流不同的分布情况,其值可按式(6-9)计算。平均换乘位置值越大则表明乘客更倾向于在快离开共线段时完成换乘,相反地,平均换乘位置值越小则说明乘客更愿意在刚进入共线段时完成换乘。

$$V_{jrj'r'} = \sum_{k=1}^{K} \left(P_{jrj'r'}^{k} - \frac{\sum_{k=1}^{K} P_{jrj'r'}^{k}}{K} \right)^2 \qquad (6\text{-}8)$$

$$D_{jrj'r'} = \frac{\sum_{k=1}^{K} k \cdot k \cdot P_{jrj'r'}^{k}}{\sum_{k=1}^{K} P_{jrj'r'}^{k}} \qquad (6\text{-}9)$$

1. 蒙特卡罗仿真流程

研究问题中公交车辆运行时间的随机性增加了模型求解难度,故采用蒙特卡罗仿真方法(Monte Carlo simulation method)估计任一给定的首站计划发车时刻偏移量下对应的各参数值和目标函数值。具体步骤如下:

Step 1:初始化。令抽样次数 $s = 1$,$\bar{u}^{(s)}$ 表示目标函数(6-5)的估计值。

Step 2:取样。对于目标公交车辆,基于站点 i 和站点 $i+1$ 之间的运行时间服从的分布函数,产生站点间样本运行时间 TT_{jr}^{i}。

Step 3:参数计算。利用样本运行时间值,采用公式(6-2)和(6-3)分别计算目标公交车辆在各换乘站点处的到站时刻和离站时刻。

Step 4:目标函数值计算。根据公式(6-5)计算目标函数值,记为 $u^{(s)}$。

Step 5:检查是否停止算法。s_{max} 为设定的样本规模,若 $s > s_{max}$,则算法停止并输出目标函数估计值为 $\bar{u} = \bar{u}^{(s)}$。本算例中令样本规模 $s_{max} = 300$。

Step 6:更新。计算 $\bar{u}^{(s+1)} = \bar{u}^{(s)} + \frac{1}{s}(u^{(s)} - \bar{u}^{(s)})$,并令 $s = s+1$ 然后跳转至 Step 2。

2. 仿真结果分析

根据每一可能的换乘客流分布计算了目标公交车辆首站计划发车时刻偏移方案及其相应的换乘负效用。如图 6-5 所示,对于具有相同分布方差的换乘客流分布,换乘负效用随着平均换乘位置值的增加而增加,换言之,所有乘客都在最后一个可选站点换乘的情形下($V_{1112} = 20, D_{1112} = 25$)乘客所感知的负效用大于所有

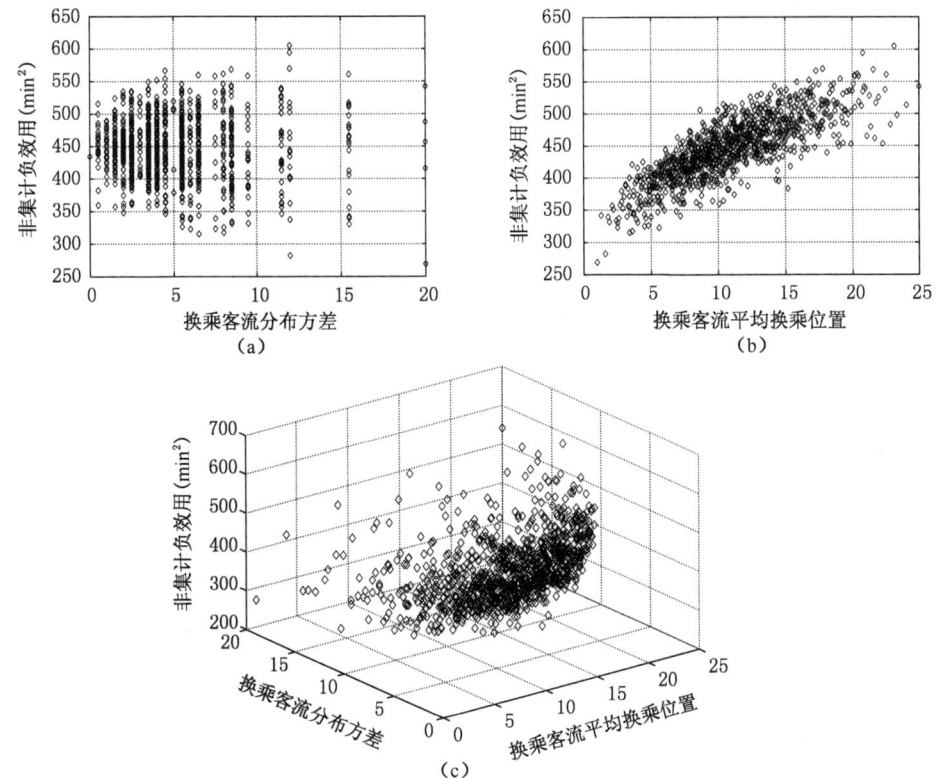

图 6-5 不同换乘客流分布下的非集计换乘负效用

乘客都在第一个可选站点换乘的情形下($V_{1112}=20, D_{1112}=1$)乘客所感知的负效用。这与站点处车辆运行延误向下游站点不断累积的事实相符。上述现象也表明若公交企业能够提前引导乘客选择在刚进入共线段时就完成换乘,在没有任何额外控制策略辅助下即可使乘客享受到更好的换乘服务。

3. 基于仿真的比较分析

首先计算假定所有乘客都在同一站点进行换乘时的目标车辆首站计划发车时刻偏移方案,并计算当时刻表按照上述方案调整后实际换乘客流分布下乘客感知的换乘负效用(即集计负效用),此算例中共有 1 001 种可能的换乘客流分布情况,即可计算出 1 001 个集计负效用值;然后根据实际换乘客流分布的每一种可能,求解其首站计划发车时刻偏移最优方案及其相应的换乘负效用(即非集计负效用);最后即可得每一可能的换乘客流分布下换乘负效用差值(即集计负效用减去非集计负效用的差值)。共线段内共有 5 个换乘站点,即共有 5 种假设方案,仿真结果见表 6-3。

图 6-6 仅展示了当假定所有乘客都在进入共线段后第一个可选站点完成换乘的情形下的换乘负效用差值。差值均为非负数,说明在多连续可选换乘站点的情况下,当时刻表按照所有乘客都在同一站点进行换乘的假定进行优化后实际乘客感知的负效用并非最小值。

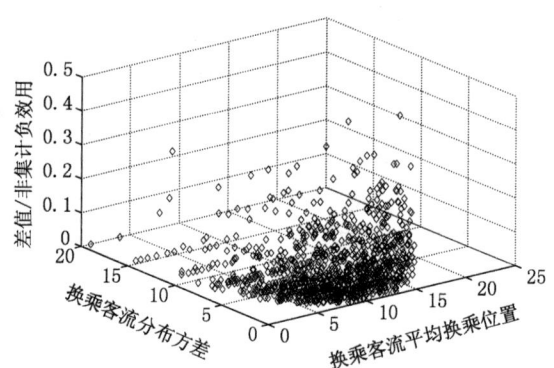

图 6-6 非集计方法的潜在优势

表 6-3 不同简化情景下换乘负效用差值分布情况

简化情景[a]		1	2	3	4	5
偏移量 x_1^1 (min)		6	5	5	5	4
差值	最小值(min²)	0	0	0	0	0
	最大值(min²)	194.0	161.4	181.0	236.3	245.2
	均值(min²)	17.9	18.0	18.3	32.7	30.0
	标准差(min²)	29.1	29.1	30.3	41.3	39.2

续表 6-3

简化情景[a]		1	2	3	4	5
差值/非集计负效用	0~0.15	92.2%	92.0%	91.6%	85.4%	88.1%
	0.15~0.30	7.5%	7.5%	7.8%	13.1%	10.9%
	0.30~0.45	0.3%	0.5%	0.5%	12.0%	1.0%
	>0.45	—	—	0.1%	0.3%	—

注：a. 数字1表示假定所有换乘乘客均选择在进入共线段后第1个换乘站点处完成换乘；数字2表示假定所有换乘乘客均选择在进入共线段后第2个换乘站点处完成换乘；依次类推。

如表 6-3 所示，五种假设方案下，换乘负效用差值与其对应的非集计负效用比值小于 0.15 的换乘客流分布占总分布的比例分别为 92.2%、92.0%、91.6%、85.4% 和 88.1%，说明在上述算例中某些客流分布情况下不考虑换乘偏好差异协调关联车辆发车时刻改善换乘服务（即集计方法）的效果在一定程度上是可以接受的。故当实践中获取实际换乘客流数据的成本过高时，可假设所有乘客选择在同一站点进行换乘。而且可知假定所有乘客都在共线段前半段进行换乘更有利于减小忽略换乘偏好差异引起的"副作用"。

4. 基于仿真的敏感性分析

通过调整发车间隔、可选换乘站点数、运行时间可靠性等参数进一步分析乘客换乘偏好差异对最终协调优化效果的影响，同时论证不同情景下非集计方法和集计方法的适应性。

由表 6-3 可知不同假设方案间的差异不甚显著，故仅考虑一种假设方案，假定所有乘客都在进入共线段后第一个可选站点处进行换乘。发车间隔的增加意味着更长的换乘等待时间，而共线段长度和运行随机性的增加意味着更易发生延误累积导致的错失衔接车次的情况。如表 6-4、表 6-5 和表 6-6 所示，对于所有可能的换乘客流分布，非集计换乘负效用的均值和方差均分别随着发车间隔、共线段长度（等价于可选换乘站点数）及运行随机性的增加而增长。相较于发车间隔、共线段长度的影响，运行可靠性对非集计换乘负效用的影响更为显著。非集计换乘负效用方差的不断增大也意味着乘客对换乘站点的偏好差异对换乘负效用的影响分别随着发车间隔、共线段长度及运行随机性的增加而愈加显著。

表 6-4 发车间隔敏感性分析

	H_r (min)	7	15	30
	偏移量 x_1^1 (min)	3	6	4
非集计负效用	最小值 (min^2)	183.5	269.1	309.6
	最大值 (min^2)	302.2	604.7	709.9

续表 6-4

	H_r(min)	7	15	30
非集计负效用	均值(min²)	241.9	446.1	489.7
	标准差(min²)	19.2	48.4	58.2
差值/非集计方差	0~0.15	93.8%	92.2%	26.6%
	0.15~0.30	6.1%	7.5%	27.9%
	0.30~0.45	0.1%	0.3%	23.3%
	>0.45	—	—	22.2%

表 6-5　可选换乘站点数敏感性分析

	K(个)	2	5	8
	偏移量 x_1^1(min)	5	6	5
非集计负效用	最小值(min²)	271.6	269.1	326.4
	最大值(min²)	302.0	604.7	703.0
	均值(min²)	287.7	446.1	501.5
	标准差(min²)	8.8	48.4	56.7
差值/非集计负效用	0~0.15	90.9%	92.2%	86.4%
	0.15~0.30	—	7.5%	12.5%
	0.30~0.45	9.1%	0.3%	1.1%
	>0.45	—	—	—

表 6-6　运行随机性敏感性分析

	运行时间取值范围(min)	[1,3]	[1,5]	[1,7]
	偏移量 x_1^1(min)	5	6	5
非集计负效用	最小值(min²)	28.4	269.1	1140.7
	最大值(min²)	110.4	604.7	1872.1
	均值(min²)	79.0	446.1	1560.3
	标准差(min²)	6.9	48.4	128.4
差值/非集计负效用	0~0.15	13.0%	92.2%	93.8%
	0.15~0.30	7.6%	7.5%	6.1%
	0.30~0.45	11.8%	0.3%	0.1%
	>0.45	67.6%	—	—

另一方面，如表 6-4 所示，三种不同发车间隔的情景下，换乘负效用差值与其对应的非集计负效用比值小于 0.15 的换乘客流分布占分布总数的比例分别为 93.8%、92.2% 和 26.6%，说明忽略换乘偏好差异的集计方法不适合协调低频率

运行(如平峰时段)的公交线路。类似地,如表6-5所示,三种不同共线段长度的情景下,换乘负效用差值与其对应的非集计负效用比值小于0.15的换乘客流分布占分布总数的比例分别为90.9%、92.2%和86.4%,表明协调优化长共线公交线路的时刻表时采用考虑换乘偏好差异的非集计方法进行优化将取得更好的效果。另外,根据表6-6所示,考虑换乘偏好差异的非集计方法更适合协调可靠运行的公交(如快速公交)线路间的换乘过程,这是因为当车辆运行可靠时任何由于忽略换乘偏好差异引起的额外负效用都难以被忽略。

6.2 共线公交线路时刻表协调优化

6.1节中根据换乘客流量在共线段内各站点的不均匀分布,建立了使共线段内总换乘等待时间最小的时刻表调整优化模型,并结合蒙特卡罗仿真进行比较分析与敏感性分析研究了乘客偏好差异对换乘协调优化效果的影响。然而所构建的随机混合整数非线性规划模型难以运用精确搜索算法求解其全局最优解。故本节进一步研究如何改进6.1节所构建的优化模型,在考虑乘客选择偏好差异和公交运行随机性的同时保证易于获取模型的最优解,建立一套更完善的共线公交线路时刻表协调优化方法。

6.2.1 问题描述与符号表达

R条共线的公交线路,记为集合$R = \{1,\cdots,r,\cdots,R\}$,其中,$r$表示集合$R$内某一特定线路。由于每条线路上下行的客流高峰期往往属于两个不同的时段,故在特定的研究时间范围内仅需考虑每一条线路客流集中的行车方向。则线路$r \in R$从首站至共线段末端的路径如图6-7所示,即为

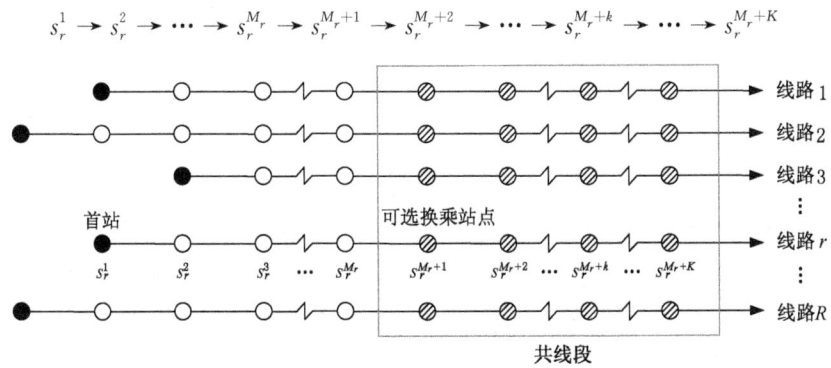

图6-7 共线公交线路

其中，$s_r^i(i=1,\cdots,M_r,\cdots,M_r+k,\cdots,M_r+K)$ 表示线路 r 途经的第 i 个站点；M_r 表示线路 r 上公交车辆在抵达共线段内第一个换乘站点前已途经的公交站点（包含首站）的数量；k 表示共线段内第 $k(k=1,\cdots,K)$ 个可选换乘站点；K 表示共线段内可选换乘站点的数量。另外，从站点 s_r^i 至站点 s_r^{i+1} 的线路段称为线路 r 的线路段 i。

令 D_r^j 表示公交线路 r 车次 $j(j=1,2,\cdots,J_r)$ 的现状首站计划发车时刻；J_r 表示研究时间范围内公交线路 r 待协调优化的班次的数量。同时，定义 TT_{jr}^i 和 DT_{jr}^i 分别表示公交线路 r 车次 j 在线路段 i 的实际运行时间和在站点 s_r^i 的实际停靠时间。为了充分反映公交车辆运行过程由于交通拥堵和交叉口排队延误导致的不确定性，定义 TT_{jr}^i 表示公交线路 r 车次 j 在线路段 i 的随机运行时间。令集合 $TT=\{(TT_{1r}^1,\cdots,TT_{jr}^i,\cdots,TT_{J_r r}^{M_r+K-1}):r\in R\}$ 表示包含公交线路集合 R 内各线路各车次在各线路段的随机运行时间的向量。令 L 表示随机向量所有可能取值的情景集合，则 $TT_l=\{(TT_{1rl}^1,\cdots,TT_{jrl}^i,\cdots,TT_{J_r rl}^{M_r+K-1}):r\in R\}$ 表示情景 $l(l\in L)$ 下随机向量 TT 的取值。事实上，公交车辆换乘站点间实际运行时间分布和换乘站点处实际停靠时间均可根据历史数据（如 AVL 数据）估计获取，故均可作为已知参数。

令 $P_{jrj'r'}^k$ 表示在第 k 个换乘站点从公交线路 r 车次 j 换乘至公交线路 r' 车次 $j'(j'=1,2,\cdots,J_{r'})$ 的乘客数，可根据历史客流数据估计而得。在一些安装有自动售检票系统（Automatic Fare Collection，简称 AFC）的城市，换乘客流量数据可以从乘客刷卡记录数据中统计获取。假定任意换乘站点处换乘客流需求已知并且固定不变，同时假定在换乘站点处乘客总是可以顺利乘坐最先到达换乘站点的目标线路的公交车辆完成后续出行，即假定公交车辆载客能力总能满足实际需求。

6.2.2 共线线路时刻表协调优化模型

所构建的模型将通过不断迭代修正公交车辆首站计划发车时刻以获取使换乘过程中乘客所感知的等待时间最短的首站计划发车时刻最优调整方案。即模型致力于协调换乘站点处各线路到站时刻与离站时刻的匹配情况。

令集合 $X=\{(x_r^1,\cdots,x_r^j,\cdots x_r^{J_r}):r\in R\}$ 表示公交线路集合 R 内所有线路在研究时间范围内所有车次的首站计划发车时刻的调整量，也就是优化模型的决策变量。公式（6-10）和（6-11）表明了决策变量可能的取值范围，保证首站计划发车时刻的调整幅度小于半个发车间隔。即所提出的协调优化模型旨在通过适当微调研究时间范围内现状时刻表以减少线路间换乘等待时间，而非重新设计一张全新的线路时刻表。因此，进行时刻表优化时将不考虑由车辆运行计划调整引起的企业运营成本变化。

$$D_r^j - D_r^{j+1} < 2 \cdot x_r^j < D_r^{j+1} - D_r^j, \forall r\in R, j=1,2,\cdots,J_r \quad (6\text{-}10)$$

$$x_r^j \in \mathbf{N}^*, \forall r = 1, 2, \cdots, R; j = 1, 2, \cdots, J_r \qquad (6\text{-}11)$$

式中：x_r^j——公交线路 r 车次 j 的首站计划发车时刻的偏移量(min)；

$\mathbf{N}^*$——正整数集合。

向量 **arr** $= \{(arr_{1r}^1, \cdots, arr_{jr}^k, \cdots, arr_{J,r}^K) : r \in R\}$ 包含研究时间范围内公交线路集合 R 内各线路从首站发出的各公交车辆在共线段内各换乘站点处的实际到站时刻，其中，令 arr_{jr}^k 表示线路 r 车次 j 首站计划发车时刻偏移后在第 k 个换乘站点处的实际到站时刻，可按式(6-12)计算：

$$arr_{jr}^k = D_r^j + x_r^j + \sum_{i=1}^{M_r+k-1} TT_{jr}^i + \sum_{i=2}^{M_r+k-1} DT_{jr}^i, \forall k = 1, \cdots, K \qquad (6\text{-}12)$$

相应地，集合 **dep** $= \{(dep_{1r}^1, \cdots, dep_{jr}^k, \cdots, dep_{J,r}^K) : r \in R\}$ 包含研究时间范围内公交线路集合 R 内各线路从首站发出的各公交车辆在共线段内各换乘站点处的离站时刻，其中，令 dep_{jr}^k 表示线路 r 车次 j 首站计划发车时刻偏移后在第 k 个换乘站点处的实际离站时刻，可按式(6-13)计算：

$$dep_{jr}^k = arr_{jr}^k + DT_{jr}^{M_r+k} = D_r^j + x_r^j + \sum_{i=1}^{M_r+k-1} TT_{jr}^i + \sum_{i=2}^{M_r+k} DT_{jr}^i, \forall k = 1, \cdots, K \qquad (6\text{-}13)$$

由于公交车辆运行时间的不确定性，到站时刻向量 **arr** 和离站时刻向量 **dep** 均为随机向量。相应地，令 $\mathbf{arr}_l = \{(arr_{1rl}^1, \cdots, arr_{jrl}^k, \cdots, arr_{J,rl}^K) : r \in R\}$ 和 $\mathbf{dep}_l = \{(dep_{1rl}^1, \cdots, dep_{jrl}^k, \cdots, dep_{J,rl}^K) : r \in R\}$ 分别表示情景 $l(l \in L)$ 下随机向量 **arr** 和 **dep** 具体的取值。

不同情景的发生概率必须满足如下基本约束：

$$\sum_{l \in L} \eta_l = 1 \qquad (6\text{-}14)$$

式中：η_l——情景 l 的发生概率。

共线公交线路间换乘协调优化问题则可抽象为以下随机混合整数非线性规划模型，其目标函数可表达成式(6-15)。

$$\begin{aligned}\min u(x) &= E[w(x)] + \lambda \cdot Var[w(x)] \\ &= \sum_{l \in L} \eta_l \cdot w_l(x) + \lambda \cdot \sum_{l \in L} \eta_l \cdot [w_l(x) - \sum_{l' \in L} \eta_{l'} \cdot w_{l'}(x)]^2\end{aligned} \qquad (6\text{-}15)$$

式中：$u(x)$——线路间总换乘负效用；

$w_l(x)$——情景 l 下公交车辆随机运行时间取值确定时的乘客换乘等待时间

（min）；

λ——非负权重系数，平衡随机等待时间的均值及其方差值。

目标函数(6-15)中的方差项作为二次项将显著增加模型求解的复杂度。故考虑采用绝对偏差(Absolute Deviation, AD)替代方差项表征随机等待时间的波动性，降低模型求解难度。随机等待时间的绝对偏差 $ad(x)$ 具体定义为

$$ad(x) = \sum_{l \in L} \eta_l \cdot \left| w_l(x) - \sum_{l' \in L} \eta_{l'} \cdot w_{l'}(x) \right| \quad (6-16)$$

目标函数(6-15)相应更新为

$$\min u(x) = \sum_{l \in L} \eta_l \cdot w_l(x) + \lambda \cdot \sum_{l \in L} \eta_l \cdot \left| w_l(x) - \sum_{l' \in L} \eta_{l'} \cdot w'_l(x) \right| \quad (6-17)$$

对于确定的取值 **arr**$_l$ 和 **dep**$_l$，换乘等待时间 $w_l(x)$ 可按式(6-18)～(6-21)进行计算。即式(6-18)～(6-21)定义了乘客在第 k 个换乘站点处从公交线路 r 换乘至公交线路 r' 时的等待时间。需要注意的是，模型中默认可以忽略车辆到站时刻延误大于一个发车间隔的可能性，即假定同一线路前后车次之间不存在超车现象。公式(6-22)则保证了在换乘站点处乘客总是可以顺利乘坐最先到达换乘站点的目标线路的公交车辆完成后续出行。

$$w_l(x) = \sum_{r=1}^{R} \sum_{r'=1}^{R} \sum_{j=1}^{J_r} \sum_{j'=1}^{J_{r'}} \sum_{k=1}^{K} P_{jrj'r'}^{k} \cdot [dep_{(j'+1)r'l}^{k} - arr_{jrl}^{k} - WT^{k} +]$$
$$(dep_{j'r'l}^{k} - dep_{(j'+1)r'l}^{k}) \cdot y_{jrj'r'l}^{k}) \quad (6-18)$$

$$dep_{j'r'l}^{k} - arr_{jrl}^{k} - WT^{k} \geqslant B \cdot (y_{jrj'r'l}^{k} - 1),$$
$$\forall l \in L, r \in R, r' \in R, r \neq r', j = 1, \cdots, J_r, j' = 1, \cdots, J_{r'}, k = 1, \cdots, K$$
$$(6-19)$$

$$dep_{j'r'l}^{k} - arr_{jrl}^{k} - WT^{k} \leqslant B \cdot y_{jrj'r'l}^{k},$$
$$\forall l \in L, r \in R, r' \in R, r \neq r', j = 1, \cdots, J_r, j' = 1, \cdots, J_{r'}, k = 1, \cdots, K$$
$$(6-20)$$

$$y_{jrj'r'l}^{k} \in \{0,1\}$$
$$\forall l \in L, r \in R, r' \in R, r \neq r', j = 1, \cdots, J_r, j' = 1, \cdots, J_{r'}, k = 1, \cdots, K$$
$$(6-21)$$

$$P_{jrj'r'}^{k} \cdot (dep_{(j'+1)r'l}^{k} - arr_{jrl}^{k} - WT^{k}) \geqslant 0,$$
$$\forall l \in L, r \in R, r' \in R, r \neq r', j = 1, \cdots, J_r, j' = 1, \cdots, J_{r'}, k = 1, \cdots, K$$
$$(6-22)$$

式中：dep_{jrl}^{k}——情景 l 下线路 r 车次 j 首站计划发车时刻偏移后在第 k 个换乘站点

处的实际离站时刻;

arr_{jrl}^{k} —— 情景 l 下线路 r 车次 j 首站计划发车时刻偏移后在第 k 个换乘站点处的实际到站时刻;

WT^{k} —— 在第 k 个换乘站点处不同车辆间步行换乘所需时间(min);

$y_{jrj'r'l}^{k}$ —— 二元变量:情景 l 下,当到站时刻 arr_{jrl}^{k} 比离站时刻 $dep_{j'r'l}^{k}$ 至少提前换乘步行所需时间 WT^{k} 时,等于1,否则等于0;

B —— 一个足够大的已知正数。

综上所述,面向共线公交线路协同调度问题的最优时刻表调整方案可通过求解以下的随机混合整数非线性规划模型获取。

目标函数:式(6-17)

约束条件:式(6-10)~(6-13)、(6-14)、(6-18)~(6-22)

混合整数非线性规划模型很难求解获取全局最优解,幸而上述所构建模型可等价转化为混合整数线性规划模型。通过引入非负辅助变量 a_l^+ 和 a_l^-,目标函数 (6-17)中绝对值表达式可利用式(6-23)和(6-24)实现线性化,如式(6-25)所示。

$$w_l(x) - \sum_{l' \in L} \eta_{l'} \cdot w_{l'}(x) = a_l^+ - a_l^-, \forall l \in L \quad (6\text{-}23)$$

$$a_l^+, a_l^- \geqslant 0, \forall l \in L \quad (6\text{-}24)$$

$$\left| w_l(x) - \sum_{l' \in L} \eta_{l'} \cdot w_{l'}(x) \right| = a_l^+ + a_l^-, \forall l \in L \quad (6\text{-}25)$$

约束条件(6-26)~(6-29)联合公式(6-19)~(6-21)可将换乘等待时间的计算公式转化为线性表达式。其中,需要引入非负辅助变量 $z_{jrj'r'l}^{k}$。

$$w_l(x) = \sum_{r=1}^{R} \sum_{r'=1}^{R} \sum_{j=1}^{J_r} \sum_{j'=1}^{J_{r'}} \sum_{k=1}^{K} P_{jrj'r'}^{k} \cdot (dep_{(j'+1)r'l}^{k} - arr_{jrl}^{k} - WT^k - z_{jrj'r'l}^{k})$$

$$(6\text{-}26)$$

$$0 \leqslant z_{jrj'r'l}^{k} \leqslant B \cdot y_{jrj'r'l}^{k},$$
$$\forall l \in L, r \in R, r' \in R, r \neq r', j=1,\cdots,J_r, j'=1,\cdots,J_{r'}, k=1,\cdots,K$$
$$(6\text{-}27)$$

$$z_{jrj'r'l}^{k} \leqslant dep_{(j'+1)r'l}^{k} - dep_{j'r'l}^{k},$$
$$\forall l \in L, r \in R, r' \in R, r \neq r', j=1,\cdots,J_r, j'=1,\cdots,J_{r'}, k=1,\cdots,K$$
$$(6\text{-}28)$$

$$z_{jrj'r'l}^{k} \geqslant dep_{(j'+1)r'l}^{k} - dep_{j'r'l}^{k} + B \cdot (y_{jrj'r'l}^{k} - 1),$$
$$\forall l \in L, r \in R, r' \in R, r \neq r', j=1,\cdots,J_r, j'=1,\cdots,J_{r'}, k=1,\cdots,K$$
$$(6\text{-}29)$$

目标函数表达式(6-17)相应地更新为公式(6-30):

$$\min u(x) = \sum_{l \in L} \eta_l \cdot w_l(x) + \lambda \cdot \sum_{l \in L} \eta_l \cdot (a_l^+ + a_l^-) \quad (6-30)$$

综上可知,借助辅助变量和不等式约束可将所构建的混合整数非线性规划模型转化为以下混合整数线性规划模型。

目标函数:式(6-30)

约束条件:式(6-10)~(6-13)、(6-14)、(6-19)~(6-29)

6.2.3 基于样本均值近似的求解算法

Kleywegt 等[199]提出的样本均值近似方法(Sample Average Approximation, SAA)是基于蒙特卡罗仿真方法的随机问题求解方法。其中,样本均值近似方法的关键步骤如下:生成随机运行时间向量 TT 在 N 个情景下的独立同分布的随机样本向量 $TT_1,\cdots,TT_N$,则期望值 $\sum_{l \in L} \eta_l \cdot w_l(x)$ 可由样本均值 $N^{-1} \sum_{l=1}^{N} w_l(x)$ 近似。

样本均值近似方法及相关统计参数估计的具体步骤如下:

Step 1:产生 M 组随机样本集合,其中每组样本集合内包含 N 个随机样本,即 $\{(TT_1^m,\cdots,TT_N^m):m=1,\cdots,M\}$;

Step 2:利用分支定界法求解每组样本集合对应的样本均值近似问题。令 $\hat{x}_N^m$ 和 $\hat{u}_N^m(m=1,\cdots,M)$ 分别表示样本均值近似问题的最优解和相应的目标函数值。

Step 3:利用公式(6-31)计算上述随机优化模型目标函数值下限的点估计,相应的点估计的方差可按式(6-32)进行计算。

$$L_N^M = \frac{1}{M} \sum_{m=1}^{M} \hat{u}_N^m \quad (6-31)$$

$$\sigma_{L_N^M}^2 = \frac{1}{M(M-1)} \sum_{m=1}^{M} (\hat{u}_N^m - L_N^M)^2 \quad (6-32)$$

Step 4:对应于 Step2 中计算所得每一个最优解 $\hat{x}_N^m(m=1,\cdots,M)$,独立地产生另一组随机样本集合 $(\hat{T}\hat{T}_1^m,\cdots,\hat{T}\hat{T}_{\hat{N}}^m)$,该集合内将包含 $\hat{N}$ 个样本($\hat{N}$ 远大于 N),然后计算以下表达式

$$\hat{u}_{\hat{N}}^m(\hat{x}_N^m) = \hat{N}^{-1} \sum_{l=1}^{} w_l(\hat{x}_N^m) + \lambda \cdot \hat{N}^{-1} \sum_{l=1}^{} \left| w_l(\hat{x}_N^m) - \hat{N}^{-1} \sum_{l'=1}^{} w_{l'}(\hat{x}_N^m) \right|$$

$$(6-33)$$

已知 $\hat{x}_N^m$ 是随机优化模型的可行解,则 $\hat{u}_{\hat{N}}^m(\hat{x}_N^m)$ 为该随机优化模型目标函数值上限的无偏估计,进而可知最佳上限为

$$U_{\hat{N}}^M = \min_{m \in \{1,\cdots,M\}} \{\hat{u}_{\hat{N}}^m(\hat{x}_N^m)\} \quad (6-34)$$

令 $\hat{x}_N^{m^*} \in \arg\min\{\hat{u}_N^m(\hat{x}_N^m) : m = 1, \cdots, M\}$,则 $U_{\hat{N}}^M$ 的方差可按下式估计

$$\sigma_{U_{\hat{N}}^M}^2 = \frac{1}{\hat{N}(\hat{N}-1)} \sum_{l=1} \left[\left(W_l(\hat{x}_N^{m^*}) + \left| W_l(\hat{x}_N^{m^*}) - \hat{N}^{-1} \sum_{l'=1} W_{l'}(\hat{x}_N^{m^*}) \right| \right) - \hat{u}_N^m(\hat{x}_N^{m^*}) \right]^2 \tag{6-35}$$

Step 5:计算目标函数值上限 $U_{\hat{N}}^M$ 与下限 L_N^M 之间的差值

$$\theta_{M,N,\hat{N}} = U_{\hat{N}}^M - L_N^M \tag{6-36}$$

相应地,差值 $\theta_{M,N,\hat{N}}$ 的方差为

$$\sigma_{\theta_{M,N,\hat{N}}}^2 = \sigma_{U_{\hat{N}}^M}^2 + \sigma_{L_N^M}^2 \tag{6-37}$$

Norkin 等(1998)[200]和 Mak 等(1999)[201]已经证明 $\hat{u}_N$ 的期望值小于等于最优解 u^*,即 $E[\hat{u}_N] \leqslant u^*$。然而由于无法获取 $E[\hat{u}_N]$ 的精确值,$\hat{u}_N$ 的期望值只能近似由均值(即期望值的无偏估计)替代。为了计算均值,首先需要产生 M 组随机样本集合(Step 1),然后利用公式(6-31)计算平均值 L_N^M(Step 2)。由于计算所得的均值 L_N^M 是期望值 $E[\hat{u}_N]$ 的无偏估计,所以 L_N^M 小于等于最优解 u^*,即 L_N^M 是最优解 u^* 的下限。

在利用样本均值近似方法将随机混合整数线性规划模型转化为确定的混合整数线性规划模型后,即可利用分支定界法(branch and bound)获取模型最优解。分支定界法是一种求解整数规划问题的常用策略[202]。该方法不但可以求解纯整数规划,还可以求解混合整数规划问题。混合整数线性规划问题(同时为最小化问题)的分支定界过程包括以下步骤:

Step 1:利用单纯形法求混合整数规划松弛问题(线性规划问题)的最优解。若松弛问题的最优解满足整数要求,得到整数规划的最优解,否则转至 Step2。

Step 2:任意选一个非整数解为实数 B_i 的变量 x_i,令 $[B_i]$ 为 B_i 的整数部分,在原松弛问题中分别加上约束 $x_i \leqslant [B_i]$ 及 $x_i \geqslant [B_i]+1$ 组成两个新的松弛问题,称为分支。

Step 3:利用单纯形法求解新的松弛问题,即定界过程。设两个分支的松弛问题分别为问题 1 和问题 2,它们的最优解情况如表 6-7 所示。其中,情况 2、4、5 即为第一轮分支后即找到最优解;情况 3 则需要在相应缩减的可行域上继续下一轮的分支定界过程;情况 6 中问题 1 的整数解作为界被保留,用于以后与问题 2 的后续分支所得的解进行比较,结论为情况 4 或情况 5。

表 6-7 松弛问题可行解情况

序号	问题1	问题2	说明
1	无可行解	无可行解	原整数规划问题无可行解
2	无可行解	整数解	问题2的整数解为最优解
3	无可行解	非整数最优解	对问题2进行分支
4	整数解	整数解	较优解(对应目标函数值较小者)为最优解
5	整数解,目标函数值小于问题2	非整数解	问题1的整数解为最优解
6	整数解,目标函数值大于问题2	非整数解	对于问题1进行剪支,其整数解为界,同时对问题2继续分支

6.2.4 算例分析

共线线路1、线路2和线路3共用5个停靠站,如图6-8所示。研究时间范围设为6:30am—7:30am,也就是说仅考虑在这一小时以内分别从首站发出的公交车次。线路1、线路2和线路3目标车次的首站计划发车时刻均设定为6:30am(车次1)、6:45am(车次2)、7:00am(车次3)和7:15am(车次4),意味着这3条公交线路在研究时间范围内均以均匀的发车间隔(15 min)从首站依次发车。共线段内线路间换乘需求参见表6-8。

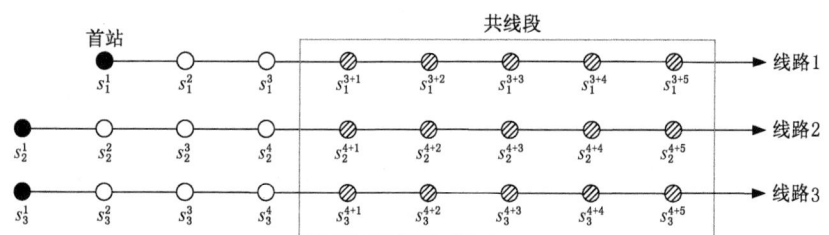

图 6-8 线路1、线路2和线路3

假定任意连续两个公交站点间的车辆实际运行时间 TT_{jr}^i 均服从对数正态分布,即 $TT_{jr}^i \sim LN(\mu_{jr}^i, (\sigma_{jr}^i)^2)$,且仅在区间 $[L_{jr}^i, U_{jr}^i]$ 内取值。其中,μ_{jr}^i 和 σ_{jr}^i 分别表示公交线路 r 车次 j 在线路段 i 随机运行时间 TT_{jr}^i 的均值和标准差;L_{jr}^i 和 U_{jr}^i 分别表示公交线路 r 车次 j 在线路段 i 随机运行时间 TT_{jr}^i 的下限和上限。为了简化计算,对于所有的站点间实际运行时间,参数 μ_{jr}^i、σ_{jr}^i、L_{jr}^i 和 U_{jr}^i 取值均相同。具体地,所有的站点间实际运行时间均服从对数正态分布 $LN(2,1)$,并仅在区间 [1,5] 内取值。另一个影响公交车辆在换乘站点处到站时刻、离站时刻的重要因素为公交车辆站点停靠时间。假定线路1和线路2在共线段内各换乘站点处的停靠时间累计差值(即线路1在到达某一换乘站点前上游各站点处停靠时间的

第 6 章
地面公交线路时刻表协调优化

总和减去线路 2 在到达同一换乘站点前上游各站点处停靠时间的总和)分别为 0.5 min、0.5 min、0.3 min、1.0 min 和 0.5 min。类似地,线路 1 和线路 3 在共线段内各换乘站点处的停靠时间累计差值分别为 -0.3 min、0.2 min、0 min、0.4 min 和 0 min。相应可知,线路 2 和线路 3 之间在共线段内各换乘站点处的停靠时间累计差值分别为 -0.8 min、-0.3 min、-0.3 min、-0.6 min 和 -0.5 min。同时假定各车次在共线段内各换乘站点处的停靠时间均为 0.5 min。考虑到所有的换乘均为同站换乘,令换乘步行时间 WT^k 等于 0.5 min。另外,令目标函数中权重值 λ 等于 0.5。

表 6-8 换乘需求(单位:人)

从线路 1 换乘至线路 2						从线路 2 换乘至线路 1						从线路 1 换乘至线路 3					
客流量	第 k 换乘站					客流量	第 k 换乘站					客流量	第 k 换乘站				
	1	2	3	4	5		1	2	3	4	5		1	2	3	4	5
P^k_{1112}	3	2	0	0	5	P^k_{1221}	2	0	0	0	2	P^k_{1113}	3	2	2	2	0
P^k_{2122}	6	0	3	1	5	P^k_{2231}	5	0	1	0	7	P^k_{2123}	5	5	3	0	5
P^k_{3132}	8	4	1	1	7	P^k_{3241}	6	0	0	0	3	P^k_{3133}	8	6	1	5	5
P^k_{4142}	7	0	0	0	10	—	—	—	—	—	—	P^k_{4143}	7	6	1	1	10
从线路 3 换乘至线路 1						从线路 2 换乘至线路 3						从线路 3 换乘至线路 2					
客流量	第 k 换乘站					客流量	第 k 换乘站					客流量	第 k 换乘站				
	1	2	3	4	5		1	2	3	4	5		1	2	3	4	5
P^k_{1321}	2	2	2	2	2	P^k_{1213}	6	2	0	1	5	P^k_{1312}	4	0	0	1	5
P^k_{2331}	5	2	1	6	7	P^k_{2223}	6	1	0	1	7	P^k_{2322}	7	7	7	7	7
P^k_{3341}	6	4	2	3	12	P^k_{3233}	4	4	1	3	3	P^k_{3332}	4	1	1	3	3
—	—	—	—	—	—	P^k_{4243}	7	4	0	1	10	P^k_{4342}	7	0	0	1	7

1. 样本规模分析

样本均值近似方法解的质量很大程度上取决于样本集合数和样本规模。分析不同样本规模下解的质量可为最终确定合理的样本集合数和样本规模提供指导和参考。在本算例的样本均值近似过程中,设定样本集合数 $M = 20$、样本规模 $\hat{N} = 200$。

采用 YALMIP 语言[203]在 MATLAB(R2013a)平台编写求解程序,并调用 CPLEX 12.6 求解样本均值近似问题。CPLEX 为 IBM ILOG 开发的一款包含分支定界法的优化软件包,可用于求解线性规划、二次规划、二次约束规划及混合整数规划等问题。具体计算过程在一台内存为 16G 的台式机(Intel Core i7-2600 CPU @ 3.40GHz)上完成。

表 6-9 给出了当样本规模 N 分别为 10、20、30、40 和 50 时目标函数值的上

限、下限、上限与下限之间差值以及差值的95%置信区间。根据表6-9的结果可知,随着样本规模的增加,上限与下限之间差值的95%置信区间相应变窄。考虑到样本规模为50时95%置信区间范围已能满足计算精度要求(即小于1.5,精度要求可根据实际需要灵活调整),最终确定本算例样本规模设定为50。后续所有相关计算时,样本集合数$M=20$、样本规模$N=50$。

表6-9 样本均值近似方法相关分析参数(单位:min)

N	下限		上限		差值		95%置信区间		
	L_N^M	$\sigma_{L_N^M}$	$U_{\hat{N}}^M$	$\sigma_{U_{\hat{N}}^M}$	$\theta_{M,N,\hat{N}}$	$\sigma_{\theta_{M,N,\hat{N}}}$	最小值	最大值	区间
10	1 676	1.467	1 679	2.201	3.235	2.645	−0.847	7.317	8.164
20	1 678	1.285	1 680	2.523	1.988	2.831	−0.964	4.940	5.904
30	1 679	1.331	1 680	2.159	1.347	2.536	−0.439	3.133	3.572
40	1 678	1.475	1 679	2.012	1.207	2.495	−0.125	2.539	2.664
50	1 679	1.387	1 679	1.834	0.409	2.299	−0.278	1.096	1.374

样本规模$N=50$时,算例中线路时刻表经协调优化后的乘客所感知的换乘负效用为1 679 min,相应的最优时刻表调整方案参见表6-10。与现状时刻表下乘客感知的换乘负效用(2 530 min)相比,调整后时刻表可以减小约51%的换乘负效用,说明所构建的优化模型可切实有效地改善线路间换乘服务。

表6-10 时刻表调整方案(单位:min)

r	x_r^1	x_r^2	x_r^3	x_r^4
1	7	7	7	−4
2	5	5	4	−7
3	7	7	6	−5

2. DTOM和ATOM比较分析

6.2.2节提出的时刻表优化方法考虑了共线段内乘客对换乘站点的偏好差异,简称为非集计方法DTOM(Disaggregate Transfer Optimization Method),假定线路间换乘乘客均在同一站点换乘的时刻表优化简化方法,简称为集计方法ATOM(Aggregate Transfer Optimization Method),二者的适应性分析对换乘协调优化实践有着重要的指导意义,尽管6.1节对此已展开了较为细致的讨论,本节在评价6.2.2节所构建的优化模型效能的基础上仍将分析不同情景下DTOM和ATOM的适应性,以进一步验证6.1节的分析结论。

一方面,计算假定所有乘客都在同一站点进行换乘时的目标车辆首站计划发车时刻最优调整方案,并计算当时刻表按照上述方案调整后实际换乘客流分布下乘客感知的换乘负效用,定义为集计负效用ATD(Aggregate Transfer Disutility);

另一方面，考虑实际换乘客流分布利用 DTOM 求解其首站计划发车时刻最优调整方案及其相应的换乘负效用，定义为非集计负效用 DTD(Disaggregate Transfer Disutility)；两者之差(ATD 减去 DTD 之后的差值)即为未考虑乘客偏好差异所引起的额外负效用。由表 6-11 可知，五种假设方案下 ATD 减去 DTD 之后的差值均为正数，即假定所有乘客都在同一站点进行换乘时得到的目标车辆首站计划发车时刻最优调整方案(ATOM 的最优解)会引起额外的换乘负效用。然而各假设方案下 ATD 值均小于现状时刻表下乘客感知的换乘负效用值(2 530 min)，表明即便是简化方法 ATOM 亦可有效减少线路间换乘等待时间。

表 6-11 不同假设方案下 PD 值

假设方案[a]	ATD(min)	DTD(min)	PD(%)
1	1 775	1 679	5.72
2	1 793	1 679	6.79
3	1 791	1 679	6.67
4	1 855	1 679	10.48
5	1 862	1 679	10.90

注：a. 数字 1 表示假定所有换乘乘客均选择在进入共线段后第 1 个换乘站点处进行换乘；数字 2 表示假定所有换乘乘客均选择在进入共线段后第 2 个换乘站点处进行换乘；依次类推。

定义用 ATOM 引起的额外负效用与 DTD 的比值来衡量 ATOM 引起的偏差程度，简称 PD(Percent of Deviation)指标，即

$$PD = \frac{ATD - DTD}{DTD} \times 100\% \qquad (6-38)$$

在表 6-11 内，五种假设方案下指标 PD 的值分别为 5.72%、6.79%、6.67%、10.48% 和 10.90%，进一步说明当实际换乘客流分布获取难度或代价过高时，所有乘客均在同一站点完成换乘的假设是可以被接受的，而且此时若假定所有乘客都在进入共线段后第一处站点进行换乘则可最大限度地减小忽略换乘偏好差异引起的额外负效用，该结论与 6.1 节分析结论相一致。

6.3 公交网络线路时刻表协调优化

前文深入讨论了当多条线路存在长共线段(多个连续换乘站点)情况时可实现线路间有效协同调度的时刻表修正方法，即考虑乘客选择偏好差异的非集计方法和忽略换乘偏好差异的集计方法，两者均通过调整各目标车次的首站计划发车时刻以减少线路间乘客所感知的总换乘等待时间。当研究对象由多条线路

拓展至某一区域内局部或整个公交网络时,前文构建的时刻表修正模型与求解算法理论上仍适用,但不得不承认研究对象规模的急速增长将使得整个协调优化过程耗费大量时间与资源,例如对公交企业而言,统计各站点换乘需求便是一项颇为"艰巨"的任务。而且在实践中若是如6.2节中所述分别调整研究时间范围内各目标车次的首站计划发车时刻必然带来发车间隔的无序与紊乱,这将大大增加公交企业调度难度,也可能使得实际运行中公交车"串车"现象频发。故将结合公交网络调度实际诉求与现实约束,进一步优化前文提出的多线路时刻表协调优化方法使其能更好地适应网络时刻表协调问题,具体地,拟在以下四个方面做出适当调整:

(1) 利用换乘关系信息替代换乘需求信息确定具有换乘衔接关系的站点(默认各换乘站点重要度无显著差异),通过不等式约束科学确定存在换乘关系的车次并计算其对应的换乘等待时间。其中,换乘关系信息可根据线路站点布局便捷地获取。

(2) 公交网络内存在共线段时,结合6.1、6.2节的研究成果,将共线段内多个连续换乘站点简化为单个换乘站点,以减少网络内待优化换乘站点规模,节省模型求解时间。

(3) 固定发车间隔整体偏移时刻表,即研究时间范围内各车次首站计划发车时刻调整幅度保持一致,决策变量的减少可节省模型求解时间也便于实际调度操作,更降低了公交线路发生"串车"现象的概率。

(4) 启发式算法取代分支定界法。求解问题规模过大时,利用分支定界法求最优解时往往会出现计算时间过长甚至电脑计算内存不足等问题。启发式算法可大幅度提高模型求解效率,更适用实际网络时刻表协调问题。

本节将通过构建适应大规模网络协同调度诉求的时刻表优化模型并给出可行高效的求解算法,以实现系统改善整个网络内换乘服务的目标。

6.3.1 问题描述与符号表达

公交网络内包含R条公交线路,记为集合$R=\{1,\cdots,r,\cdots,R\}$,其中,$r$表示集合$R$内某一特定线路。由于每条线路上下行的客流高峰期往往属于两个不同的时段,在特定的研究时间范围内仅需考虑每一条线路客流集中的行车方向,如图6-9所示。

实际线路间往往存在多个连续的共同站点,根据6.1、6.2节的研究结论,选择线路行车方向上第一个可选换乘站点作为线路间待优化的换乘站点,具体过程如图6-10所示。

公交线路$r(r=1,2,\cdots,R)$和$r'(r'=1,2,\cdots,R$且$r'\neq r)$分别途经站点$k(k$

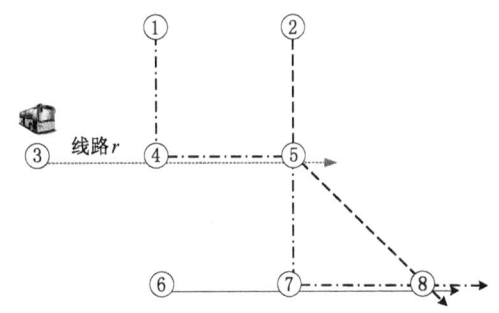

图 6-9 公交网络示意图

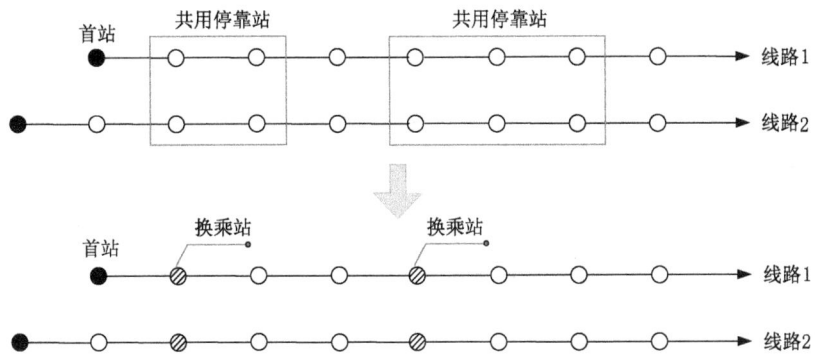

图 6-10 公交线路间换乘站点选择

$=1,2,\cdots,K_r)$ 和 $k'(k'=1,2,\cdots,K_{r'})$。令 $C_{rr'}^{kk'}$ 为线路 r 和 r' 之间换乘衔接关系参数,若两者在站点 k 和 k' 间存在合理步行距离内的连接路径则等于 1,否则等于 0。参数 $C_{rr'}^{kk'}$ 的取值可根据道路网络和公交网络现状布局确定。考虑到乘客在制订出行计划时更愿意选择同站换乘的出行路径,故当网络规模较大时,获取参数 $C_{rr'}^{kk'}$ 时可仅考虑同站换乘。另外,假定在换乘站点处乘客总是可以顺利乘坐最先到达换乘站点的目标线路的公交车辆完成后续出行,即假定公交车辆载客能力总能满足实际需求。

当 $C_{rr'}^{kk'}=1$ 时,线路 r 上乘客换乘至线路 r' 时在站点 k' 处换乘等待时间是影响乘客对公交服务满意度的关键,而换乘等待时间又与线路发车时刻、站点间运行时间、站点处停靠时间密切相关。令 D_r^j 表示公交线路 r 车次 $j(j=1,2,\cdots,J_r)$ 的现状首站计划发车时刻;J_r 表示研究时间范围内公交线路 r 待协调优化的班次的数量。同时,定义 TT_{jr}^k 和 DT_{jr}^k 分别表示公交线路 r 车次 j 在站点 k 与 $k+1$ 间的实际运行时间和在站点 k 处的实际停靠时间。为了充分反映公交车辆运行过程中的随机性,定义 TT_{jr}^k 表示公交线路 r 车次 j 在站点 k 与 $k+1$ 间的随机运行时间。令集合 $TT = \{(TT_{1r}^1,\cdots,TT_{jr}^k,\cdots,TT_{J_r r}^{K_r-1}):r \in R\}$ 表示包含公交线路集合 R 内各线路各车次在各线路段的随机运行时间的向量。令 L 表示随机向量所有可能取值的情景集合,则 $TT_l = \{(TT_{1rl}^1,\cdots,TT_{jrl}^k,\cdots,TT_{J_r rl}^{K_r-1}):r \in R\}$ 表示情景 $l(l \in L)$ 下随机向量 TT 的取值。事实上,公交车辆站点间实际运行时间分布和站点处实际停靠时间均可根据历史数据估计获取,故均设定为已知参数。

6.3.2 公交网络时刻表协调优化模型

令集合 $X = \{x_r : r \in R\}$ 表示公交线路集合 R 内所有线路在研究时间范围内时刻表的整体偏移量(即保持发车间隔不变),也就是优化模型的决策变量。公式(6-39)确切表明了决策变量可能的取值范围,由此可知,所提出的协调优化模型旨在通过适当微调研究时间范围内现状时刻表以减少网络内线路间总换乘等待时间。为了保证时刻表调整方案在实际中易于执行,令时刻表偏移量为以分钟为单位的整数变量,如式(6-40)所示。

$$-H_r^{\min} \leqslant 2 \cdot x_r \leqslant H_r^{\min}, \forall r \in R \qquad (6-39)$$

式中:x_r —— 公交线路 r 在研究时间范围内时刻表的整体偏移量(min);

$H_r^{\min}$ —— 研究时间范围内线路 r 所有发车间隔中的最小值(min)。

$$x_r \in \mathbf{N}^*, \forall r \in R \qquad (6-40)$$

式中:$\mathbf{N}^*$ —— 正整数集合。

向量 $arr = \{(arr_{1r}^1,\cdots,arr_{jr}^k,\cdots,arr_{J_r r}^{K_r}):r \in R\}$ 包含公交线路集合 R 内各线路各车次在各站点处的到站时刻,其中,arr_{jr}^k 表示研究时间范围内时刻表整体偏移后线路 r 车次 j 在站点 k 处的实际到站时刻,可按式(6-41)计算。

$$arr_{jr}^k = D_r^j + x_r + \sum_{i=1}^{k-1} TT_{jr}^i + \sum_{i=2}^{k-1} DT_{jr}^i, \forall r \in R, j = 1,\cdots,J_r, k = 1,\cdots,K_r$$
$$(6-41)$$

相应地,集合 $dep = \{(dep_{1r}^1,\cdots,dep_{jr}^k,\cdots,dep_{J_r r}^{K_r}):r \in R\}$ 包含公交线路集合 R 内各线路各车次在各站点处的离站时刻,其中,dep_{jr}^k 表示研究时间范围内时刻表整体偏移后线路 r 车次 j 在站点 k 处的实际离站时刻,可按式(6-42)计算。

$$dep_{jr}^k = arr_{jr}^k + DT_{jr}^k = D_r^j + x_r + \sum_{i=1}^{k-1} TT_{jr}^i + \sum_{i=2}^{k} DT_{jr}^i,$$
$$\forall r \in \mathbf{R}, j = 1,\cdots,J_r, k = 1,\cdots,K_r \qquad (6-42)$$

第6章 地面公交线路时刻表协调优化

由于公交车辆运行时间的不确定性，故到站时刻向量 **arr** 和离站时刻向量 **dep** 均为随机向量。相应地，令 $\boldsymbol{arr}_l = \{(arr_{1rl}^1, \cdots, arr_{jrl}^k, \cdots, arr_{J_r rl}^{K_r}) : r \in R\}$ 和 $\boldsymbol{dep}_l = \{(dep_{1rl}^1, \cdots, dep_{jrl}^k, \cdots, dep_{J_r rl}^{K_r}) : r \in R\}$ 分别表示情景 $l(l \in L)$ 下随机向量 **arr** 和 **dep** 具体的取值。

对于确定的取值 $\boldsymbol{arr}_l$ 和 $\boldsymbol{dep}_l$，公交网络内总换乘等待时间可按式(6-43)进行计算。

$$w_l(x) = \sum_{r=1}^{R} \sum_{r'=1}^{R} \sum_{j=1}^{J_r} \sum_{j'=1}^{J_{r'}} \sum_{k=1}^{K_r} \sum_{k'=1}^{K_{r'}} C_{rr'}^{kk'} \cdot twt_{jrj'r'l}^{kk'} \tag{6-43}$$

式中：$w_l(x)$——情景 l 下公交网络内总换乘等待时间(min)；

$twt_{jrj'r'l}^{kk'}$——情景 l 下从线路 r 车次 j 换乘至线路 r' 车次 j' 时在站点 k' 处换乘等待时间(min)。

情景 l 下从线路 r 车次 j 换乘至线路 r' 车次 j' 时在站点 k' 处换乘等待时间 $twt_{jrj'r'l}^{kk'}$ 可由公式(6-44)~(6-46)确定。

$$twt_{jrj'r'l}^{kk'} \geqslant 0$$
$$\forall l \in L, r \in R, r' \in R, r \neq r', j = 1, \cdots, J_r, j' = 1, \cdots, J_{r'}, k = 1, \cdots, K_r,$$
$$k' = 1, \cdots, K_{r'} \tag{6-44}$$

$$twt_{jrj'r'l}^{kk'} \geqslant dep_{j'r'l}^{k'} - arr_{jrl}^{k} - WT^{kk'} - B \cdot y_{jr(j'-1)r'l}^{kk'}$$
$$\forall l \in L, r \in R, r' \in R, r \neq r', j = 1, \cdots, J_r, j' = 1, \cdots, J_{r'}, k = 1, \cdots, K_r,$$
$$k' = 1, \cdots, K_{r'} \tag{6-45}$$

$$B \cdot (y_{jrj'r'l}^{kk'} - 1) \leqslant dep_{j'r'l}^{k'} - arr_{jrl}^{k} - WT^{kk'} < B \cdot y_{jrj'r'l}^{kk'}$$
$$\forall l \in L, r \in R, r' \in R, r \neq r', j = 1, \cdots, J_r, j' = 1, \cdots, J_{r'},$$
$$k = 1, \cdots, K_r, k' = 1, \cdots, K_{r'} \tag{6-46}$$

$$y_{jrj'r'l}^{kk'} \in \{0, 1\}$$
$$\forall l \in L, r \in R, r' \in R, r \neq r', j = 1, \cdots, J_r, j' = 1, \cdots, J_{r'}, k = 1, \cdots, K_r,$$
$$k' = 1, \cdots, K_{r'} \tag{6-47}$$

式中：$dep_{j'r'l}^{k'}$——情景 l 下研究时间范围内时刻表整体偏移后线路 r' 车次 j' 在站点 k' 处的实际离站时刻；

arr_{jrl}^{k}——情景 l 下研究时间范围内时刻表整体偏移后线路 r 车次 j 在站点 k 处的实际到站时刻；

$WT^{kk'}$——从站点 k 步行至站点 k' 所需时间(min)，可根据道路网络布局方案或实地调查估计其具体取值；

B——一个足够大的已知正数；

$y_{jrj'r'l}^{k}$ —— 二元变量：情景 l 下，当到站时刻 arr_{jrl}^{k} 比离站时刻 $dep_{j'r'l}^{k'}$ 至少提前步行换乘所需时间 $WT^{kk'}$ 时，等于 1，否则等于 0。

约束条件(6-44)~(6-47)包含了以下三种情况：

（1）当 $dep_{(j'-1)r'l}^{k'} - arr_{jrl}^{k} - WT^{kk'} < 0$ 且 $dep_{j'r'l}^{k'} - arr_{jrl}^{k} - WT^{kk'} < 0$ 时，即当 $y_{jr(j'-1)r'l}^{kk'} = 0$ 且 $y_{jrj'r'l}^{kk'} = 0$ 时，车次 j' 并不是线路 r 车次 j 上乘客在站点 k' 处能赶上的服务于目标线路 r' 的最先到达的车次。因为 $y_{jr(j'-1)r'l}^{kk'} = 0$ 且 $y_{jrj'r'l}^{kk'} = 0$，则 $twt_{jrj'r'l}^{kk'} \geq 0$。又由于时刻表协调优化问题以乘客换乘等待时间最小化为目标，即为最小化问题，故此时 $twt_{jrj'r'l}^{kk'} = 0$。

（2）当 $dep_{(j'-1)r'l}^{k'} - arr_{jrl}^{k} - WT^{kk'} < 0$ 且 $dep_{j'r'l}^{k'} - arr_{jrl}^{k} - WT^{kk'} \geq 0$ 时，即当 $y_{jr(j'-1)r'l}^{kk'} = 0$ 且 $y_{jrj'r'l}^{kk'} = 1$ 时，车次 j' 确实是线路 r 车次 j 上乘客在站点 k' 处能赶上的服务于目标线路 r' 的最先到达的车次。因为 $y_{jr(j'-1)r'l}^{kk'} = 0$ 且 $y_{jrj'r'l}^{kk'} = 1$，则 $twt_{jrj'r'l}^{kk'} \geq dep_{j'r'l}^{k'} - arr_{jrl}^{k} - WT^{kk'}$。同样由于是最小化问题，故此时 $twt_{jrj'r'l}^{kk'} = dep_{j'r'l}^{k'} - arr_{jrl}^{k} - WT^{kk'}$，即为乘客实际换乘等待时间。

（3）当 $dep_{(j'-1)r'l}^{k'} - arr_{jrl}^{k} - WT^{kk'} \geq 0$ 且 $dep_{j'r'l}^{k'} - arr_{jrl}^{k} - WT^{kk'} \geq 0$ 时，即当 $y_{jr(j'-1)r'l}^{kk'} = 1$ 且 $y_{jrj'r'l}^{kk'} = 1$ 时，车次 j' 显然并不是线路 r 车次 j 上乘客在站点 k' 处能赶上的服务于目标线路 r' 的最先到达的车次。因为 $y_{jr(j'-1)r'l}^{kk'} = 1$ 且 $y_{jrj'r'l}^{kk'} = 1$，则 $twt_{jrj'r'l}^{kk'} \geq 0$。又由于是最小化问题，故此时 $twt_{jrj'r'l}^{kk'} = 0$。

综上可知，当且仅当 $dep_{(j'-1)r'l}^{k'} - arr_{jrl}^{k} - WT^{kk'} < 0$ 且 $dep_{j'r'l}^{k'} - arr_{jrl}^{k} - WT^{kk'} \geq 0$ 时，$twt_{jrj'r'l}^{kk'} = dep_{j'r'l}^{k'} - arr_{jrl}^{k} - WT^{kk'}$，其他情况下由于是最小化问题，$twt_{jrj'r'l}^{kk'} = 0$，说明约束条件(6-44)~(6-47)确实可以用以判断车次 j' 是否为线路 r 车次 j 上乘客在站点 k' 处能赶上的服务于目标线路 r' 的最先到达的车次。

为了使优化的时刻表尽量减小换乘等待时间的波动性，公交网络协调优化模型的目标函数表达为

$$\min u(x) = \sum_{l \in L} \eta_l \cdot w_l(x) + \lambda \cdot \sum_{l \in L} \eta_l \cdot \left| w_l(x) - \sum_{l' \in L} \eta_{l'} \cdot w_{l'}(x) \right| \quad (6\text{-}48)$$

式中：$u(x)$ —— 网络内总换乘负效用（min）；

η_l —— 情景 l 的发生概率，$\sum_{l \in L} \eta_l = 1$；

λ —— 非负权重系数，平衡随机等待时间的均值及其均值的绝对偏差值。

通过引入非负辅助变量 a_l^+ 和 a_l^-，目标函数(6-48)中绝对值表达式可利用式(6-49)和(6-50)实现线性化。

$$w_l(x) - \sum_{l' \in L} \eta_{l'} \cdot w_{l'}(x) = a_l^+ - a_l^-, \forall l \in L \quad (6\text{-}49)$$

$$a_l^+, a_l^- \geqslant 0 \text{ 且为整数}, \forall l \in L \tag{6-50}$$

相应地,目标函数表达式(6-48)更新为公式(6-51)。

$$\min u(x) = \sum_{l \in L} \eta_l \cdot w_l(x) + \lambda \cdot \sum_{l \in L} \eta_l \cdot (a_l^+ + a_l^-) \tag{6-51}$$

综上可知,面向公交网络协同调度的时刻表优化问题可抽象为以下随机的混合整数线性规划模型。

目标函数:式(6-51)

约束条件:式(6-39)～(6-47)、(6-49)～(6-50)

6.3.3 包含蒙特卡罗仿真的遗传算法

所构建的随机混合整数线性规划模型可采用与6.2节相同的求解方法,即先将随机问题转化为样本均值近似问题,后利用包含分支定界法的优化求解器如CPLEX求解每一个样本均值近似问题。然而,考虑到6.3.2节所构建模型的优化对象为部分或整个公交网络,所涉及的线路与站点规模将使得分支定界法出现计算时间过长或计算内存不足问题,故设计包含蒙特卡罗仿真方法的遗传算法用以求解上述随机混合整数线性规划模型。所谓包含蒙特卡罗仿真方法,即利用伪随机数生成器产生 L 个不同情景下随机向量取值,进而将 $\sum_{l \in L} \eta_l \cdot w_l(x)$ 转化为 $L^{-1} \sum_{l=1}^{L} w_l(x)$。此时,公式(6-49)和公式(6-51)可分别转化为

$$w_l(x) - L^{-1} \sum_{l'=1}^{L} w_{l'}(x) = a_l^+ - a_l^-, \forall l \in L \tag{6-52}$$

$$\min u(x) = L^{-1} \sum_{l=1}^{L} w_l(x) + \lambda \cdot L^{-1} \sum_{l=1}^{L} (a_l^+ + a_l^-) \tag{6-53}$$

需要指出的是,当样本量趋于无穷时,蒙特卡罗仿真方法的收敛性已经在众多研究文献中得到验证。

1. 遗传算法简介

遗传算法(Genetic Algorithm,GA)是一类借鉴生物界进化规律(适者生存、优胜劣汰机制)演化而来的随机化局部搜索算法,最早由 Holland 于 1975 年提出[204]。Goldberg(1989)[205]、Michalewicz(1992)[206]和 Chambers(1995)[207]探讨了遗传算法在优化问题中的应用。它是一种基于种群迭代过程的局部搜索算法,每一代种群代表了问题可能的解集。种群由经过基因编码的一定数量的个体组成,而每个个体实际上是染色体带有特征的实体。染色体作为遗传物质的载体,为多个基因的集合,染色体上的每一个位置称为一个基因。由于仿照基因编码的工

作过于复杂,通常采用二进制编码。初代种群产生之后,按照适者生存和优胜劣汰的原理,逐代演化产生越来越好的近似解,在每一代中,根据个体的适应度大小选择个体,并借助于自然遗传学的遗传算子进行再生、组合交叉和变异,产生出代表新的解集的种群,该种群在下一次迭代中成为当前种群。这个过程使得新产生的种群比上一代更加适应环境。图6-11描述了遗传算法的基本流程。遗传算法终止条件一般包括:(1)达到最大迭代次数;(2)耗费最大计算资源(如计算时间、计算内存等);(3)找到最优解;(4)适应度达到饱和。

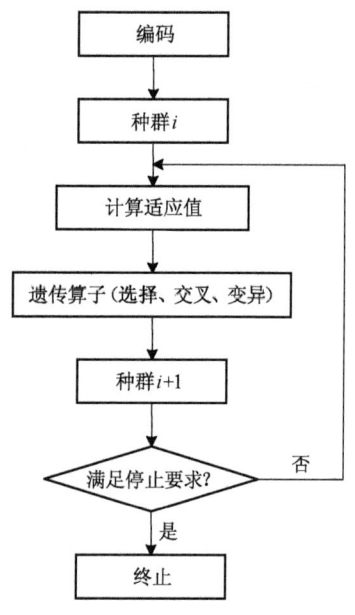

图 6-11 遗传算法的基本流程

与其他局部搜索方法相比,遗传算法具有以下特点:处理的是参数集的编码,而不是直接处理参数本身;搜索一个种群,而非种群中的一个单点;采用目标函数信息,而不是其他辅助知识或信息。这些特点使得遗传算法的应用更加广泛,只需要影响搜索方向的目标函数和相应的适应度函数,而且可以同时对搜索空间中的多个解进行评估,减小了陷入局部最优解的风险。

下面具体介绍遗传算法的三个算子:选择、交叉和变异。

选择算子又称为再生算子。它是一个依据适应度值复制个体的过程[208],目的是把优化的个体(或解)直接遗传到下一代或者通过配对交叉产生新的个体再遗传到下一代。最简单最常用的方法是轮盘赌选择法,各个个体被选中的概率与其适应度值成正比。假设一个含有 n 个个体的种群,个体 i 的适应度值为 f_i,则 i 被选中的概率为

$$P_i = \frac{f_i}{\sum_{i=1}^{n} f_i} \tag{6-54}$$

交叉算子指按照给定的交叉概率将两个个体的部分结构加以替换重新组合生成新个体的过程[208]。最常用的交叉算子为单点交叉,即在个体的基因串中随机设定一个交叉点,实施交叉时,该点前或后的两个个体的部分结构进行互换,生成两个新的个体的过程,如图 6-12 所示。

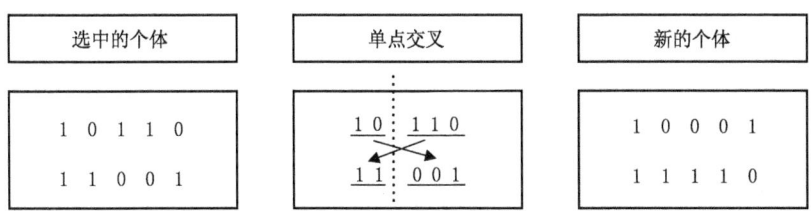

图 6-12 单点交叉算子示例

与选择算子和交叉算子相比,变异算子主要起辅助作用[208]。它是按照给定的变异概率调整个体内某些基因值的过程。图 6-13 示例中下方标注"△"符号的基因其值即发生了变异。引入变异主要是为了:(1)使遗传算法具有局部的随机搜索能力;(2)使遗传算法维持种群的多样性,防止出现早熟收敛现象。变异率的选取一般受种群规模、染色体长度等因素的影响,通常取较小的值。

图 6-13 变异算子示例

2. 遗传算法求解时刻表协调优化问题

求解公交网络时刻表协调优化问题的遗传算法的第一步是对时刻表调整方案进行基因表达,即在问题的实际表现形式和遗传算法的染色体位串结构之间建立联系,确定编码和解码运算。由于时刻表协调优化问题的决策变量为时刻表整体偏移量 x_r,它本身是一个属于对称区间范围的整数变量,直接采用基于 0 和 1 的二值编码形式并辅以一定的解码运算即可。例如,当用一个 10 位的二值数 b 表示 x_r 的值时相当于将 x_r 的变量域离散化为二值域 $[0,1023]$,此时若 x_r 实际的变量范围为 $[-6,6]$ 时,仅需辅以令 x_r 等于 $(6-b \cdot 12/1023)$ 取整结果的解码运算。图 6-14 给出了染色体基因表达范例。

编码确定之后,便是初始种群的选择。选择规模较大的初始种群可以同时处

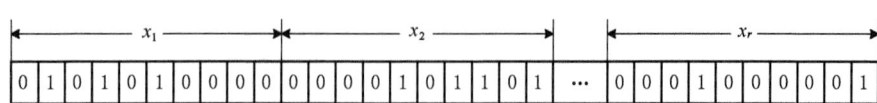

图 6-14 染色体基因排列示意图

理更多的解,因而容易得到全局最优解,其缺点是增加了每次迭代的时间,种群规模一般取 30~100[205]。

遗传算法的适应度函数被用于判断种群中个体的优劣程度,是根据所求问题的目标函数来进行评估的。然而根据适应度选择可以进入下一代的个体时容易导致一些较差的个体依然被选中,而丢失部分优秀个体,故直接选择最优的前 N 个个体进入下一代。例如,某一代开始时有 100 个个体,通过交叉、变异产生了另外新的 47 个个体,则选择这 147 个体中目标函数值最小(本节时刻表协调优化问题为最小化问题)的前 100 个进入下一代,可保障始终不会遗漏优秀个体。

交叉率和变异率的取值采用试算,即通过分析各比率值的变化对目标函数以及收敛速度的影响进行确定。

终止条件为给定最大的迭代数,算法的遗传迭代数达到最大预设值时,算法终止。

3. 包含蒙特卡罗仿真的遗传算法求解步骤

包含蒙特卡罗仿真方法的遗传算法具体流程见图 6-15。遗传算法主要用于生成不同的时刻表调整方案。基于给定的时刻表调整方案,蒙特卡罗仿真方法主要用于计算相应的目标函数值。

6.3.4 算例分析

以 4 条(仅考虑了早高峰客流集中的 4 个行车方向)具有换乘关系的公交线路构成的网络为例验证上述时刻表协调优化模型的有效性和求解算法的可行性。这 4 条公交线路(分别命名为线路 1、线路 2、线路 3 和线路 4)的沿线换乘站点及其相互间换乘关系见图 6-16(图中省略了非换乘站点)。实际公交网络内存在异站换乘的现象,但大部分乘客在制订出行计划时倾向于选择同站换乘的出行路径。为了简化计算,算例中仅考虑了同站换乘关系。尽管由 4 条线路构建的网络与实际中区域或城市公交网络规模等级上存在巨大差距,但通过研究该网络已可定量验证模型与算法的有效性。此规模也更便于读者重复整个验证过程。

第6章 地面公交线路时刻表协调优化

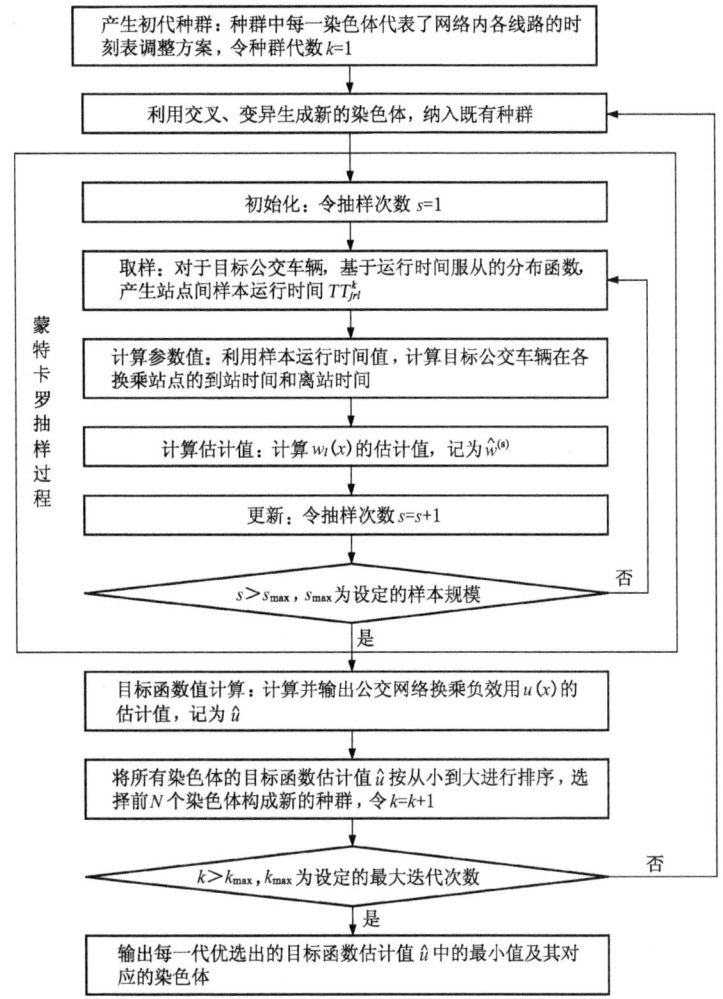

图 6-15 包含蒙特卡罗仿真的遗传算法流程图

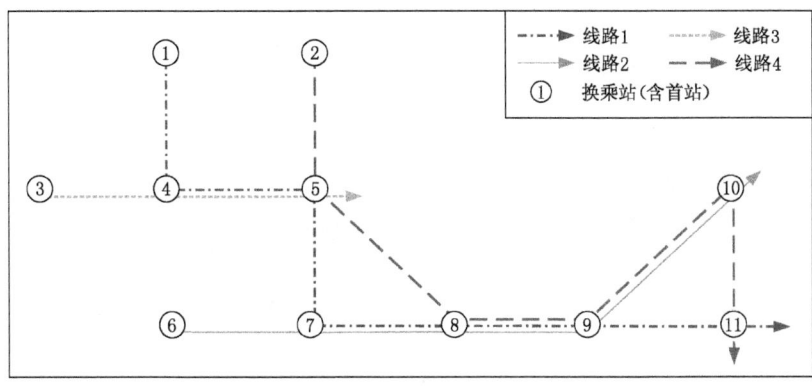

图 6-16 公交线路布局图

表 6-12 给出了研究时间范围内(7:00 am—8:00 am)每条公交线路的现状运行参数,包括各班公交车首站计划发车时刻和各换乘站点间运行时间均值。

表 6-12　研究时间范围内公交线路现状运行参数

r	D_r^j	μ_{jr}^k (min)
1	07:00, 07:12, 07:24, 07:36, 07:48	36, 5, 10, 12, 2, 23
2	07:00, 07:12, 07:24, 07:36, 07:48	25, 12, 2, 33
3	07:00, 07:11, 07:22, 07:33, 07:44, 07:55	58, 4
4	07:00, 07:10, 07:20, 07:30, 07:40, 07:50	34, 29, 3, 25, 9

假定任意连续两个换乘站点间的车辆实际运行时间 TT_{jr}^k 均服从对数正态分布,即 $TT_{jr}^k \sim LN(\mu_{jr}^k,(\sigma_{jr}^k)^2)$,且仅在区间 $[L_{jr}^k, U_{jr}^k]$ 内取值。表 6-12 已给出了各运行时间分布函数对应的均值 μ_{jr}^k。设换乘站点间运行时间变异系数为 0.3,即 $\sigma_{jr}^k = 0.3\mu_{jr}^k$;令换乘站点间运行时间取值范围为 $[0.8\mu_{jr}^k, 1.3\mu_{jr}^k]$,即 $L_{jr}^k = 0.8\mu_{jr}^k$ 且 $U_{jr}^k = 1.3\mu_{jr}^k$。公交车辆在各换乘站点处实际停靠时间统一设为 0.5 min,同一站点内换乘步行时间统一设为 0.5 min,目标函数中权重值 λ 设为 0.5。

1. 算例结果分析

采用包含蒙特卡罗仿真的遗传算法进行求解,交叉率 P_c 和变异率 P_m 分别为 0.65 和 0.20,种群规模为 100,种群最大代数 $k_{\max}$ 为 500。蒙特卡罗仿真方法的样本规模 L 为 50。在 MATLAB(R2013a)平台编写求解程序,所有计算过程在一台内存为 8G 的台式机(Intel Core i3-2100 CPU @ 3.10GHz)上完成。

包含蒙特卡罗仿真的遗传算法具体迭代进化过程见图 6-17。其中,换乘负效用值随着迭代次数的增加逐步下降,进化至第 18 代时已趋于稳定(蒙特卡罗抽样的随机性导致相同染色体对应的换乘负效用存在差异,故曲线呈现波动性稳定),表明所设计的遗传算法具有较好的收敛性。

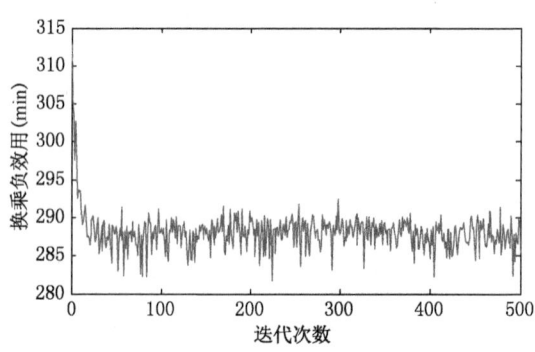

图 6-17　遗传算法迭代进化曲线

表 6-13 给出了目标线路的时刻表偏移方案,即研究时间范围内线路 1 和线路 2 各车次均需提前 6 min 从首站发车;而研究时间范围内线路 3 和线路 4 各车次均需延迟 5 min 从首站发车。此时刻表偏移方案下对应的换乘负效用 $u(x)$ 为 281.75 min。然而,当按照现状时刻表正常运行时乘客所感知的换乘负效用 $u(x)$ 的计算结果为 363.34 min,见表 6-14。与现状时刻表相比优化后时刻表可有效降低约 22% 的总换乘负效用,能切实改善公交网络内换乘服务。

表 6-13 时刻表偏移方案:遗传算法(单位:min)

$u(x)$	x_r			
	1	2	3	4
281.75	−6	−6	5	5

2. 算法有效性验证

为了验证包含蒙特卡罗仿真的遗传算法的有效性,采用枚举算法计算全局最优解,根据 4 个整数决策变量的取值范围,可知时刻表调整方案共有 20 449 组。对所有的方案进行枚举并采用蒙特卡罗仿真方法计算目标函数值,如表 6-14 所示,得到换乘负效用 $u(x)$ 的最小值为 294.64 min,最大值为 405.44 min,均值为 356.74 min。除了最小值和最大值,表 6-14 中亦列出了排在前 5 位(按换乘负效用值从小到大排序)的换乘负效用值及其对应的时刻表偏移方案。

表 6-14 时刻表偏移方案:枚举算法(单位:min)

	$u(x)$	x_r			
		1	2	3	4
最小值(No.1)	294.64	−6	−5	5	5
No.2	295.21	−6	−6	5	3
No.3	298.01	−5	−4	5	5
No.4	298.29	−6	−6	5	4
No.5	299.13	−6	−6	5	5
No.12815	363.34	0	0	0	0
最大值(No.20449)	405.44	−1	6	−4	−4

对比表 6-13 和表 6-14 可知,遗传算法得到的优化方案与枚举算法得到的第 5 位优化方案相同。需要注意的是尽管两者方案相同,但由于蒙特卡罗抽样的随机性使得其各自对应的换乘负效用值存在些微差异。另外,由表 6-14 易知前 5 位各自对应的换乘负效用值之间的差异基本可忽略不计,即所设计的包含蒙特卡罗仿真的遗传算法可以有效地计算得到近似最优解。对表 6-14 和图 6-17 进行综合分析后可知该遗传算法可行且高效。

6.4 本章小结

本章基于既有量化分析成果梳理了公共交通乘客换乘行为的一般特征,利用新加坡 EZ-Link 刷卡数据定量分析了共线段内换乘乘客对站点的选择规律与偏好差异,并进一步针对地面公交线路共线段内多个连续可选换乘站点的特征,结合蒙特卡罗仿真探讨了共线线路实施协同调度时将多点换乘简化为单点换乘(即忽略乘客选择偏好差异)的可行性。基于乘客对换乘站点的偏好差异,提出了面向共线公交线路协同调度的时刻表协调优化方法,即在考虑乘客选择偏好和公交运行随机性的基础上通过适当调整现状时刻表以减少线路间换乘等待时间。构建了随机混合整数线性规划模型寻找使换乘等待时间最小的时刻表调整方案。借助样本均值近似方法即可利用分支定界法求解模型。算例分析结果表明经优化后的时刻表能有效减少换乘等待时间、改善线路间换乘服务。进一步通过构建适应大规模网络换乘协调要求的时刻表优化模型,计算使网络内总换乘等待时间最小的各线路时刻表整体偏移方案(各线路研究时间范围内发车间隔固定不变)。模型中考虑了公交运行的随机性,故设计包含蒙特卡罗仿真的遗传算法获取近似最优解。算例分析结果表明,与现状时刻表相比,协调后的时刻表能有效改善整个网络内线路间换乘服务,与枚举算法求解结果的对比分析则验证了遗传算法可行且高效。

第 7 章
同步换乘导向下公交时刻表设计

公交网络内存在大量的换乘客流,乘客换乘前后所在的两条线路的车辆到站时刻之差决定了乘客换乘等待时长,过长的等待时间将大幅度降低乘客对公交服务的满意度。既有关于公共交通协同调度的研究主要分析如何通过行车时刻表的协调设计与优化降低换乘给出行者造成的不便。其中,又可细分为两类不同目标导向下开展的理论与实践研究,一类致力于使车辆到站时刻差最小,而另一类则着力促使车辆同时到站。前文第 6 章所探讨的便是第一类优化问题,本章将探讨第二类时刻表设计优化问题,即研究同步换乘问题。

7.1 等间隔时刻表设计

同步换乘系统是指在包含多条公交线路和单个或多个换乘中心的网络中,具有换乘关系的多条线路同时到达换乘中心,各方向乘客均可实现无缝换乘的系统。可见同步换乘系统可有效减少乘客的换乘等待时间,尤其是当乘客换乘至长发车间隔线路时。欧美地区从 1970 年起便开始采用同步换乘的理念协调公交网络内不同线路间的行车时刻表使乘客可轻松换乘,提升公共交通服务吸引力。

同步换乘系统中按照各自时刻表运行的不同线路的车辆每隔一段时间会同时到达、离开换乘站点。在制订这些线路的行车时刻表时,为实现同步到/离站现象每小时同一时刻重复出现(如 6:15、7:15、8:15)的目标,仅有两组发车间隔可供调度人员选择:①以 15 min 为基准的一组发车间隔,包括 7.5 min、30 min、45 min 和 60 min;②以 20 min 为基准的一系列发车间隔,包括 10 min、40 min 和 60 min。调度人员可根据线路目标服务水平、网络内换乘站点间距离、线路建设运营成本等要素最终确定合适的线路发车间隔方案,进而推导出完整的等间隔行车时刻表,实现网络内乘客的无缝换乘。

7.1.1 脉搏发车间隔选择

以单中心(单个换乘中心)网络为例介绍同步换乘系统中线路发车间隔确定方

法。如图 7-1 所示公交网络内包含不同的线路,包括中心辐射线路和贯穿中心线路。为使这些线路同时到达、离开换乘中心,需要调节各线路的发车间隔,使其满足

$$\frac{T_i}{N_i} = h_i = j_i \cdot h_p \tag{7-1}$$

式中:T_i——线路 i 周转时间(min);
　　　N_i——线路 i 车队规模(辆);
　　　h_i——线路 i 的发车间隔(min);
　　　j_i——0.5 或正整数;
　　　h_p——同步换乘网络内的脉搏发车间隔(min)。

当 j_i 等于 1 时,表明线路 i 每隔 1 个脉搏发车间隔 h_p 到达换乘中心;当 j_i 等于 2 时,意味着线路 i 每隔 2 个脉搏发车间隔 h_p 到达换乘中心;依次类推。

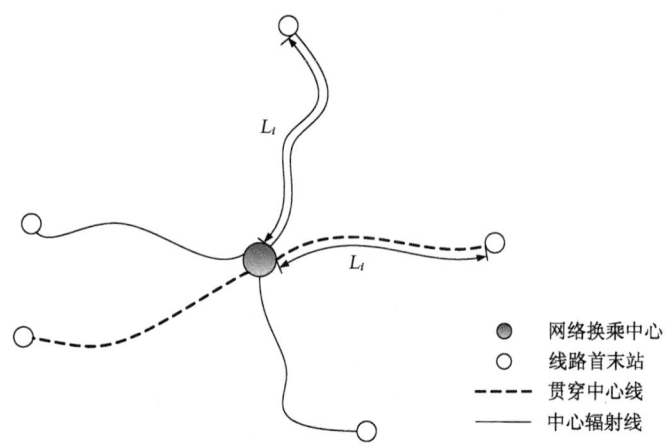

图 7-1　同步换乘网络布局图

线路 i 周转时间 T_i 等于运行时间与停留时间的总和,即

$$T_i = 2T_{oi} + T_{ti} + T_{t'i} \tag{7-2}$$

式中:T_{oi}——线路 i 车辆从首(末)站出发至末(首)站单程运行时间(min);
　　　T_{ti}——线路 i 在首站停留时间(min);
　　　$T_{t'i}$——线路 i 在末站停留时间(min)。

运行时间 T_{oi} 由运行距离 L_i(km)和运行速度 V_i(km/h)决定

$$T_{oi} = \frac{60L_i}{V_i} \tag{7-3}$$

第 7 章
同步换乘导向下公交时刻表设计

相应地,公式(7-2)可表达为

$$T_i = 2\frac{60L_i}{V_i} + T_{ti} + T_{t'i} \tag{7-4}$$

由于运行距离 L_i 和运行速度 V_i 受网络布局、车辆性能、道路交通状态等因素影响,因此设计同步换乘系统时,必须综合考虑网络布局、线路长度和行车时刻表等要素。在线路布局方案确定(即运行时间基本固定)的情况下,可通过适当调整首末站停留时间使线路周转时间等于脉搏发车间隔的二分之一或整数倍。基于确定的线路周转时间、发车间隔,可根据公式(7-1)计算车队规模。需要注意的是,对于贯穿中心的线路,先将其抽象成两条分别从中心辐射的线路,分别计算各自需要的车队规模,两者之和方为整条线路实际所需车队规模。

基于上述分析,归纳出以下同步换乘网络内线路调度计划制订流程:

① 根据实测数据确定各线路的运行时间 T_{oi},并基于运营经验值确定首末站最短停留时间,最终确定各线路所需的最短周转时间 $T_i^{\min}$;

② 根据客流量和政策发车间隔(policy headway)确定各线路的期望发车间隔,将其调整为同步换乘系统内有效发车间隔,换言之,使其等于脉搏发车间隔的二分之一或整数倍,可分别以 15 min 和 20 min 为脉搏发车间隔获取两组发车间隔方案。

③ 将分别以 15 min 和 20 min 为脉搏发车间隔确定的两组时刻表方案进行比选,根据线路服务水平(与乘客满意度相关)、车队规模(与企业运营效益有关)等指标确定最终方案。根据最终方案中各线路发车间隔的取值调整其相应的首末站停留时间使线路周转时间等于脉搏发车间隔的二分之一或整数倍。

④ 根据各线路的周转时间、发车间隔最终取值确定其所需的车队规模。

事实上,除了步骤③中提及的通过延长首末站停留时间调整线路周转时间的方法,也可通过提高线路运营速度(增设公交专用道和专用信号、减少沿线停靠站点数)、调整线路长度或线型等方法调节周转时间使其等于脉搏发车间隔的二分之一或整数倍。

以由 5 条线路构成的单中心网络演示上述流程。线路编号分别为 1、2、3、4、5,其各自对应的最小周转时间和期望发车间隔已知,现需要确定同步换乘要求下各线路的行车时刻表方案。具体计算过程如表 7-1 和表 7-2 所示。

当 $h_p = 15$ min 时,对于线路 4,若周转时间设置为 45 min,此时线路周转时间与发车间隔的比值为 1.5,为非正整数。因此,周转时间为 45 min 的方案适用于当线路 4 与另一条线路交叉或联合制订调度计划,且该线路周转时间与发车间隔的比值也等于 1.5 的情况。

表 7-1　脉搏发车间隔 $h_p = 15$ min 时各线路时刻表方案

线路编号	1	2	3	4	5
最小周转时间 T_i^{min} (min)	15	28	36	37	55
期望发车间隔(min)	15	20	20	40	30
发车间隔 h_i (min)	15	15	15	30	30
周转时间 T_i (min)	15	30	45	(45)60	60
$\Delta T = T_i - T_i^{min}$ (min)	0	2	9	(8)23	5
车队规模 N	1	2	3	(1.5)2	2
$N \cdot \Delta T$ (min)	0	4	27	(12)46	10

表 7-2　脉搏发车间隔 $h_p = 20$ min 时各线路时刻表方案

线路编号	1	2	3	4	5
最小周转时间 T_i^{min} (min)	15	28	36	37	55
期望发车间隔(min)	15	30	20	40	30
发车间隔 h_i (min)	10	20	20	40	20
周转时间 T_i (min)	20	40	40	40	60
$\Delta T = T_i - T_i^{min}$ (min)	5	12	4	3	5
车队规模 N	2	2	2	1	3
$N \cdot \Delta T$ (min)	10	24	8	3	15

由表 7-1 和表 7-2 可知,脉搏发车间隔为 15 min 时线路 2、线路 3 和线路 4 的发车间隔分别为 15 min、15 min 和 30 min,低于脉搏发车间隔为 20 min 时其所对应的发车间隔方案,而此时线路 1 和线路 5 的发车间隔分别为 15 min 和 30 min,高于脉搏发车间隔为 20 min 时其所对应的发车间隔方案。脉搏发车间隔为 15 min 和 20 min 不同情景下车队规模均为 10 辆,但脉搏发车间隔为 20 min 时 $N \cdot \Delta T$ 仅为 60 min,低于脉搏发车间隔为 15 min 时所造成的 87 min。基于方案间差异的综合评判,调度人员结合实际情况可确定线路最终的发车间隔方案。

尽管调度计划编制(脉搏发车间隔选择)是同步换乘系统设计的核心任务,但实际中引入同步换乘系统时还需要综合考虑以下三方面:

① 网络设计与时刻表编制同步开展。由于同步换乘系统中,线路实际运行时间与计划发车间隔存在相关性,故在进行系统设计时应尽量使网络设计(换乘中心选址、线路布设等)与时刻表编制同步开展,确保两者方案相协调,详见 7.1.2 节。

② 提高线路运行可靠性,即准点率。为保证协调后的时刻表能够切实缩短乘客换乘时间,要求车辆能够严格按照时刻表准点运行,使其能与其他线路车辆同时到达换乘中心。考虑到道路交通状态的不确定性,可依据实时的交通信息采取越

站、驻站等策略调整线路运行时间和换乘中心处停留时间。但需注意,一旦换乘中心处停留时间过长,则将大大削弱同步换乘系统的优势与吸引力。

③ 提供完善的信息服务和联合票价。借助完善的信息服务让出行者充分了解并认同同步换乘系统的运营方式与服务优势,提供完整的线路、换乘中心、时刻表信息并辅以联合票价机制进一步提升同步换乘系统对公众的吸引力。

同步换乘系统通过构建与时刻表协同的公交线网、编制线路间相互协调的时刻表、设置无缝衔接的换乘枢纽、保障线路运行可靠性、建立一体化运营机制,最终可有效提升公共交通服务质量。

7.1.2 公交网络规划设计

某一区域内往往存在多个客流集散点,需要构建多中心同步换乘网络。当单中心网络拓展为多中心网络时,7.1.1节介绍的周转时间 T_i、车队规模 N_i、发车间隔 h_i、运行距离 L_i、运行速度 V_i 等参数间的基本关系仍然适用。然而,多个换乘中心之间的相互联系使得调度人员设计同步换乘网络时需要考虑和处理更多问题。

如图 7-2 所示双中心网络,两个换乘中心间可能存在两种类型的线路:①直接联络线,此类线路主要用于服务两个换乘中心间的快速联系;②集散联络线,此类线路既承担换乘中心间的联系需求,更需服务沿线各个集散点间的交通联系,因此,相较于直接联络线往往具有更长的周转时间,此时若需要其与直接联络线保持相同的发车间隔则需要为其配置更大的车队规模。

如图 7-2 所示双中心同步换乘系统内,换乘中心 1 向外辐射出线路 11、线路 12 和线路 13,换乘中心 2 向外辐射出线路 21 和线路 22,各辐射线路周转时间均为 T(线路长度不同的情况下,可通过设置不同的线路运行速度保证各线路周转时间相一致),车队规模均为 $N=1$。

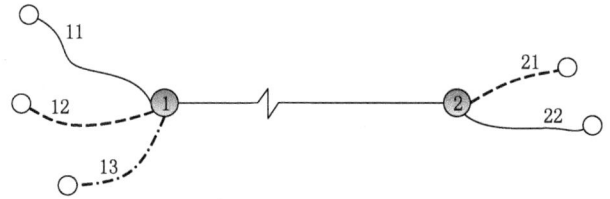

图 7-2 双中心网络

情景一(交错式):假设换乘中心 1 和 2 距离较近,两者间直接联络线周转时间为 T,车队规模 $N'=1$,此时换乘中心间直接联络线与换乘中心辐射线可形成交错式调度计划,即服务于直接联络线的车辆每隔 $0.5T$ 交替在换乘中心 1 和 2 处与服务于辐射线的车辆相遇,如图 7-3 所示。

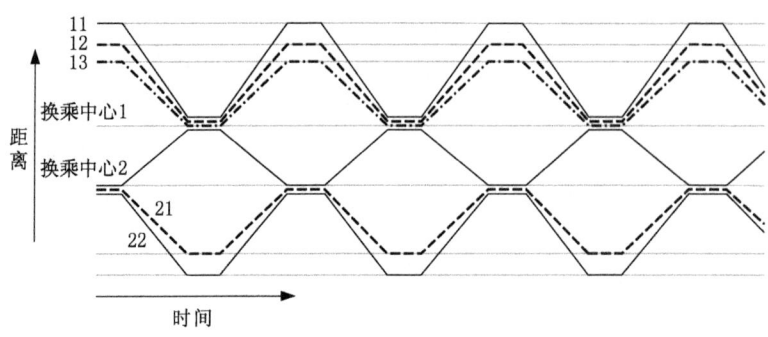

图 7-3　交错式调度计划

情景二(同步式):假设换乘中心 1 和 2 距离较远,为情景一的两倍,此时联络线周转时间为 $2T$,为保持与情景一相同的发车间隔,车队规模 $N''=2$,此时换乘中心间直接联络线与换乘中心辐射线可形成同步式调度计划,即服务于直接联络线的车辆每隔 T 在换乘中心 1 和 2 处与服务于辐射线的车辆相遇,如图 7-4 所示。

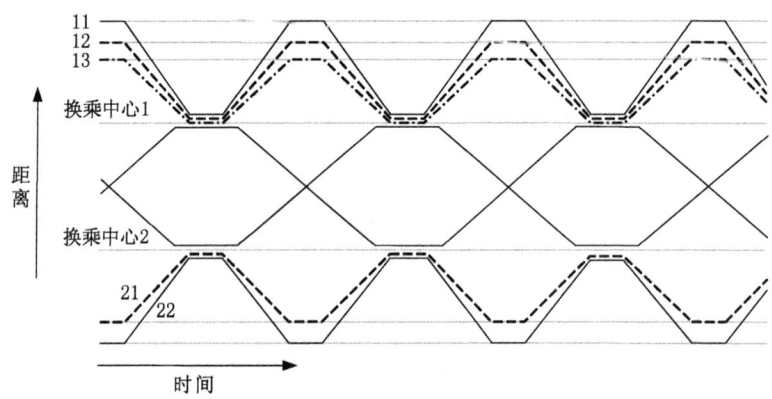

图 7-4　同步式调度计划

多中心同步换乘网络适用于拥有多个客流集散点或多方向出行需求的大型区域。此类区域内公共交通出行者往往需要通过至少一次的换乘方可到达其最终目的地,因此当对区域内公共交通网络进行同步换乘设计后,可大大减少乘客在出行过程中经历的由换乘引起的额外等待时间,增强公共交通服务的吸引力,缓解城市交通拥挤。

具体的多中心同步换乘网络规划设计流程总结如下:
① 确定所规划的公交网络服务范围及其内道路网布局。
② 分析服务范围内公共交通客流需求,明晰客流走廊方案。
③ 从服务范围内的城镇中心、客运枢纽、高等院校、购物中心等主要客流集散点中筛选出适宜布设换乘中心的站址备选方案。

④ 基于客流需求与运营成本的综合分析,利用 7.1.1 节提出的流程从以 15 min 为脉搏发车间隔确定的时刻表方案和以 20 min 为脉搏发车间隔确定的时刻表方案中筛选出最终方案,并分析该方案对客流需求与站址选择的影响,当存在显著影响时需返回至步骤②和③分别调整客流走廊方案和站址备选方案。

⑤ 根据道路交通状况估计公交车辆运行速度后计算换乘中心间线路运行时间,再加上公交车辆最短或所需站点停留时间利用公式(7-5)即可大致估计出与步骤④所制订的发车间隔方案相匹配的换乘中心距离取值。

$$L = \frac{V}{120}(h \cdot N - T_t - T_{t'}) \tag{7-5}$$

式中:L—— 换乘中心间距离(km);

V—— 公交车辆运行速度(km/h);

h—— 由步骤 ④ 所确定的线路发车间隔方案(min);

N—— 线路车队规模(辆);

T_t—— 车辆在一处换乘中心的停留时间(min);

$T_{t'}$—— 车辆在另一处换乘中心的停留时间(min)。

⑥ 从步骤③所确定的站址备选方案中筛选出站间距离为 L 或者 $2L$ 的站址方案。

⑦ 基于选定的换乘中心方案布设线路,包括换乘中心间的联络线和各换乘中心的辐射线。基于选定的脉搏发车间隔、实际所能提供的车队规模制订完整的调度计划。

7.2 非等间隔时刻表设计

7.1 节介绍的同步换乘系统适用于实施等间隔发车计划的线路,即时刻表设计的核心工作为筛选适合的网络脉搏发车间隔并进一步确定各线路有效发车间隔。然而,实际中还存在部分为应对波动客流需求而采用非等间隔发车计划的线路。此类线路间进行同步换乘设计时,需要对各班次的计划发车时刻进行协调优化,以保证关联线路同时到站的次数最大化。由于决策变量众多,通常需要构建数学模型进行求解,获取同步换乘导向下线路发车计划。

7.2.1 问题描述与符号表达

假设公交网络 S 由 R 条公交线路和 K 处公交换乘站点构成,r 和 k 分别表示公交网络 S 内某一特定公交线路和某一特定换乘站点。这 R 条线路在时段 $[0,T]$ 内各自按照计划时刻表有序地从首站发车。J_r 表示在时段 $[0,T]$ 内线路 r 从首站发出的公交班次总量,即待协调优化的车辆班次数量。其中,线路 $r(1 \leqslant r \leqslant R)$ 上连续两班公交车辆间最小计划发车间隔和最大计划发车间隔(政策发车间隔)分别为 $H_{\min}^r$ 和 $H_{\max}^r$,由企业和政府协商确定。各参数须满足以下关系式:(1) $H_{\max}^r \geqslant H_{\min}^r$;(2) $T \geqslant (J_r - 1) \cdot H_{\min}^r$;(3) $T < J_r \cdot H_{\max}^r$。

令 TT_{jr}^k 表示时段 $[0,T]$ 内线路 r 上第 $j(1 \leqslant j \leqslant J_r)$ 班公交车辆从首站运行至换乘站点 $k(1 \leqslant k \leqslant K)$ 所需时间。假设公交车辆运行时间为确定的常量,实际中可将由 AVL 历史数据估计的平均运行时间作为 TT_{jr}^k 的取值。当线路 r 不经过换乘站点 k 时,则令 $TT_{jr}^k = -1$。

令集合 $S_{rr'} = \{k : 1 \leqslant k \leqslant K, TT_{jr}^k \geqslant 0, TT_{j'r'}^k \geqslant 0\}$,即为在初始网络 S 上筛选剥离出的具有换乘关系的公交线路构成的待优化网络,为初始网络 S 的子集。另外,假定在换乘站点处乘客总是可以顺利乘坐同步到达换乘站点的目标线路的公交车辆完成后续出行,即公交车辆载客能力总能满足实际换乘需求。

由于公交车辆从首站运行至各换乘站点处所需时间为常量,故仅需通过协调各线路的首站计划发车时刻便可实现多条线路同时到站的目标。即同步换乘导向下的时刻表协调设计优化问题的决策变量为研究时段 $[0,T]$ 内线路 r 各班次首站计划发车时刻。

为了表达清晰,下文用希腊字母和大写字母表示已知参数,而用小写字母表示未知的决策变量。

7.2.2 优化模型构建与求解

1. 同步换乘时刻表优化模型

令 dep_{jr} 表示时段 $[0,T]$ 内线路 r 上第 j 班公交车辆首站计划发车时刻。决策变量 dep_{jr} 应满足式(7-6)~(7-9)。

$$dep_{jr} \in \{0, 1, \cdots, T\}, \forall 1 \leqslant r \leqslant R, 1 \leqslant j \leqslant J_r \qquad (7-6)$$

$$dep_{1r} \leqslant H_{\max}^r, \forall 1 \leqslant r \leqslant R \qquad (7-7)$$

$$T - H_{\max}^r \leqslant dep_{J_r r} \leqslant T, \forall 1 \leqslant r \leqslant R \qquad (7-8)$$

$$H_{\min}^r \leqslant dep_{jr} - dep_{(j-1)r} \leqslant H_{\max}^r, \forall 1 \leqslant r \leqslant R, 2 \leqslant j \leqslant J_r \qquad (7-9)$$

约束条件(7-6)给出了决策变量 dep_{jr} 的离散可行域(即为整数变量);约束条件(7-7)~(7-9)保证了时段 $[0,T]$ 内线路 r 上连续两班公交车辆间发车间隔均符合要求。

当乘客换乘前后所在的隶属于两条线路的不同车辆同时到达换乘站点时,则将此时乘客的换乘过程视为一次同步换乘。令 $y_{jrj'r'}^k$ 表示是否发生同步换乘的二元决策变量。当线路 r 上第 j 班公交车辆与线路 r' 上第 $j'(1 \leqslant j' \leqslant J_{r'})$ 班公交车辆同时到达换乘站点 k 时,二元变量 $y_{jrj'r'}^k$ 等于 1;否则,等于 0。即可根据式(7-10)和(7-11)确定二元变量 $y_{jrj'r'}^k$ 的取值。

$$-M \cdot (1 - y_{jrj'r'}^k) \leqslant (dep_{j'r'} + TT_{j'r'}^k) - (dep_{jr} + TT_{jr}^k) \leqslant M \cdot (1 - y_{jrj'r'}^k),$$
$$\forall 1 \leqslant k \leqslant K, 1 \leqslant r \leqslant R, 1 \leqslant j \leqslant J_r, 1 \leqslant r' \leqslant R, 1 \leqslant j' \leqslant J_{r'}$$
(7-10)

式中:M——一个足够大的已知正数。

$$y_{jrj'r'}^k \in \{0,1\}, \forall 1 \leqslant k \leqslant K, 1 \leqslant r \leqslant R, 1 \leqslant j \leqslant J_r, 1 \leqslant r' \leqslant R, 1 \leqslant j' \leqslant J_{r'}$$
(7-11)

当 $dep_{j'r'} + TT_{j'r'}^k = dep_{jr} + TT_{jr}^k$,即线路 r 上第 j 班公交车辆与线路 r' 上第 j' 班公交车辆同时到达换乘站点 k 时,由公式(7-10) 和(7-11) 可知,此时二元变量 $y_{jrj'r'}^k$ 既可等于 1 也可等于 0。然而由于所构建的时刻表协调优化模型以同步换乘数量最大为目标,故当 $dep_{j'r'} + TT_{j'r'}^k = dep_{jr} + TT_{jr}^k$ 时,模型中二元变量 $y_{jrj'r'}^k$ 取值为 1,即网络内同步换乘次数增加 1 次。

当 $dep_{j'r'} + TT_{j'r'}^k \neq dep_{jr} + TT_{jr}^k$,即线路 r 上第 j 班公交车辆无法与线路 r' 上第 j' 班公交车辆同时到达换乘站点 k 时,由公式(7-10) 可知,此时二元变量 $y_{jrj'r'}^k$ 须等于 0,即网络内同步换乘次数保持不变。

为了使网络 $S_{rr'}$ 内同步到达各换乘站点的公交班次数最大,令目标函数为

$$\max z = \sum_{r=1}^{R} \sum_{r'=r+1}^{R} \sum_{j=1}^{J_r} \sum_{j'=1}^{J_{r'}} \sum_{k \in S_{rr'}} y_{jrj'r'}^k$$
(7-12)

式中:z——网络内"同步"到站总数(次)。

综上可知,同步换乘导向下的公交时刻表优化问题可抽象为以下混合整数线性规划问题。

目标函数:式(7-12)

约束条件:式(7-6)~(7-11)

2. 广义同步换乘时刻表优化模型

由于现实中车辆实际运行时间受交叉口排队延误、路段交通状况的影响具有一定的波动性,即往往难以保证计划中的同步到站现象能够真正发生,部分情况下计划中的同步到达甚至可能演变成"恰巧错过",此时乘客需要至少等待一个发车间隔才能顺利完成换乘至目标线路。因此,由于地面公交系统运行的随机性,相较于同时到站,乘客更愿意接受具有一定灵活性和容错性的换乘服务。

鉴于此,考虑将同步到站的要求适当放宽,即重新定义"同步"。本章中当线路 r

上第 j 班公交车辆与线路 r' 上第 j' 班公交车辆到达换乘站点 k 的时间差处于区间 $[W_{\min}^k, W_{\max}^k]$ 时,即视为"同步"到站,如式(7-13)所示。由于区间 $[W_{\min}^k, W_{\max}^k]$ 的存在,此时的换乘关系为有向换乘,即满足式(7-13)时,线路 r 上第 j 班公交车辆上乘客在换乘站点 k 处可顺利换乘至线路 r' 上第 j' 班公交车辆,而线路 r' 上第 j' 班公交车辆上乘客在换乘站点 k 处仅能顺利换乘至线路 r 上第 $j+1$ 班公交车辆。相应地,二元变量 $y_{jrj'r'}^k$ 的定义将修正为当线路 r 上第 j 班公交车辆先于线路 r' 上第 j' 班公交车辆到达换乘站点 k 处且两者到站时刻差处于区间 $[W_{\min}^k, W_{\max}^k]$ 时,等于1,否则等于0。

$$W_{\min}^k - M \cdot (1 - y_{jrj'r'}^k) \leqslant (dep_{j'r'} + TT_{j'r'}^k) - (dep_{jr} + TT_{jr}^k) \leqslant W_{\max}^k + M \cdot (1 - y_{jrj'r'}^k), \forall 1 \leqslant k \leqslant K, 1 \leqslant r \leqslant R, 1 \leqslant j \leqslant J_r, 1 \leqslant r' \leqslant R, 1 \leqslant j' \leqslant J_{r'}$$
(7-13)

式中:$W_{\min}^k$——换乘站点 k 处所允许的最小到站时刻差(min);

$W_{\max}^k$——换乘站点 k 处所允许的最大到站时刻差(min)。

当 $W_{\min}^k = W_{\max}^k = 0$ 时,公式(7-13)即等价于公式(7-10)。因此,将包含约束条件(7-13)换乘时刻表优化问题,定义为广义同步换乘时刻表优化模型。

目标函数:式(7-12)

约束条件:式(7-6)~(7-9),(7-11),(7-13)

可利用分支定界法求解上述混合整数线性规划模型,即调用包含分支定界法的整数规划求解器如 CPLEX 便可便捷地获取模型精确解。

需要说明的是,尽管构建上述数学模型的初衷是为了协调非等间隔线路间的行车时刻表,但其最终获取的线路发车计划也可能是等间隔的。事实上,仅需在模型中增加约束条件(7-14)即可控制和保证目标线路任意连续两班发车时刻之间间隔相等。因此,也可利用7.2.2节构建的数学模型和约束条件(7-14)完成同步换乘导向下等间隔时刻表协调设计任务,但由于此时由模型求解得到的发车间隔不一定是15 min(20 min)的二分之一或整数倍,故无法保证同步到/离站现象每小时同一时刻重复出现。

$$dep_{jr} - dep_{(j-1)r} = dep_{(j-1)r} - dep_{(j-2)r}, \forall 1 \leqslant r \leqslant R, 3 \leqslant j \leqslant J_r \quad (7-14)$$

7.2.3 算例分析

以 4 条(仅考虑了早高峰客流集中的 4 个行车方向)公交线路和 7 处换乘站点构成的网络为例验证上述同步换乘导向下的时刻表优化模型(未包含约束条件(7-14))的有效性和求解算法的可行性。这 4 条公交线路(分别命名为线路1、线路2、线路3和线路4)的沿线换乘站点及其相互间换乘关系见图7-5。尽管由 4 条线路构建的网络与实际中区域或城市公交网络规模等级上存在巨大差距,但通过研究该网络已可定量验证模型与算法的有效性。此网络规模也更便于读者重复整个验证过程。不难发现,笔者采用了6.3.4节算例分析所采用的研究网络进行本章的验证工作,便于读者对比不同优化目标下时刻表方案间的差异。

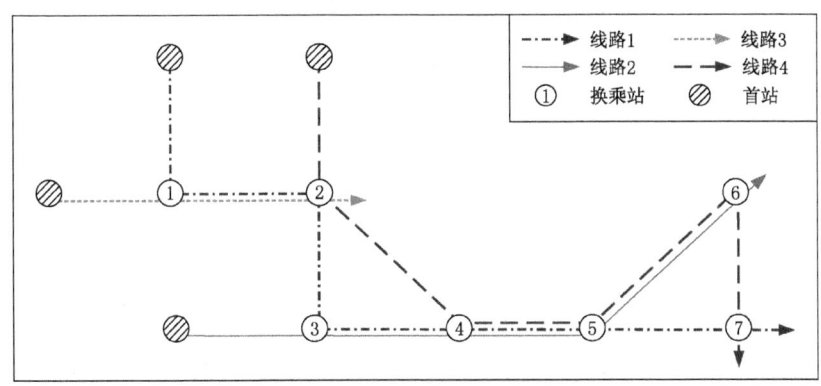

图7-5 公交线路布局图

表7-3给出了每条公交线路的运行参数取值,包含发车间隔取值范围、发车次数及各线路从首站至换乘站点间运行时间均值。表7-4则给出了研究时间范围内(7:00 am—8:00 am)每条公交线路各班次首站计划发车时刻。

采用YALMIP语言[203]在MATLAB(R2013a)平台编写求解程序,并调用包含分支定界法的整数规划求解器CPLEX 12.6获取最优解。所有计算过程在一台内存为8G的台式机(Intel Core i3-2100 CPU @ 3.10GHz)上完成。

表7-3 公交线路运行参数取值

r	$H^r_{\min}$ (min)	$H^r_{\max}$ (min)	J_r	TT^k_{jr} (min)
1	12	15	6	36/41/51/63/65/−1/88
2	12	15	6	−1/−1/25/37/39/72/−1
3	11	15	6	58/62/−1/−1/−1/−1/−1
4	10	15	6	−1/34/−1/63/66/91/100

表7-4 现状时刻表方案

r	dep_{1r}	dep_{2r}	dep_{3r}	dep_{4r}	dep_{5r}	dep_{6r}
1	7:00	7:12	7:24	7:36	7:48	8:00
2	7:00	7:12	7:24	7:36	7:48	8:00
3	7:00	7:12	7:24	7:36	7:48	8:00
4	7:00	7:12	7:24	7:36	7:48	8:00

1. 同步换乘时刻表

表7-5给出了当 $W_{\min}^k = W_{\max}^k = 0$ 时各线路在研究时段内各车次首站计划发车时刻方案,此时刻表方案下对应的同步到站次数为15。然而,当按照现状时刻表正常运行时,同步到站次数为11,即与现状时刻表相比,优化后时刻表可有效增加36%的同步到站次数,能切实改善公交网络内换乘服务。

另外,由表7-5可知线路1和线路2均以12 min为间隔均匀地从首站发车,即采取等间隔发车计划,而线路3和线路4则采取非等间隔发车计划。

表7-5 同步换乘时刻表方案

r	dep_{1r}	dep_{2r}	dep_{3r}	dep_{4r}	dep_{5r}	dep_{6r}
1	7:00	7:12	7:24	7:36	7:48	8:00
2	7:00	7:12	7:24	7:36	7:48	8:00
3	7:03	7:14	7:26	7:38	7:49	8:00
4	7:00	7:12	7:24	7:36	7:48	7:59

2. 广义同步换乘时刻表

表7-6给出了当 $W_{\min}^k = 2$、$W_{\max}^k = 5$ 时各线路在研究时段内各车次首站计划发车时刻方案,此时刻表方案下对应的广义同步到站次数为29。现状时刻表下,广义同步到站次数为11次,即与现状时刻表相比,优化后时刻表可有效增加164%的广义同步到站次数,能切实改善公交网络内换乘服务。

表7-6 广义同步换乘时刻表方案

r	dep_{1r}	dep_{2r}	dep_{3r}	dep_{4r}	dep_{5r}	dep_{6r}
1	7:00	7:12	7:24	7:36	7:48	8:00
2	7:00	7:12	7:24	7:36	7:48	8:00
3	7:05	7:16	7:27	7:38	7:49	8:00
4	7:02	7:14	7:26	7:38	7:50	8:00

7.3 本章小结

本章介绍了同步换乘系统的内涵与构成要素,给出了同步换乘导向下等间隔线路的脉搏发车间隔选择方法及多中心同步换乘网络设计流程,并通过构建面向公交网络同步换乘需求的时刻表设计优化模型,寻找使网络内同步换乘次数最大的各线路各车次首站计划发车时刻。由于是混合整数线性规划模型,故可利用包含分支定界法的整数规划求解器如CPLEX便捷地获取模型精确解,算例分析结果表明优化后的时刻表可有效提高具有换乘关系的线路间同步到站次数,使乘客便捷地完成不同线路间的换乘。

第8章
轨道交通与地面公交时刻表协调设计

8.1 基于协同调度的时间控制点时刻表设计

公交线路时间控制点时刻表包含了公交车辆到达每一个时间控制点处(包括首站和末站)的计划到站时刻以及班次结束时的驾驶员休整时间。在此计划时刻表的指导下,驾驶员能够频繁地在两个时间控制点之间调整公交车辆运行速度,尽可能地"追赶"公交线路上时间控制点处的计划到站时刻,为乘客提供更可靠的公交服务。同时可在时间控制点处公示线路的计划到站时刻,便于乘客提前合理安排出行,提升公共交通服务吸引力。因此,时间控制点时刻表设计方法已逐渐取代以往"两头卡点"的首末站时刻表设计思路并在多个国家得到广泛应用。其设计过程中的核心决策内容为:(1)确定拟作为时间控制点的公交站点;(2)确定每一个时间控制点处的计划到站时刻,以及线路首末站处的休整时间。

在选择时间控制点时一般考虑主要的客流发生吸引点,如购物中心、医院、学校等附近的公交站点,此类站点处的客流通常比较集中,对计划到站时刻信息的需求也更强烈。另外,由于公交车辆在换乘站点处的到站准点率对换乘服务质量有着重要影响,因而换乘站点往往也会被选定为时间控制点。尽管由于换乘带来的候车时间延长、出行成本增加等使得出行者更倾向于乘坐直达线路,但由于运营成本的限制,换乘服务已成为运营者实现公交服务广泛可达的必然选择。如果在设计时间控制点时刻表时能同时考虑优化换乘站点处线路与其他方式或线路的换乘服务,则不仅能为乘客提供更可靠的运输服务也能为其提供更愉快的换乘经历,提高乘客对公共交通服务的满意度。

因此,本节研究对象为目标公交线路及与其存在换乘关系的轨道交通线路,研究既能满足公交线路自身运行可靠性要求又能实现其与轨道交通高效换乘目标的各时间控制点处公交计划到站时刻确定方法。实践中,轨道交通的高频服务使得地面公交换乘轨道交通引起的等待时间往往能被乘客所接受,但大部分乘客都不愿意面对刚好错过上一班列车的窘境，尤其不能接受在他们即将走至换乘站台的途中看见列车离站。通过将协同调度思想纳入公交时刻表设计，可有效降低上述情况的发生概率。

实际中，多模式公共交通网络内同时存在从轨道交通线路换乘至地面公交服务的需求，同样需要通过时刻表协调设计尽量避免轨道交通乘客面临刚好错过前一班公交的窘境。考虑到基于给定的轨道交通时刻表，改善轨道交通至地面公交换乘服务目标下公交线路时刻表设计方法与提升地面公交至轨道交通衔接水平目标下公交线路时刻表设计方法无显著差异（详见 8.1.3 节），故本节将视角聚焦于由地面公交至轨道交通的换乘问题。

8.1.1 时间控制点时刻表设计思路

公交时刻表设计时的第一个步骤是根据线路运行时间的分布来确定计划半循环时间，通常取线路运行时间分布的高百分位值。例如，Tri-Met 和 Brussels 的公交企业的惯例[209]是以线路运行时间的 95 分位值作为计划半循环时间，将公交车辆发生延误的概率限制在 5% 以内，如图 8-1 所示。所谓半循环时间是指公交车辆从线路一端首站 A 发车的时刻与到达另一端末站 B 的时刻之间的时间差，加上其在 B 处的休整时间。休整时间的用途有两方面，一方面是用于驾驶员休息，另一方面是防止该行车方向的延误或者早到会累积至相反方向的运行。计划半循环时间为计划线路运行时间与休整时间之和。

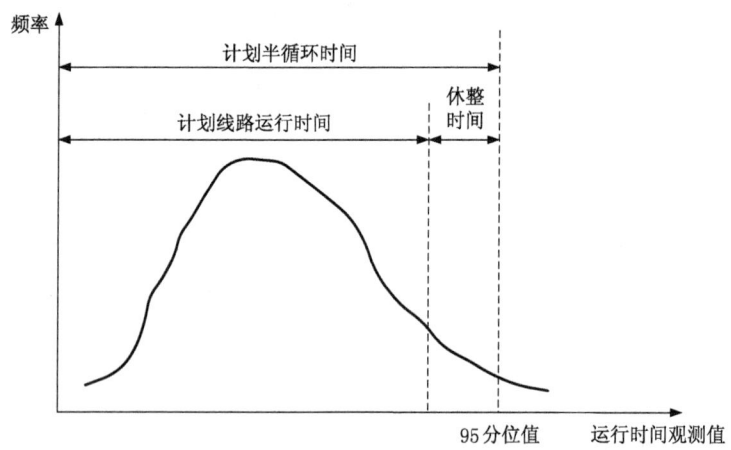

图 8-1 各概念间关系图

第二个步骤是确定相邻时间控制点之间区段上公交车辆计划运行时间。区段的计划运行时间定义为该区段的平均运行时间加上松弛时间。某一控制点处的计划到站时刻为其上游时间控制点处的计划到站时刻加上这两个时间控制点之间区段的计划运行时间。而计划线路运行时间为各区段的计划运行时间之和。休整时间为计划半循环时间减去计划线路运行时间。区段平均运行时间可通过区段随机运行时间的分布轻易获取，因此，时间控制点时刻表设计问题的关键在于合理确定各区段松弛时间的取值。具体流程如图8-2所示。

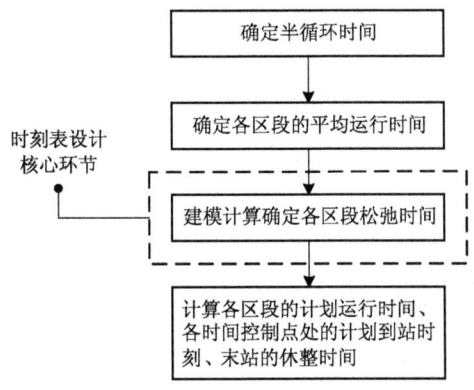

图8-2 时间控制点时刻表设计思路

8.1.2 问题描述

定义有向图 $G(S,L)$ 表示待研究的多模式公共交通（地面公交和轨道交通）网络，其中，S 代表节点集合，包括两个子集合：轨道交通站点集合 S_r 和公交站点集合 S_b；L 代表线路集合，包括两个子集合：轨道交通线路集合 L_r 和公交线路集合 L_b。每条线路的上下行将被分别视作独立的研究对象，如图8-3所示。

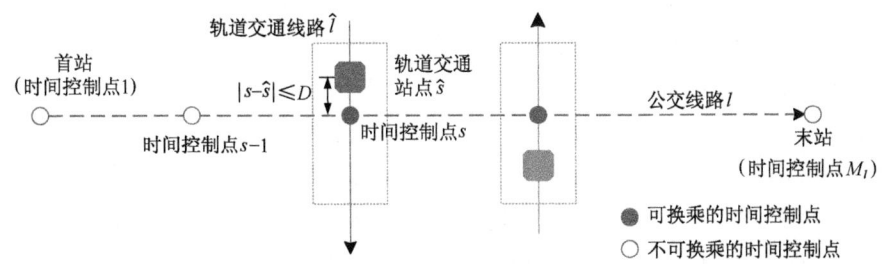

图8-3 时间控制点示意图

l 和 $\hat{l}$ 是分别属于集合 L_b 和 L_r 的具体线路。s 表示某一具体的时间控制点（即公交站点），隶属于集合 $S_b(l)$，其中，集合 $S_b(l)$ 为公交线路 l 沿途经过的所有站点的集合；类似的，$\hat{s}$ 表示某一具体的轨道交通站点，隶属于 $S_r(\hat{l})$，其中，集合 $S_r(\hat{l})$

为轨道交通线路 l 沿途经过的所有站点的集合。不等式 $|s-\hat{s}| \leqslant D$ 表示时间控制点 s 和轨道交通站点 $\hat{s}$ 之间的步行距离必须小于等于乘客所能接受的最大换乘步行距离 D。换言之,只有距离轨道交通站点 D 内的公交站点才会被视作与轨道交通有换乘关系和换乘需求的时间控制点。另外,由于服务于公交线路 l 的某一具体的公交车辆在时间控制点 s 处的计划到站时刻无法同时与途经轨道交通站点 $\hat{s}$ 处的所有轨道交通线路的离站时刻进行匹配、协同,所以轨道交通线路 $\hat{l}$ 往往是与公交线路 l 具有相对更高的换乘需求的轨道交通线路。轨道交通线路 $\hat{l}$ 的筛选工作可以借助对历史客流量数据的分析完成。简而言之,正如图 8-3 所示,线路 l 上的公交乘客可以选择在时间控制点 s 下车,步行至轨道交通站点 $\hat{s}$,然后在他们到达换乘站台后选择轨道交通线路 $\hat{l}$ 上最先到站的一列车次。假定每列轨道交通列车的载客能力总能满足换乘需求。

除了上述讨论的与轨道交通存在换乘需求的公交站点会被确定为时间控制点,其他重要站点如临近主要客流发生吸引点的站点同样会被选定为时间控制点,如图 8-3 所示。已有研究对时间控制点选取已形成了一些常用经验和原则[67,210]:公交线路被 n 个时间控制点分为 $n+1$ 个区段,各区段的特性宜尽可能相同,相邻两个时间控制点之间的间距不能过近,时间控制点过于接近将使得公交车辆驾驶员在运行过程中对实际运行与计划时刻表的偏差的恢复行为受到过度限制;相邻两个时间控制点之间的间距也不能过远,时间控制点选取得过于分散容易降低乘客对时刻表的信任度;不同的时间段,同一线路上选用的时间控制点不一定相同;车头时距稳定性较差的公交停靠站点宜作为时间控制点。

基于 AVL 系统历史数据,可获取以下与公交线路 l 相关的运行参数:(1) 车次 k 于时间控制点 s 处的实际到站时刻;(2) 车次 k 从时间控制点 $s-1$ 至时间控制点 s 的实际运行时间。实践中,公交车辆的区段运行时间是符合某一特定分布的随机变量,可通过分析拟合 AVL 系统采集的历史数据获取其分布的概率密度函数。需要注意的是,对区段运行时间的概率分布的估测必须是在未采用时间控制点时刻表的条件下 AVL 系统采集得到的数据,即提出的方法主要适用于尚未采用时间控制点时刻表的公交线路,从其途径的中途停靠站点中选取出时间控制点,并对其进行计划时刻表设计。另外,区段运行时间包括了区段内中途停靠站点处乘客上、下车时间,为时间控制点 $s-1$ 处的到站时刻与时间控制点 s 处的到站时刻间的时间差。

至于轨道交通线路 $\hat{l}$,设定其总是可以严格按照计划时刻表运行。故只需要获取末班列车在轨道交通站点 $\hat{s}$ 处的计划离站时刻,以及连续两班列车间的计划发车间隔。此处,末班列车亦可由其他适合的列车车次所替代,此类列车被定义为"参照列车"。具体说来,所谓参照列车即要求待优化公交车次上乘客不可能换乘至这一列车车次,同时在这一列车车次之前的任意两列列车之间发车间隔相同。为了便于表述,笔者直接将末班列车作为参照列车。

另外,还需要通过实际调查获取时间控制点 s 处的公交车辆停靠泊位数和乘客从时间控制点 s(即公交站点 s)步行至轨道交通站点 $\hat{s}$ 平均所需时间。

根据以上所有已知的参数,确定合理的区段计划运行时间(区段平均运行时间加上松弛时间)以保证线路运行的可靠性,同时减少换乘乘客从公交服务换乘至轨道交通服务的等待时间,是基于协同调度的时间控制点时刻表设计问题的核心内容。

8.1.3 双目标公交时刻表设计优化模型

对于基于时刻表运行的地面公交线路,运行可靠性可以通过实际运行与计划时刻表之间的契合程度来度量。故将通过对比时间控制点处公交车辆实际到站时刻与计划到站时刻之间的偏差来评价公交运行可靠性。而对于由于换乘引起的不便,则通过计算线路间换乘等待时间来进行衡量,此种做法在既有与协同调度相关的研究[72,105,125]中已得到广泛应用。

1. 运行偏差分析

区段实际运行时间 $T_{l_k}^{s-1,s}$ 为时间控制点 $s-1$ 处实际到站时刻与时间控制点 s 处实际到站时刻之间的差值。显然,此时要求所观测到的实际到站时刻是在车辆处于无控制状态,即时刻表内尚未设置松弛时间。

公交线路 l 车次 k 在时间控制点 $s-1$ 至时间控制点 s 的区段上计划运行时间为该区段的实际运行时间加上该区段的松弛时间,具体计算参见式(8-1)。

$$st_{l_k}^{s-1,s} = E(T_{l_k}^{s-1,s}) + x_{l_k}^{s-1,s}, \forall s = 2,3,\cdots,M_l, k \in K(l), l \in L_b \quad (8\text{-}1)$$

式中:$st_{l_k}^{s-1,s}$ —— 公交线路 l 车次 k 在时间控制点 $s-1$ 至时间控制点 s 的区段上计划运行时间(min);

$T_{l_k}^{s-1,s}$ —— 公交线路 l 车次 k 从时间控制点 $s-1$ 至时间控制点 s 的实际运行时间(min);

$x_{l_k}^{s-1,s}$ —— 公交线路 l 车次 k 在时间控制点 $s-1$ 至时间控制点 s 的区段上的松弛时间(min);

M_l —— 公交线路 l 沿线时间控制点数量(个);

$K(l)$ —— 研究时间范围内需要考虑的服务于公交线路 l 的所有公交车次的集合;

k —— 隶属于集合 $K(l)$ 的某一具体的公交车次。

对于两个连续时间控制点之间的区段而言,若计划运行时间分配得太少,会使驾驶员在"追赶"计划到站时刻时产生挫败感,产生潜在的安全问题,如超速、抢信号灯以及对乘客服务态度差等。而计划运行时间分配得过多时,又会导致不必要的冗余运行时间,导致公交车辆和驾驶员资源的低效使用。不准确的计划到站时刻也可能使得乘客错过与其他方式或线路的换乘,引起乘客关于运行可靠性差的抱怨,甚至需要控制中心重新耗费时间修正时刻表。因此,区段间的计划运行时间的设计取值非常重要。

假设公交站点 1 处(即首站)的到站时刻是给定的,则时间控制点 s 处的计划到站时刻可按式(8-2)计算。

$$sa_{l_k}^s = sa_{l_k}^{s-1} + st_{l_k}^{s-1,s}, \forall s = 2,3,\cdots,M_l, k \in K(l), l \in L_b \quad (8\text{-}2)$$

式中:$sa_{l_k}^s$ ——公交线路 l 车次 k 在时间控制点 s 处的计划到站时刻;

$sa_{l_k}^{s-1}$ ——公交线路 l 车次 k 在时间控制点 $s-1$ 处的计划到站时刻。

为了保证设计的时刻表在实际中易于操作执行,将时间控制点 s 处的计划到站时刻 $sa_{l_k}^s$ 设置为以分钟为单位的整数变量,如式(8-3)所示。

$$sa_{l_k}^s \in \mathbf{N}^*, \forall s = 2,3,\cdots,M_l, k \in K(l), l \in L_b \quad (8\text{-}3)$$

式中:$\mathbf{N}^*$ ——正整数集合。

对于公交线路 l 车次 k 而言,时间控制点 s 处的运行偏差即为时间控制点 s 处公交车辆实际到站时刻与计划到站时刻之间的差值,参见式(8-4)。

$$sd_{l_k}^s = sa_{l_k}^s - A_{l_k}^s, \forall s = 2,3,\cdots,M_l, k \in K(l), l \in L_b \quad (8\text{-}4)$$

式中:$sd_{l_k}^s$ ——公交线路 l 车次 k 在时间控制点 s 处的运行偏差(min);

$A_{l_k}^s$ ——公交线路 l 车次 k 在时间控制点 s 处的实际到站时刻。

若公交车辆在时间控制点 $s-1$ 处早到,驾驶员则会在时间控制点 $s-1$ 与时间控制点 s 之间的区段上减速,以便能够按时到达时间控制点 s;相应地,若公交车辆在时间控制点 $s-1$ 处晚到,驾驶员则往往会在时间控制点 $s-1$ 与时间控制点 s 之间的区段上加速,以便能够准时到达时间控制点 s。这种现象被视作驾驶员的恢复行为。

借鉴 Chen 等[211]在公交车辆到站时刻预测中关于驾驶员恢复行为的假设,即驾驶员在时间控制点 $s-1$ 与时间控制点 s 之间的区段上对运行偏差的纠正与时间控制点 $s-1$ 处的运行偏差成正比,如式(8-5)所示。

$$r_{l_k}^{s-1,s} = \beta_{l_k}^{s-1,s} \cdot (sa_{l_k}^{s-1} - A_{l_k}^{s-1}), \forall s = 2,3,\cdots,M_l, k \in K(l), l \in L_b \quad (8\text{-}5)$$

式中:$r_{l_k}^{s-1,s}$ ——公交线路 l 车次 k 上驾驶员在时间控制点 $s-1$ 至时间控制点 s 的区段上对运行偏差的纠正量(min);

$\beta_{l_k}^{s-1,s}$——公交线路 l 车次 k 上驾驶员在时间控制点 $s-1$ 至时间控制点 s 的区段上关于运行偏差的纠正系数($0 \leqslant \beta_{l_k}^{s-1,s} \leqslant 1$);该系数主要取决于区段的长度和道路交通状况,为一个随机变量。

另外,假设驾驶员总能准时到达公交站点 1(即首站),令 $r_{l_k}^{1,2}$ 等于 0,即第一个区段上不存在驾驶员的恢复行为。

驾驶员调整后时间控制点 $s-1$ 至时间控制点 s 的区段上实际运行时间即为 $T_{l_k}^{s-1,s} + r_{l_k}^{s-1,s}$;相应地,考虑驾驶员恢复行为的时间控制点 s 处实际到站时刻可按式(8-6)计算。

$$A_{l_k}^s = A_{l_k}^{s-1} + T_{l_k}^{s-1,s} + r_{l_k}^{s-1,s}, \forall s = 2, 3, \cdots, M_l, k \in K(l), l \in L_b \quad (8\text{-}6)$$

根据式(8-5)~(8-6),式(8-4)更新为:

$$sd_{l_k}^s = (st_{l_k}^{s-1,s} - T_{l_k}^{s-1,s}) + (1 - \beta_{l_k}^{s-1,s}) \cdot sd_{l_k}^{s-1} \quad (8\text{-}7)$$

根据式(8-1),式(8-7)进一步更新为:

$$sd_{l_k}^s = [E(T_{l_k}^{s-1,s}) + x_{l_k}^{s-1,s} - T_{l_k}^{s-1,s}] + (1 - \beta_{l_k}^{s-1,s}) \cdot sd_{l_k}^{s-1} \quad (8\text{-}8)$$

由于假设驾驶员总能准时到达时间控制点 1 处发车,即时间控制点 1 处不存在运行偏差,则

$$sd_{l_k}^1 = 0, \forall k \in K(l), l \in L_b \quad (8\text{-}9)$$

采用 $T_{l_k} = (T_{l_k}^{s-1,s}: s = 2, 3, \cdots, M_l)$ 和 $\beta_{l_k} = (\beta_{l_k}^{s-1,s}: s = 2, 3, \cdots, M_l)$ 两个随机向量分别表示公交线路 l 车次 k 在时间控制点 $s-1$ 至时间控制点 s 的区段上随机运行时间和随机运行偏差纠正系数。采用 $x_{l_k} = (x_{l_k}^{s-1,s}: s = 2, 3, \cdots, M_l)$ 表示公交线路 l 车次 k 在时间控制点 $s-1$ 至时间控制点 s 的区段上的设计松弛时间的向量。则式(8-8)可表达成 $sd_{l_k}^s(x_{l_k}, T_{l_k}, \beta_{l_k})$,以强调时间控制点 s 处运行偏差的随机性。

采用 γ_1 和 γ_2 两个非负参数分别表征时间控制点处早到与晚到的惩罚系数,其值可根据时刻表设计人员的偏好进行取值。时间控制点 s 处考虑对早到和晚到惩罚的随机广义运行偏差为

$$gsd_{l_k}^s(x_{l_k}, T_{l_k}, \beta_{l_k}) = \gamma_1 \cdot \max(sd_{l_k}^s(x_{l_k}, T_{l_k}, \beta_{l_k}), 0) + \gamma_2 \cdot \max(-sd_{l_k}^s(x_{l_k}, T_{l_k}, \beta_{l_k}), 0) \quad (8\text{-}10)$$

式中:$gsd_{l_k}^s(x_{l_k}, T_{l_k}, \beta_{l_k})$——公交线路 l 车次 k 在时间控制点 s 处实际到站时刻与计划到站时刻之间的广义偏差(min)。

显然,区段上的计划运行时间(平均运行时间加上松弛时间)应该使广义运行

偏差最小。然而,由于公交运行和驾驶员行为的双重随机性,对于不同的仿真运行或者试验运行,如果仅仅要求运行偏差的均值是最优的,可能会出现运行偏差值存在很大的波动。故如式(8-11)所示,不仅计算时间控制点 s 处随机广义运行偏差的均值,同时还度量随机广义运行偏差 $gsd_{l_k}^s(x_{l_k},T_{l_k},\beta_{l_k})$ 与其均值的绝对差值(即为平均绝对偏差[68,212]),以反映随机广义运行偏差的波动性。在数理统计上,平均绝对偏差是所有单个观测值与算术平均值的偏差的绝对值的平均,即对同一物理量进行多次测量时,各次测量值及其绝对误差不会相同,将各次测量的绝对误差取绝对值后再求平均值。

$$f_1(x_{l_k}) = \sum_{s=2}^{M_l} E(gsd_{l_k}^s(x_{l_k},T_{l_k},\beta_{l_k})) + \sum_{s=2}^{M_l} \lambda \cdot E(|\ gsd_{l_k}^s(x_{l_k},T_{l_k},\beta_{l_k}) - E(gsd_{l_k}^s(x_{l_k},T_{l_k},\beta_{l_k}))|), \forall k \in K(l), l \in L_b \quad (8-11)$$

式中:$f_1(x_{l_k})$——公交线路 l 车次 k 实际运行与计划时刻表的偏差(min);

λ——非负权重参数,表征减少运行偏差波动的重要性,即反映决策者对运行偏差波动性的风险规避。

2. 换乘等待时间分析

若在时间控制点 s 处公交车辆上乘客可换乘至轨道交通线路,则由轨道交通线路 $\hat{l}$ 上末班列车在轨道交通站点 $\hat{s}$ 处的计划离站时刻、轨道交通线路 $\hat{l}$ 上计划发车间隔、从时间控制点 s 至轨道交通站点 $\hat{s}$ 的平均步行时间和公交线路 l 车次 k 在时间控制点 s 处的计划到站时刻,可知车次 k 上乘客在轨道交通站点 $\hat{s}$ 处的换乘等待时间(即与时间控制点 s 相关的换乘等待时间),具体计算参见式(8-12)。

$$wt_{l_k}^s = \begin{cases} D_{\hat{l}}^{\hat{s}} - sa_{l_k}^s - W^{\hat{s}} - H_{\hat{l}} \cdot \left[\dfrac{(D_{\hat{l}}^{\hat{s}} - sa_{l_k}^s - W^{\hat{s}})}{H_{\hat{l}}} \right]^-, & \text{当 } s \text{ 为换乘站} \\ 0, & \text{否则} \end{cases}$$

(8-12)

式中:$wt_{l_k}^s$——公交线路 l 车次 k 在时间控制点 s 处的换乘等待时间(min);

$D_{\hat{l}}^{\hat{s}}$——研究时间范围内轨道交通线路 $\hat{l}$ 上末班列车在轨道交通站点 $\hat{s}$ 处的计划离站时刻;

$W^{\hat{s}}$——从时间控制点 s 至轨道交通站点 $\hat{s}$ 的平均步行时间(min);

$H_{\hat{l}}$——研究时间范围内轨道交通线路 $\hat{l}$ 计划发车间隔(min);

$[\ ]^-$——向下取整操作。

相应地,公交线路 l 车次 k 在各时间控制点处的换乘等待时间总和为

$$f_2(x_{l_k}) = \sum_{s=2}^{M_l} wt_{l_k}^s, \forall k \in K(l), l \in L_b \tag{8-13}$$

式中：$f_2(x_{l_k})$——公交线路 l 车次 k 上乘客的换乘等待时间（min）。

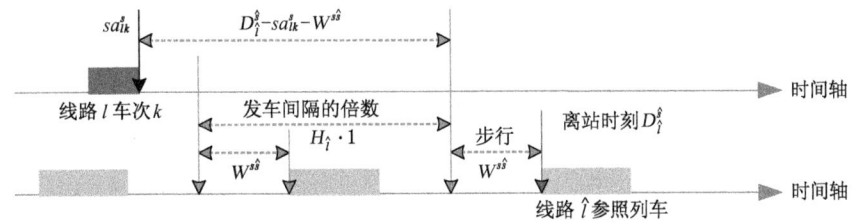

图 8-4 地面公交换乘轨道交通示意图

如果轨道交通上乘客可在时间控制点 s 处换乘至某一公交车辆，根据轨道交通线路 $\hat{l}$ 上末班列车在轨道交通站点 $\hat{s}$ 处的计划到站时刻、轨道交通线路 $\hat{l}$ 上连续两列列车之间计划发车间隔、从时间控制点 s 至轨道交通站点 $\hat{s}$ 的平均步行时间、公交线路 l 车次 k 在时间控制点 s 处的计划到站时刻和实际停靠时间，可知轨道交通线路 $\hat{l}$ 上乘客换乘至公交线路 l 车次 k 时在时间控制点 s 处的最短换乘等待时间，具体计算参见式（8-14）。

$$\overline{wt}_{l_k}^s = \begin{cases} (sa_{l_k}^s + DT_{l_k}^s) - A_{\hat{l}}^{\hat{s}} - W^{\hat{s}} + H_l \cdot \left[\dfrac{A_{\hat{l}}^{\hat{s}} - (sa_{l_k}^s + DT_{l_k}^s - W^{\hat{s}})}{H_l} \right]^+, & \text{当 } s \text{ 为换乘站} \\ 0, & \text{否则} \end{cases}$$

(8-14)

式中：$\overline{wt}_{l_k}^s$——轨道交通线路 $\hat{l}$ 上乘客换乘至公交线路 l 车次 k 时在时间控制点 s 处的最短换乘等待时间（min）；

$A_{\hat{l}}^{\hat{s}}$——研究时间范围内轨道交通线路 $\hat{l}$ 上末班列车在轨道交通站点 $\hat{s}$ 处的计划到站时刻；

$DT_{l_k}^s$——公交线路 l 车次 k 在时间控制点 s 处实际停靠时间（min），可根据历史数据估计；

$[\ ]^+$——向上取整操作。

通常线路 $\hat{l}$ 多班列车上乘客均可换乘至公交线路 l 车次 k，由于研究时间范围内线路 $\hat{l}$ 拥有均匀发车间隔，故只要保证与公交线路 l 车次 k 换乘成功的列车车次中换乘等待时间最短的一班列车的换乘等待时间最小即可保证其他换乘成功的列车车次换乘等待时间亦是最小，如图 8-5 所示。故仅需以与公交线路 l 车次 k 换乘成功的列车车次中换乘等待时间最短的一班列车的到站时刻为协同对象。相应地，成

功换乘至公交线路 l 车次 k 的等待时间最短的列车车次上乘客换乘等待时间总和为

$$f_2(x_{l_k}) = \sum_{s=2}^{M_l} w t_{l_k}^s, \forall k \in K(l), l \in L_b \quad (8-15)$$

式中：$f_2(x_{l_k})$——成功换乘至公交线路 l 车次 k 的等待时间最短的列车车次上乘客换乘等待时间总和（min）。

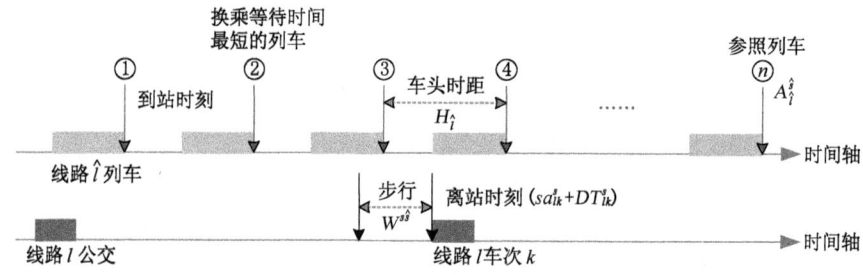

图 8-5 轨道交通换乘地面公交示意图

3. 优化模型构建

根据上述分析，时间控制点时刻表设计问题的目标函数可表达为

$$\min z = \sum_{l \in L_b} \sum_{k \in K(l)} (f_1(x_{l_k}) + \xi \cdot f_2(x_{l_k})) \quad (8-16)$$

式中：z——目标函数值（min）；

ξ——时间控制点处换乘等待时间的惩罚系数。

式(8-16)中惩罚系数 ξ 表示减少换乘等待时间在时间控制点时刻表设计中的重要性，其值同样可根据时刻表设计人员的偏好确定。当 $\xi=0$ 时，则上述优化模型未将地面公交与轨道交通的协同调度要求纳入考虑，为常规的地面公交单线路时间控制点时刻表设计模型。

时间控制点时刻表设计问题同时还需要考虑如下两个重要约束条件：

$$\sum_{s=2}^{m_l} x_{l_k}^{s-1,s} \leqslant 0.5 \cdot H_l \cdot V_l - C_l, \forall k \in K(l), l \in L_b \quad (8-17)$$

式中：H_l——研究时间范围内公交线路 l 计划发车间隔（min）；

V_l——公交线路 l 上车辆配备数量（辆）；

C_l——公交线路 l 的计划半循环时间（min）。

$$v_{\min} \leqslant x_{l_k}^{s-1,s} \leqslant v_{\max}, \forall s = 2, 3, \cdots, M_l, k \in K(l), l \in L_b \quad (8-18)$$

式中：$v_{\min}$——松弛时间取值的下限（min）；
$v_{\max}$——松弛时间取值的上限（min）。

$$x_{l_k}^{s-1,s} \in \mathbf{Z}, \forall s = 2,3,\cdots,M_l, k \in K(l), l \in L_b \tag{8-19}$$

式中：$\mathbf{Z}$——整数集合。

约束条件(8-17)表明各区段上的松弛时间的总和不大于由配备的公交车辆数、计划发车间隔和计划半循环时间所决定的总松弛时间的最大值 $0.5 \cdot H_l \cdot V_l - C_l$ [213]。约束条件(8-18)定义了决策变量 $x_{l_k}^{s-1,s}$ 的取值范围，实践中，参数 $v_{\max}$ 与 $v_{\min}$ 可根据实际情况进行灵活调整。另外，为了使设计的时刻表在实际中易于操作执行，要求各区段上的松弛时间为以分钟为单位的整数变量，如式(8-19)所示。

同一时间控制点处往往有多条公交线路需要与同一轨道交通线路进行协同调度，然而由于公交站点处泊位数有限，实施协调优化后可能会引起公交车辆在站点附近排队，使得部分公交车辆无法及时进站，进而导致车上换乘乘客错过最近的一班轨道交通列车（即实施协调优化后等待时间最短的一列车次），甚至会发生在他们走至换乘站台的过程中眼看着列车离开的情况。增加约束条件(8-20)～(8-22)，旨在消除这一不受欢迎的协调优化的潜在"副产品"。这三个约束条件可以实现以下两个要求：公交线路 l 上车次 k 在时间控制点 s 处的计划到站时刻必须分配给一个唯一的时间点 j；连续 φ^s 个时间点上所分配的公交车辆在时间控制点 s 处的计划到站时刻的个数不超过 B^s。时间控制点 s 处的公交车辆泊位数 B^s 的取值可通过实地调查获取。公交车辆在时间控制点 s 处的最长停靠时间 φ^s（以分钟为单位）的值可根据历史数据估计而得。若由历史数据统计所得实际停靠时间最大值（以分钟为单位）并不是整数，则进一步向上取整。此时，φ^s 为取整后的整数。集合 J 包含覆盖整个研究时间范围内的各个时间点，而 j 则代表隶属于该集合的某一具体的时间点。举例说明，若 $J = [08:00, 08:01, 08:02, \cdots, 09:29]$，则到站时刻 08:29 会被分配到第 30 个时间点；若 $B^s = 2$ 和 $\varphi^s = 3$，则约束条件(8-20)～(8-22)意味着每连续 3 min 内最多只能有 2 辆公交车停靠在时间控制点 s 处。

$$tp_{l_k}^{sj} = \begin{cases} 1, \text{当 } sa_{l_k}^s \text{ 在第 } j \text{ 个时间点}, j \in J \\ 0, \text{否则} \end{cases} \tag{8-20}$$

式中：$tp_{l_k}^{sj}$——二元变量；当公交线路 l 车次 k 在时间控制点 s 处的计划到站时刻在第 j 个时间点时，等于 1；否则等于 0。

$$\sum_{j \in J} tp_{l_k}^{sj} = 1, \forall s = 2,3,\cdots,M_l, k \in K(l), l \in L_b \tag{8-21}$$

$$\sum_{j'=0}^{\varphi^s-1} \sum_{l \in L_b} \sum_{k \in K(l)} tp_{l_k}^{s(j+j')} \leqslant B^s, \forall j \in J, s = 2,3,\cdots,M_l \tag{8-22}$$

式中：φ^s——时间控制点 s 处车辆实际停靠时间的最大值（min）；

B^s——时间控制点 s 处的公交车辆停靠泊位数（个）。

综上所述，基于协同调度的时间控制点时刻表可通过求解以下随机混合整数非线性规划模型获取。

目标函数：式（8-16）

约束条件：基本约束：式（8-1）~（8-13）、（8-17）、（8-18）

排队约束：式（8-20）~（8-22）

通过引入非负辅助决策变量 $g_{l_k}^{s+}(x_{l_k}, T_{l_k}, \beta_{l_k})$ 和 $g_{l_k}^{s-}(x_{l_k}, T_{l_k}, \beta_{l_k})$，式（8-11）中绝对值表达式可线性化，如式（8-23）~（8-25）所示。

$$g_{l_k}^{s+}(x_{l_k}, T_{l_k}, \beta_{l_k}) - g_{l_k}^{s-}(x_{l_k}, T_{l_k}, \beta_{l_k})$$
$$= gsd_{l_k}^s(x_{l_k}, T_{l_k}, \beta_{l_k}) - E(gsd_{l_k}^s(x_{l_k}, T_{l_k}, \beta_{l_k})), \forall s = 2, 3, \cdots, M_l, k \in K(l), l \in L_b$$
(8-23)

$$g_{l_k}^{s+}(x_{l_k}, T_{l_k}, \beta_{l_k}), g_{l_k}^{s-}(x_{l_k}, T_{l_k}, \beta_{l_k}) \geqslant 0, \forall s = 2, 3, \cdots, M_l, k \in K(l), l \in L_b$$
(8-24)

$$f_1(x_{l_k}) = \sum_{s=2}^{m_l} E(gsd_{l_k}^s(x_{l_k}, T_{l_k}, \beta_{l_k}))$$
$$+ \sum_{s=2}^{m_l} \lambda \cdot E(g_{l_k}^{s+}(x_{l_k}, T_{l_k}, \beta_{l_k}) + g_{l_k}^{s-}(x_{l_k}, T_{l_k}, \beta_{l_k})), \forall k \in K(l), l \in L_b$$
(8-25)

而约束条件（8-20）等价于约束条件（8-26），通过引入非负辅助决策变量 $upp_{l_k}^s$ 和 $low_{l_k}^s$ 可进一步进行线性化处理，最终转化为式（8-27）~（8-30）。

$$(1 - tp_{l_k}^{sj}) \leqslant |sa_{l_k}^s - j| \leqslant Y \cdot (1 - tp_{l_k}^{sj}), \forall j \in J, s = 2, 3, \cdots, M_l, k \in K(l), l \in L_b.$$
(8-26)

式中：Y——一个足够大的已知正数。

$$sa_{l_k}^s - j = upp_{l_k}^s - low_{l_k}^s, \forall j \in J, s = 2, 3, \cdots, M_l, k \in K(l), l \in L_b$$
(8-27)

$$(1 - tp_{l_k}^{sj}) \leqslant (upp_{l_k}^s + low_{l_k}^s) \leqslant Y \cdot (1 - tp_{l_k}^{sj}), \forall j \in J, s = 2, 3, \cdots, M_l,$$
$$k \in K(l), l \in L_b$$
(8-28)

$$tp_{l_k}^{sj} \in \{0, 1\}, \forall j \in J, s = 2, 3, \cdots, M_l, k \in K(l), l \in L_b$$
(8-29)

$$upp_{l_k}^s, low_{l_k}^s \geqslant 0, \forall j \in J, s = 2, 3, \cdots, M_l, k \in K(l), l \in L_b$$
(8-30)

最终所构建的随机混合整数非线性规划模型便等价于以下随机混合整数线性

规划模型:

目标函数:式(8-16)

约束条件:基本约束:式(8-1)~(8-10)、(8-25)、(8-12)、(8-13)、(8-17)、(8-18)、(8-23)、(8-24)

排队约束:式(8-27)~(8-30)、(8-21)、(8-22)

8.1.4 基于蒙特卡罗仿真的求解算法

所构建的随机优化模型中关于期望值项并没有显式表达式,为了求解该模型,首先根据各区段运行时间及其对应纠正系数的概率密度函数,采用蒙特卡罗仿真方法生成随机变量 (T,β) 的 N 个数值,记为 $\{(T^n,\beta^n):n=1,\cdots,N\}$。则上述模型中各期望值项可通过样本均值估计得到,即

$$E(gsd_{l_k}^s(x_{l_k},T_{l_k},\beta_{l_k})) \approx \frac{1}{N}\sum_{n=1}^{N} gsd_{l_k}^s(x_{l_k},T_{l_k}^n,\beta_{l_k}^n), \forall s=2,3,\cdots,$$
$$M_l, k \in K(l), l \in L_b \quad (8-31)$$

$$E(g_{l_k}^{s+}(x_{l_k},T_{l_k},\beta_{l_k}) + g_{l_k}^{s-}(x_{l_k},T_{l_k},\beta_{l_k})) \approx \frac{1}{N}\sum_{n=1}^{N}[g_{l_k}^{s+}(x_{l_k},T_{l_k}^n,\beta_{l_k}^n) + g_{l_k}^{s-}(x_{l_k},T_{l_k}^n,\beta_{l_k}^n)],$$
$$\forall s=2,3,\cdots,M_l, k \in K(l), l \in L_b \quad (8-32)$$

基于蒙特卡罗仿真,随机优化模型可转化为以下确定性优化模型。

目标函数:式(8-16)

约束条件:基本约束:式(8-1)~(8-10)、(8-25)、(8-31)、(8-32)、(8-12)、(8-13)、(8-17)、(8-18)、(8-23)、(8-24)

排队约束:式(8-27)~(8-30)、(8-21)、(8-22)

可利用分支定界法求解上述混合整数线性规划模型,便捷地获取最优解。

8.1.5 算例分析

以 3 条具有共同换乘站点(即时间控制点)的公交线路,即线路1、线路2和线路3为例对上述基于协同调度的时间控制点时刻表设计优化模型进行应用。这 3 条公交线路与轨道交通线路构成的多模式公共交通网络,抽象为图 8-6。图 8-6 中包含两类时间控制点:可换乘的时间控制点和不可换乘的时间控制点。为了表达清晰,在图 8-6 中将时间控制点(图 8-3 中的 s)及其相关的轨道交通站点(图 8-3 中的 $\hat{s}$)合并为一个节点。因此,图 8-6 中部分节点既代表了公交线路所途经的公交站点,也代表了公交乘客可以实现换乘至轨道交通系统的轨道交通站点。这 3 条公交线路沿线所有时间控制点的具体情况见表 8-1。

假定时间控制点间各区段的随机运行时间均服从于某一特定截尾对数正态分

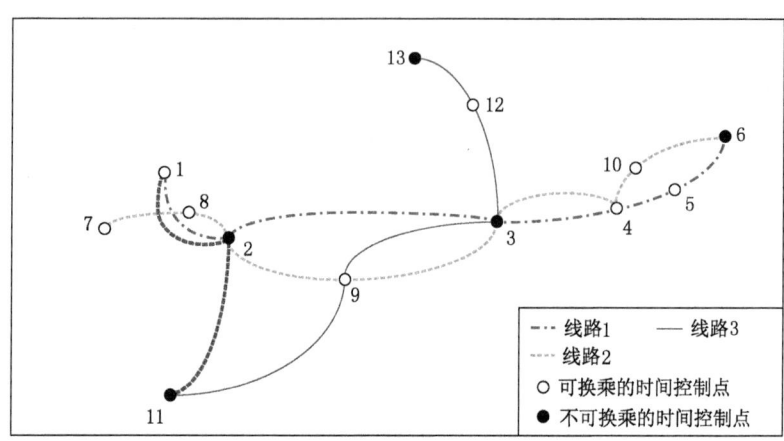

图 8-6　多模式公共交通网络抽象图

布,也就是说时间控制点 $s-1$ 至时间控制点 s 的区段的随机运行时间 $T_{l_k}^{s-1,s} \sim LN(\mu_{l_k}^{s-1,s},(\sigma_{l_k}^{s-1,s})^2)$,且只在给定的区间 $[L_{l_k}^{s-1,s},U_{l_k}^{s-1,s}]$ 内取值。其中,$\mu_{l_k}^{s-1,s}$ 和 $\sigma_{l_k}^{s-1,s}$ 分别表示随机运行时间 $T_{l_k}^{s-1,s}$ 的均值和标准差;$L_{l_k}^{s-1,s}$ 和 $U_{l_k}^{s-1,s}$ 分别表示随机运行时间 $T_{l_k}^{s-1,s}$ 的下限和上限。各区段平均运行时间取值列于表 8-1,并令 $\sigma_{l_k}^{s-1,s}=2$ min、$L_{l_k}^{s-1,s}=\mu_{l_k}^{s-1,s}-5$ 和 $U_{l_k}^{s-1,s}=\mu_{l_k}^{s-1,s}+5$。表 8-2 给出了研究时间范围内目标末班列车的离站时刻、列车发车间隔和可以换乘的时间控制点处的公交停靠泊位数。其他相关参数参见表 8-3。

关于纠正系数的分布,Chen 等(2005)[211]对美国东北部一家公交公司的 AVL 数据和计划时刻表的研究发现驾驶员平均的纠正系数大部分集中在 $-0.5\sim0.5$ 之间。本算例中假定纠正系数为非负数,即假定驾驶员总是试图纠正前一个时间控制点处的运行偏差。简言之,各区段上关于运行偏差的驾驶员纠正系数均服从 $[0,0.5]$ 的均匀分布。从各时间控制点步行至关联轨道交通站点的所需时间统一设为 3 min。各时间控制点处公交车辆实际停靠时间最大值统一设为 1 min。令权重 λ 等于 0.3。松弛时间取值的上限和下限(即 v_{max} 和 v_{min})分别取为 3 min 和 -3 min。早到惩罚参数 γ_1 和迟到惩罚参数 γ_2 分别等于 1 和 2,即决策者认为迟到带来的"危害"比早到带来的"不利之处"更多。

蒙特卡罗仿真样本数 N 为 200。采用 YALMIP 语言[203]在 MATLAB(R2013a)平台编写求解程序,并调用包含分支定界法的整数规划求解器 CPLEX 12.6 获取最优解。所有计算过程在一台内存为 8G 的台式机(Intel Core i3-2100 CPU @ 3.10GHz)上完成。

第8章
轨道交通与地面公交时刻表协调设计

表 8-1 各公交线路沿线所途经的时间控制点及控制点间平均运行时间

线路	时间控制点顺序	平均运行时间 $\mu_{l_k}^{s-1,s}$ (min)
1	1, 2, 3, 4, 5, 6	16, 26, 23, 15, 18
2	7, 8, 2, 9, 3, 4, 10, 6	15, 26, 17, 11, 24, 12, 14
3	1, 2, 11, 9, 3, 12, 13	18, 21, 24, 11, 19, 14

注:下划线标注的时间控制点表示可以换乘轨道交通线路的时间控制点。

表 8-2 末班列车离站时刻、列车发车间隔和时间控制点处停靠泊位数

节点	D_l^s	H_l (min)	B^s (个)
2	23:59	5	1
3	23:49	5	2
6	23:34	5	2
11	23:55	5	2
13	00:08	5	1

表 8-3 各线路运行参数

l	$sa_{l_1}^1$	H_l(min)	$K(l)$(班)	V_l(辆)	C_l(min)
1	17:00	10	2	25	113
2	17:00	9	2	32	137
3	17:00	6	3	44	123

为分析权重 ξ 的取值对时间控制点时刻表区段松弛时间方案的影响,分别计算了不同权重 ξ 下模型决策变量取值及其对应的目标函数值,具体结果参见表8-4。表8-4中情景1描述了车辆按照未设置时间控制点的现状时刻表运行,即此时时刻表仅规定了首站、末站处车辆计划到站时刻,也即为国内城市现状普遍采取的"两头卡点"的调度模式。此模式下,运行偏差 $\sum f_1(x_{l_k})$ 即为车辆在末站处实际到站时刻与计划到站时刻间的偏差(假定车辆总是可以准点从首站发车)。表8-4中情景2、3、4、5 和6均考虑了将重要中途停靠站设置为时间控制点,但其权重 ξ 的取值分别为 0,1,5,10 和 15。需要注意的是,当 $\xi=0$ 时,时刻表设计时将不考虑时间控制点处地面公交与轨道交通的协同调度诉求,仅考虑地面公交自身的运行可靠性要求,因此,此时所获取的最佳松弛时间方案能有效提高线路运行可靠性但却无法减少乘客的换乘等待时间。

表 8-4　不同情景下目标函数值

情景编号	情景描述	ξ	$\sum f_1(x_{l_k})$(min)	$\sum f_2(x_{l_k})$(min)	计算时间(min)
1	现状	—	168.2417	—	22
2	不考虑协同调度	0	133.1831	58	53
3	考虑协同调度	1	142.7340	16	91
4		5	161.7237	4	103
5		10	171.1820	3	100
6		15	196.2476	1	99

由表 8-4 可知,与情景 1 相比,情景 2 中运行偏差 $\sum f_1(x_{l_k})$ 减少了 20.8%,说明通过在部分中途停靠站点(即时间控制点)引入松弛时间可有效提高线路运行的可靠性;与情景 2 相比,情景 3 中换乘等待时间减少了 72.4%,但运行偏差增加了 7.2%,表明仅需牺牲微小的线路运行可靠性即可大幅度地改善地面公交与其关联轨道交通间的衔接服务,故所提出的双目标优化模型确实适用于实际公共交通调度管理。表 8-4 中情景 3、4、5 和 6 进一步展示了不同的权重 ξ 取值对最终设计的时间控制点时刻表方案的影响,为实际调度管理人员在时刻表设计时权衡运行偏差与换乘等待时间提供借鉴与参考。情景 5 和 6 中运行偏差高于现状(即情景 1)运行偏差,调度人员在设置权重 ξ 时应尽量避免此种情况。另外,由于情景 3、4、5 和 6 中考虑了协同调度(包含了消除公交车辆排队进站隐患的约束条件),其模型求解时间远高于情景 1 和 2 中模型求解时间,但仍处于可接受时长范围,实际上随着计算机配置的提升可有效减少模型计算时间。

表 8-5　不同情景下区段松弛时间最优方案(单位:min)

l	区段	$x_{l_k}^{s-1,s}(\xi=0)$			$x_{l_k}^{s-1,s}(\xi=1)$			$x_{l_k}^{s-1,s}(\xi=5)$		
		$k=1$	$k=2$	$k=3$	$k=1$	$k=2$	$k=3$	$k=1$	$k=2$	$k=3$
1	1-2	3	3	—	3	3	—	0	3	—
	2-3	2	2		1	1		3	1	
	3-4	2	2		3	3		2	2	
	4-5	2	2		2	2		2	2	
	5-6	2	2		3	3		1	0	
2	7-8	2	2		2	2		3	3	
	8-2	2	2		3	3		3	3	
	2-9	1	1		1	1		1	0	
	9-3	2	2		1	2		2	2	
	3-4	2	2		2	2		2	2	

续表 8-5

l	区段	$x_{l_k}^{s-1,s}(\xi=0)$			$x_{l_k}^{s-1,s}(\xi=1)$			$x_{l_k}^{s-1,s}(\xi=5)$		
		$k=1$	$k=2$	$k=3$	$k=1$	$k=2$	$k=3$	$k=1$	$k=2$	$k=3$
2	4-10	1	1	—	1	0	—	1	0	—
	10-6	−3	−3	—	−3	−3	—	−3	−3	—
3	1-2	2	2	2	3	2	1	3	2	1
	2-11	2	2	2	0	2	3	0	0	0
	11-9	2	2	2	3	3	2	3	3	3
	9-3	2	2	2	1	1	3	1	1	1
	3-12	2	2	2	3	3	1	3	3	3
	12-13	−1	−1	−1	−2	−2	−1	−2	−2	−2

表 8-5 给出了情景 2、3 和 4 中各区段松弛时间最优方案。由表 8-5 易知,当在时间控制点引入松弛时间时若不考虑换乘需求(即 $\xi=0$),则同一线路不同车次的松弛时间方案相同;而一旦响应换乘需求,则由于考虑了与轨道交通时刻表的协同(即 $\xi>0$),使得同一线路不同车次间的松弛时间方案不尽相同。

另一方面,为了验证消除公交车辆排队进站隐患的约束条件的有效性,在所构建的优化模型中略去排队约束条件(8-20)~(8-22),其他参数取值不变,令 $\xi=15$,计算其最优松弛时间方案。各时间控制点处的计划到站时刻为上一时间控制点处的计划到站时刻加上这两个控制点间区段上的计划运行时间,而计划运行时间为平均运行时间加上松弛时间。即根据求取的最优松弛时间方案可推导出完整的计划到站时刻方案,列于表 8-6。

表 8-6 不同情景下计划到站时刻最优方案

l	s	无排队约束条件			含排队约束条件		
		$k=1$	$k=2$	$k=3$	$k=1$	$k=2$	$k=3$
1	1	17:00	17:10	—	17:00	17:10	—
	2	17:16	17:26	—	17:16	17:26	—
	3	17:41	17:51	—	17:41	17:51	—
	4	18:07	18:17	—	18:07	18:17	—
	5	18:25	18:35	—	18:25	18:35	—
	6	18:46	18:56	—	18:46	18:56	—
2	7	17:00	17:09	—	17:00	17:09	—
	8	17:17	17:27	—	17:17	17:27	—
	2	17:46	17:56	—	17:46	17:56	—

续表 8-6

l	s	无排队约束条件			含排队约束条件		
		$k=1$	$k=2$	$k=3$	$k=1$	$k=2$	$k=3$
2	9	18:04	18:13	—	18:04	18:13	—
	3	18:16	18:26	—	18:16	18:26	—
	4	18:42	18:51	—	18:42	18:51	—
	10	18:55	19:00	—	18:55	19:00	—
	6	19:06	19:11	—	19:06	19:11	—
3	1	17:00	17:06	17:12	17:00	17:06	17:12
	2	17:21	17:26	17:31	17:21	17:25	17:31
	11	17:42	17:47	17:52	17:42	17:47	17:52
	9	18:09	18:14	18:19	18:09	18:14	18:19
	3	18:21	18:26	18:31	18:21	18:26	18:31
	12	18:43	18:48	18:53	18:43	18:48	18:53
	13	18:55	19:00	19:05	18:55	19:00	19:05

由表 8-6 易知,若无排队约束条件,研究时段内线路 2 车次 2 与线路 3 车次 3 将同时在 17:26 到达时间控制点 2,然而实际时间控制点 2 处仅有 1 个公交停靠泊位(见表 8-2),此时公交车辆将排队进站,易导致部分换乘乘客错过协调后最近的一班轨道交通列车。在模型中增加了排队约束条件后,线路 3 车次 3 将于 17:25 到达时间控制点 2(前文中已假定公交车辆最长停靠时间为 1 min),即权重 $\xi=15$ 时,换乘等待时间 $\sum f_2(x_{l_k})$ 为 1 min,与表 8-4 情景 6 结果一致,可见排队约束条件(8-20)~(8-22)在模型中切实发挥了作用,不可省略。

8.2 轨道交通接运公交时刻表设计

服务于轨道交通的接运公交是指专为轨道交通线路接送客流的短途(或循环)地面公交线路,用以解决轨道交通乘客出行的"首末一公里"。减少轨道交通与其接运公交间的换乘时间对于增强公共交通服务吸引力具有重要意义。为减少换乘时间,设施规划时尽可能缩短轨道交通站点与接运公交首末站点间步行距离已成为共识。许多城市更积极尝试将轨道交通站点、接运公交首末站点和大型购物中心整合至同一建筑体(群)内形成立体化布局的综合换乘枢纽。然而换乘时间的另一个重要组成部分——换乘等待时间,主要受轨道交通与接运公交运行计划协同程度的影响。当缺乏有效协同时,大部分由轨道交通换乘接运公交的乘客需要承受较长的换乘等待时间,使得公众对公共交通服务的满意度大大降低。故在设施整合的基础上需要通过时刻表间的协调设计进一步改善两者间的换乘衔接服务水平。另一方面,出于安全考虑,针对高峰期换乘枢纽内产生的轨道交通换乘接运公交的大客流,也需要通过时刻表协调设计有效减少换乘乘客等待时间以实现快速疏散枢纽内乘客的要求。

对于轨道交通站点及其关联接运公交首末站点,客流高峰期大量轨道交通乘客无法顺利乘坐其到站后首班发车的接运公交车辆,需要排队等待后续发车班次。因此,本节拟建立考虑客流高峰期轨道交通换乘乘客排队等待过程的乘客换乘等待时间计算方法,并基于给定的轨道交通运行计划,提出兼顾乘客出行成本与企业运营成本的接运公交各车次首站计划发车时刻确定方法。

实践中,轨道交通与其接运公交两者间同时也存在从接运公交线路换乘至轨道交通服务的需求,然而考虑到轨道交通服务的大容量、高频率特征,对于由接运公交换乘至轨道交通的乘客而言,换乘等待时长多处于可容忍范围,故仅将视角聚焦于轨道交通至接运公交换乘问题。

8.2.1 问题描述与假设条件

研究对象为由轨道交通线路及其接运公交线路构成的多模式公共交通网络。网络中每一条线路的上下行将被分别视作独立的研究对象,如图 8-7 所示。将图 8-7 中包含轨道交通站点与接运公交首末站点的虚线框定义为综合换乘枢纽,由此换乘枢纽发车的线路 l 设为目标接运公交线路。

在给定时间范围内,服务接运公交线路 l 的所有公交车次构成集合 S_J,其中,$j(j=1,2,\cdots,J)$ 表示第 j 辆从枢纽内公交首末站发车的接运公交车辆,后文简称为"接运公交 j"。需要说明的是,J 表示该时间范围内线路 l 最大可发车次数,由企业根据实际情况预先确定。

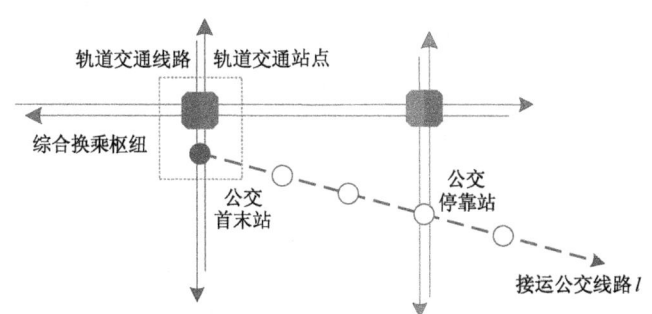

图 8-7 接运公交示意图

相应地,研究时段内所有与接运公交线路 l 存在换乘需求的轨道交通列车车

次构成集合 S_I,其中,$i(i=1,2,\cdots,I)$ 表示第 i 辆到达枢纽内轨道交通站点的列车,后文简称为"列车 i"。即不区分各列车车次所服务的具体轨道交通线路,仅按照其到达先后顺序命名,将首辆到站的列车命名为"列车 1",第二辆到站的列车命名为"列车 2",依次类推。

基于给定的轨道交通运行计划,建立优化模型寻找使研究时段(多为客流高峰期)内总成本(乘客成本和企业成本)最小的接运公交首班计划发车时刻和任意连续两班接运公交间计划发车间隔(即一组计划发车间隔集合,当根据实际需要设为等间隔发车时则不存在集合的概念),即可得到研究时段内与轨道交通运行计划实现有效协同的接运公交运行计划。建模过程中相关假设条件如下:

1. 枢纽内换乘接运公交的轨道交通乘客数量可根据历史数据估计,即研究时段内换乘需求已知且固定。
2. 研究时段内由其他方式到达接运公交首末站点乘坐线路 l 的乘客流量与轨道交通换乘客流量相比可忽略不计,即模型只考虑换乘客流。
3. 接运公交线路固定且总是能够按照运行计划准点发车。
4. 轨道交通线路总是能够按照运行计划准点运行,故换乘乘客到达轨道交通站点的时间即为线路计划到站时刻。
5. 所有换乘乘客在接运公交线路 l 指定上车区按照到达先后有序排队,并按照"先入先出"原则乘坐线路 l 离开。
6. 每位乘客都选择乘坐线路 l 首辆有余位(包括站位)的车辆离开,即不存在乘客为了座位放弃站位等待下一班次的情况。

由于公交车辆载客能力的限制,部分换乘乘客无法顺利乘坐其到达线路 l 指定上车区后首班发车车辆,此情况下,乘客将继续排队等待后续发车班次直至顺利坐上首辆有余位(包括站位)的车辆离开,即不存在中途放弃排队的乘客。

7. 换乘乘客在枢纽内的平均换乘步行时间可以通过实地调查或仿真实验获得,即平均换乘步行时间为已知参数。

8.2.2 接运公交时刻表设计优化模型

令 d_j 表示研究时段内服务于线路 l 的接运公交 $j(j=1,2,\cdots,J)$ 的首站计划发车时刻,即

$$d_j = d_{j-1} + h_{j-1}, \forall j = 2,3,\cdots,J \tag{8-33}$$

式中:h_{j-1}——接运公交 $j-1$ 和接运公交 j 之间的计划发车间隔(min)。

公式(8-33)中的关键决策变量 d_1 和 $h_j(j=1,2,\cdots,J-1)$ 必须分别满足公式(8-34)和(8-35)。

$$T_{\min} \leqslant d_1 < T_{\min} + h_1 \tag{8-34}$$

式中：$T_{\min}$——研究时段起始时刻，即所允许的接运公交线路 l 最早首站计划发车时刻。

$$H_{\min} \leqslant h_j \leqslant H_{\max}, \forall j = 1,2,\cdots,J-1 \tag{8-35}$$

式中：$H_{\min}$——研究时段内计划发车间隔取值范围下限(min)；
$H_{\max}$——研究时段内计划发车间隔取值范围上限(min)。

$$d_1, h_j \in \mathbf{N}^*, \forall j = 1,2,\cdots,J-1 \tag{8-36}$$

式中：$\mathbf{N}^*$——正整数集合。

公式(8-34)用以保证 d_1 确实是给定时间范围内线路 l 的首班首站计划发车时刻；公式(8-35)则给出了研究时段内计划发车间隔 h_j 的取值范围，保障协调优化后的接运公交运行计划合理且适用。参数 $H_{\min}$ 和 $H_{\max}$ 的取值由公交企业与政府管理部门协商确定。为了保证发车时刻表在实际中易于操作执行，将首班首站计划发车时刻 d_1 和发车间隔 h_j 均设置为以分钟为单位的整数变量。

当接运公交 j 在换乘枢纽内公交首末站点的计划发车（离站）时刻与轨道交通列车 i 到达换乘枢纽内轨道交通站点的时刻间的时间差能大于从轨道交通站台步行至公交首末站所需时间时，列车 i 上的换乘乘客才有机会乘坐接运公交 j 离开，具体参见公式(8-37)和(8-38)。

$$M \cdot (y_{ij} - 1) \leqslant d_j - A_i - WT < M \cdot y_{ij}, \forall i = 1,2,\cdots,I; j = 1,2,\cdots,J \tag{8-37}$$

式中：M——一个给定的足够大的正数；
y_{ij}——二元变量：当列车 i 上的换乘乘客有机会乘坐接运公交 j 离开时，等于 1，否则等于 0；
A_i——轨道交通列车 i 到达换乘枢纽内轨道交通站点的时刻；
WT——从轨道交通站台步行至公交首末站点内线路 l 上车区所需时间(min)。

$$y_{ij} \in \{0,1\}, \forall i = 1,2,\cdots,I; j = 1,2,\cdots,J \tag{8-38}$$

然而，现实中由于接运公交单车运输能力与大规模换乘客流间的不匹配（尤其是客流高峰期），即使二元变量 y_{ij} 等于 1，仍然存在列车 i 上的所有或部分换乘乘客无法顺利乘坐接运公交 j 离开，需要排队等待后续接运公交车次的现象。换言之，当且仅当同时满足 $y_{ij} = 1$ 以及接运公交 j 有充足余位时，列车 i 上的换乘乘客才可顺利乘坐接运公交 j 离开。顺利乘坐接运公交 j 离开枢纽的来自列车 i 的乘客数量，可按公式(8-39)~(8-41)计算其值。

$$0 \leqslant u_{ij} \leqslant M \cdot y_{ij}, \forall i = 1,2,\cdots,I; j = 1,2,\cdots,J \qquad (8-39)$$

式中：u_{ij}——顺利乘坐接运公交j离开枢纽的来自列车i的乘客数(人)。

$$u_{ij} \leqslant \min(w_{ij}, C_j - v_{ij}), \forall i = 1,2,\cdots,I; j = 1,2,\cdots,J \qquad (8-40)$$

式中：w_{ij}——等待乘坐接运公交j离开枢纽的来自列车i的乘客数(人)；
C_j——接运公交j的核定载客数(人/辆)；
v_{ij}——当来自列车i的换乘乘客开始登上接运公交j时，车内已载乘客数(人)。

$$u_{ij} \geqslant \min(w_{ij}, C_j - v_{ij}) + M \cdot (y_{ij} - 1), \forall i = 1,2,\cdots,I; j = 1,2,\cdots,J \qquad (8-41)$$

公式(8-39)~(8-41)表明u_{ij}等于$y_{ij} \cdot \min(w_{ij}, C_j - v_{ij})$。其中，等待乘坐接运公交$j$离开枢纽的来自列车$i$的乘客数量$w_{ij}$可按公式(8-42)计算。

$$w_{ij} = \begin{cases} P_i, j = 1; \\ P_i - \sum_{k=1}^{j-1} u_{ik}, j = 2,3,\cdots,J. \end{cases} \forall i = 1,2,\cdots,I \qquad (8-42)$$

式中：P_i——列车i上需换乘目标接运公交线路l的乘客数(人)。

参数P_i的具体取值可根据换乘客流量历史数据估计所得。在一些安装有自动售检票系统(AFC)的城市，客流量数据可以从乘客刷卡记录数据中统计获取。

当来自列车i的换乘乘客开始登上接运公交j时，接运公交车内已载乘客数量v_{ij}可按公式(8-43)计算。

$$v_{ij} = \begin{cases} 0, i = 1; \\ \sum_{k=1}^{i-1} u_{kj}, i = 2,3,\cdots,I. \end{cases} \forall j = 1,2,\cdots,J \qquad (8-43)$$

因此，列车i上需要换乘接运公交线路l的所有乘客的总换乘等待时间可按公式(8-44)计算。

$$twt_i = \sum_{j=1}^{J} u_{ij} \cdot (d_j - A_i - WT), \forall i = 1,2,\cdots,I \qquad (8-44)$$

式中：twt_i——轨道交通列车i上需换乘线路l的乘客的总换乘等待时间(min)。

接运公交线路l合理的发车时刻表应不仅能减少枢纽内轨道交通换乘乘客的总换乘等待时间(乘客出行成本)，同时也应尽可能降低企业运营成本。故构建目标函数即公式(8-45)以同时响应上述诉求。本质上,减少乘客成本和降低企业成本互为矛盾,需要综合权衡双方利益,为减少乘客的换乘等待时间需要提供高频率的接运公交服务,而高频率的公交服务则意味着公交企业运营成本的大幅增加,因而,在接运公交线路确定的背景下,以发车间隔的倒数值大小衡量企业运营成本的高低,如公式(8-45)右边第二项所示。

$$\min z = \mu_1 \cdot \sum_{i=1}^{I} twt_i + \mu_2 \cdot \sum_{j=1}^{J-1} (V/h_j) \tag{8-45}$$

式中:z—— 目标函数值(min);

μ_1—— 非负权重系数,反映减少乘客成本的重要性;

μ_2—— 非负权重系数,反映降低企业成本的重要性;

V—— 常量参数,反映接运公交车型对企业运营成本的影响($\min^2$),可根据企业年度财务报告确定参数值。

同时还需考虑以下重要约束条件:研究时段内列车 i 上需要换乘接运公交线路 l 的所有乘客都可顺利乘坐该线路离开,参见公式(8-46)。

$$\sum_{j=1}^{J} u_{ij} = P_i, \forall i = 1,2,\cdots,I \tag{8-46}$$

为了简化计算以增强模型的实用性,采用罚函数法,即任何不满足约束条件(8-46)的解都会被惩罚。当公式(8-45)增加了约束条件(8-46)对应的罚函数后,目标函数更新为公式(8-47)。

$$\min z = \mu_1 \cdot \sum_{i=1}^{I} twt_i + \mu_2 \cdot \sum_{j=1}^{J-1} (V/h_j) + \mu_3 \cdot \sum_{i=1}^{I} \left(P_i - \sum_{j=1}^{J} u_{ij}\right) \tag{8-47}$$

式中:μ_3—— 罚因子(min/人),表示每增加一位未能顺利乘坐接运公交线路 l 离开的乘客目标函数值相应增加 μ_3 min。

综上所述,基于给定的轨道交通时刻表,接运公交时刻表最优方案可通过求解以下混合整数非线性规划模型获取。具体需要求解的决策变量为:给定时间范围内首班接运公交首站计划发车时刻和由任意连续两班接运公交间的计划发车间隔构成的一组计划发车间隔集合。

目标函数:式(8-47)

约束条件:式(8-33)~(8-44)

8.2.3 嵌入枚举过程的遗传算法

针对上述混合整数非线性规划模型,提出利用遗传算法求解模型。遗传算法作为一种随机局部搜索算法,相较于其他局部搜索方法,具有全局并行搜索、简单通用、鲁棒性强等优点。遗传算法的第一步是对运行计划进行基因表达，即确定编码和解码运算。由于决策变量均为整数变量，直接采用基于 0 和 1 的二值编码形式并辅以一定的解码运算即可。例如，当用 1 个 8 位的二值数表示 h_j 的值时相当于将 h_j 的变量域离散化为二值域 $[0,255]$，此时若 h_j 实际的变量范围为 $[3,10]$ 时，仅需辅以令 h_j 等于 $(3+7 \cdot b/255)$ 取整结果的解码运算。图 8-8 给出了染色体基因表达范例。

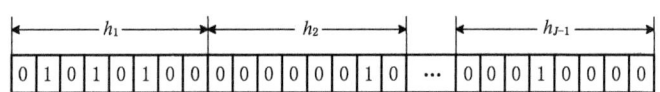

图 8-8　染色体基因排列示意图

由公式(8-34)不难发现，基于任一组可行的发车间隔集合，给定时间范围内首班接运公交首站计划发车时刻的所有可行解可直接通过枚举确定。基于此，最终设计了嵌入枚举过程的遗传算法求解上述混合整数非线性规划模型，具体流程与步骤见图 8-9。

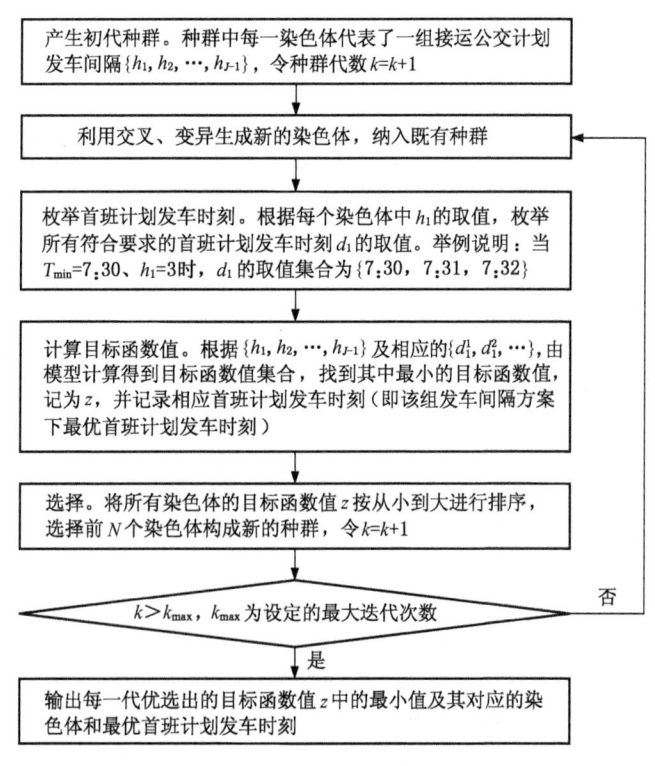

图 8-9　嵌入枚举过程的遗传算法流程图

8.2.4 算例分析

基于以下算例验证所提出的轨道交通接运公交时刻表协调设计优化模型及遗传算法的有效性。算例设计情景为某一综合交通换乘枢纽内 7:30 am—8:00 am（早高峰）间到站的 9 列（即 $I=9$）轨道交通列车车次上存在大量需要换乘某一指定接运公交线路的乘客。这 9 列列车车次具体的到站时刻及其各自相应的换乘需求参见表 8-7。给定时间范围内接运公交最大可发车次数设为 12（即 $J=12$），现状首班首站计划发车时刻为 7:32 am，各车次间现状计划发车间隔均为 4 min。

从轨道交通站台步行至公交首末站点内目标线路上车区平均所需时间 WT 设为 3 min。《城市公共交通分类标准(CJJ/T114—2007)》中将定员数量小于等于 80 人的公共汽车定义为适用于支路以上等级道路的中型公共汽车，故本算例中将接运公交车辆核定载客数量 C_j 统一设为 80 人，其对运营成本的影响 S 设为 500 min²。给定时间范围内计划发车间隔取值的下限 H_{min} 和上限 H_{max} 分别设为 3 min 和 10 min，相应地，接运公交最早首站计划发车时刻 T_{min} 设为 7:30 am。

表 8-7 列车到站时刻及车上换乘乘客数

i	1	2	3	4	5	6	7	8	9
A_i	7:33	7:38	7:43	7:46	7:49	7:52	7:55	7:58	8:01
P_i(人)	43	35	53	76	85	91	73	65	48

经过多次试算确定权重 μ_1、μ_2 和罚因子 μ_3 的取值分别为 1、1 和 15。同样，通过试算确定遗传算法的交叉率 P_c 和变异率 P_m 分别为 0.9 和 0.5。种群规模 N 为 50，种群最大代数 k_{max} 设为 500。在 MATLAB(R2013a)平台编写求解程序，具体计算过程在一台内存为 8G 的台式机(Intel Core i3-2100 CPU @ 3.10GHz)上完成。

1. 等间隔发车方案

当采取等间隔发车时，共有 52 组可行解，可考虑直接采用枚举方法求解模型。如表 8-8 所示，当采取等间隔发车时，经协调优化后目标线路在 7:30 am—8:00 am 时间段内的首班接运公交首站计划发车时刻为 7:31 am，连续两班接运公交间计划发车间隔为 3 min。

在优化后的发车计划下乘客总换乘等待时间为 203 min，企业运营成本等价为 1 833 min，而当按照现状时刻表发车时换乘乘客总等待时间为 2 527 min，企业运营成本为 1 375 min。与现状发车时刻表相比，优化后发车计划能在仅增加 33% 的运营成本的情况下有效降低 92% 的总换乘等待时间。

为探索权重取值对时刻表设计方案的影响，利用枚举方法分别计算了不同权重取值下等间隔发车计划及其对应的乘客换乘等待时间、企业运营成本、换乘失败情况(表 8-8),为调度管理人员实际进行权重设置提供借鉴与参考。通过比较情景 1 和情景 6,易发现通过微调接运公交发车时刻表可大幅度减少轨道交通换乘乘客的等待时间,再次说明了所建优化模型的实际应用价值。

表 8-8 不同权重取值下等间隔时刻表优化方案

情景	μ_1	d_1	h_j (min)	$\sum_{i=1}^{I} twt_{ij}$ (min)	$\sum_{j=1}^{J-1} (V/h_j)$ (min)	$\sum_{i=1}^{I} \left(P_i - \sum_{j=1}^{J} u_{ij} \right)$ (人)
1	—	7:32	4	2 527	1 375	0
2	1	7:31	3	203	1 833	0
3	0.75	7:31	3	203	1 833	0
4	0.5	7:31	3	203	1 833	0
5	0.4	7:31	3	203	1 833	0
6	0.3	7:30	4	1 641	1 375	0
7	0.2	7:31	5	2 968	1 100	0
8	0.1	7:31	5	2 968	1 100	0

2. 非等间隔发车方案

当采取非等间隔发车时,共存在 $8^{10} \times 52$ 个可行解,此时枚举算法已不适用,故采用所设计的嵌入枚举过程的遗传算法获取模型近似最优解(见表 8-9)。遗传算法具体迭代进化过程见图 8-10。其中,目标函数值随着迭代次数的增加逐步下降,进化至第 49 代时已趋于稳定,表明所设计的遗传算法具有较好的收敛性。

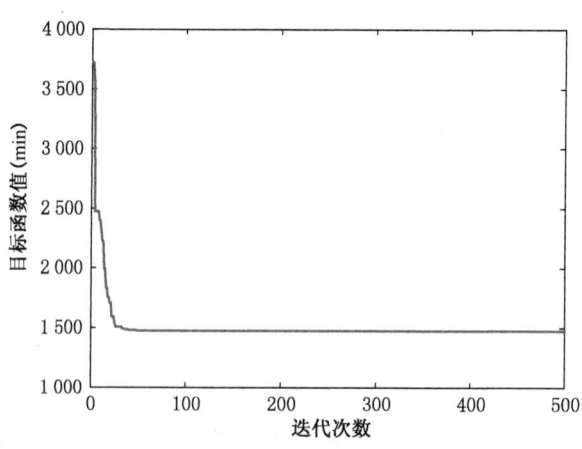

图 8-10 遗传算法迭代进化曲线

经协调优化后目标线路在 7:30 am—8:00 am 时间段内的首班接运公交首站计划发车时刻为 7:30 am,连续两班接运公交间计划发车间隔依次为 6 min、

5 min、5 min、3 min、3 min、3 min、3 min、3 min、3 min、10 min 和 10 min,该方案下对应的乘客总换乘等待时间为 90 min,企业运营成本等价为 1 385 min。与现状发车时刻表相比能在几乎不增加(仅增加 0.7%)运营成本的情况下有效降低 96% 的总换乘等待时间,故相较于等间隔发车方案,非等间隔发车方案更为合理。

表 8-9 不同情景下时刻表优化方案

变量	现状时刻表	优化后时刻表	
		等间隔发车	非等间隔发车
d_j	7:32,7:36,7:40, 7:44,7:48,7:52, 7:56,8:00,8:04, 8:08,8:12,8:16	7:31,7:34,7:37, 7:40,7:43,7:46, 7:49,7:52,7:55, 7:58,8:01,8:04	7:30,7:36,7:41, 7:46,7:49,7:52, 7:55,7:58,8:01, 8:04,8:14,8:24
$\sum_{i=1}^{I} twt_{ij}$ (min)	2 527	203	90
$\sum_{j=1}^{J-1} (V/h_j)$ (min)	1 375	1 833	1 385
$\sum_{i=1}^{I} \left(P_i - \sum_{j=1}^{J} u_{ij} \right)$ (人)	0	0	0

3. 车型对发车计划的影响

双层公交车适用于高客流量公交线路,已被伦敦、新加坡、香港等城市广泛应用于大运量轨道交通接运公交线路。双层公交车相较于常规的单层公交车,单车载客能力与运营成本均有所提高。本算例中假设双层公交车额定载客能力 C_j 为 120 人/车,运营成本参数 V 为 750 $\min^2$。其他参数取值不变的情况下,获取双层公交车情景下接运公交最优的等间隔发车计划。如表 8-10 所示,等间隔发车情况下采用双层公交车所对应的最优发车计划与采用单层公交车时所对应的最优发车计划相同,即首班计划发车时刻为 7:31,之后每隔 3 min 发一班。若采用双层公交车,在优化后的发车计划下乘客总换乘等待时间为 113 min,企业运营成本等价为 2 750 min。相较于采用单层公交车,在增加了 50% 运营成本的基础上减少了 44% 乘客总换乘等待时间,可见对于表 8-7 给出的换乘需求,采用双层公交车接驳轨道交通相较于单层公交车无显著优势。在实际中,调度人员可利用优化模型分别计算不同车型方案下最优的发车计划及其对应的乘客成本与企业成本,以便制订出适宜的接运公交发车计划。

为进一步探索接运公交车型对模型优化结果的影响,分别计算了不同换乘需求下单层公交车等间隔发车计划及其对应乘客总换乘等待时间、企业运营成本、换乘成功人数和双层公交车等间隔发车计划及其对应乘客总换乘等待时间、企业运营成本、换乘成功人数。不同情景下各列列车上具体换乘乘客数见表 8-11。

表 8-10　不同车型下时刻表优化方案

变量	现状时刻表（单层公交车）	等间隔时刻表	
		单层公交车	双层公交车
d_j	7:32, 7:36, 7:40, 7:44, 7:48, 7:52, 7:56, 8:00, 8:04, 8:08, 8:12, 8:16	7:31, 7:34, 7:37, 7:40, 7:43, 7:46, 7:49, 7:52, 7:55, 7:58, 8:01, 8:04	7:31, 7:34, 7:37, 7:40, 7:43, 7:46, 7:49, 7:52, 7:55, 7:58, 8:01, 8:04
$\sum_{i=1}^{I} twt_{ij}$ (min)	2 527	203	113
$\sum_{j=1}^{J-1} (V/h_j)$ (min)	1 375	1 833	2 750
$\sum_{i=1}^{I} \left(P_i - \sum_{j=1}^{J} u_{ij} \right)$ (人)	0	0	0

表 8-11　不同情景下各列列车上换乘乘客数

i	情景	1	2	3	4	5	6	7	8	9
P_i(人)	1	43	35	53	76	85	91	73	65	48
	2	53	45	63	86	95	101	83	75	58
	3	63	55	73	96	105	111	93	85	68
	4	73	65	83	106	115	121	103	95	78
	5	83	75	93	116	125	131	113	105	88
	6	93	85	103	126	135	141	123	115	98
	7	103	95	113	136	145	151	133	125	108
	8	113	105	123	146	155	161	143	135	118
	9	123	115	133	156	165	171	153	145	128
	10	133	125	143	166	175	181	163	155	138
	11	143	135	153	176	185	191	173	165	148

定义 r_{twt} 为与乘客总换乘等待时间相关的比率值，按式(8-48)计算，用以表征双层公交车相较于单层公交车在减少乘客总换乘等待时间方面的优势。

$$r_{twt} = \frac{\sum_{i=1}^{I} twt_i^S - \sum_{i=1}^{I} twt_i^D}{\sum_{i=1}^{I} twt_i^S} \times 100\% \qquad (8-48)$$

式中：twt_i^S——单层公交车情景中轨道交通列车 i 上需要换乘接运公交线路 l 的所有乘客的总换乘等待时间(min)；

twt_i^D——双层公交车情景中轨道交通列车 i 上需要换乘接运公交线路 l 的所

有乘客的总换乘等待时间(min)。

定义 r_h 为与企业运营成本相关的比率值,按式(8-49)计算,用以表征双层公交车相较于单层公交车在降低企业运营成本方面的劣势。

$$r_h = \frac{\sum_{j=1}^{J-1}(V^D/h_j^D) - \sum_{j=1}^{J-1}(V^S/h_j^S)}{\sum_{j=1}^{J-1}(V^S/h_j^S)} \times 100\% \qquad (8-49)$$

式中:V^D—— 常量参数,反映接运公交双层车型对企业运营成本的影响(min^2);

h_j^D—— 双层公交车情景中接运公交 j 和接运公交 $j+1$ 之间的计划发车间隔(min);

V^S—— 常量参数,反映接运公交单层车型对企业运营成本的影响(min^2);

h_j^S—— 单层公交车情景中接运公交 j 和接运公交 $j+1$ 之间的计划发车间隔(min)。

定义 r_u 为与换乘成功人数相关的比率值,按式(8-50)计算,用以表征双层公交车相较于单层公交车在减少换乘失败情况方面的优势。

$$r_u = \frac{\sum_{i=1}^{I}\sum_{j=1}^{J}u_{ij}^D - \sum_{i=1}^{I}\sum_{j=1}^{J}u_{ij}^S}{\sum_{i=1}^{I}\sum_{j=1}^{J}u_{ij}^S} \times 100\% \qquad (8-50)$$

式中:u_{ij}^D—— 双层公交车情景中顺利乘坐接运公交 j 离开换乘枢纽的来自列车 i 的乘客数(人);

u_{ij}^S—— 单层公交车情景中顺利乘坐接运公交 j 离开换乘枢纽的来自列车 i 的乘客数(人)。

不同换乘需求情景中,变量 r_{twt}、r_h 和 r_u 的取值如图8-11所示。在情景1至11中,相较于单层公交车所对应的最优发车计划,双层公交车所对应的最优发车计划总是可以更大幅度地减少乘客总换乘等待时间,但 r_{twt} 的值随着换乘需求的增加呈现先增大后减小的趋势,在换乘总需求为839人时达到极值。在情景1至11中,r_h 的值在每一个换乘需求情景中均等于50%,即相较于单层公交车所对应的最优发车计划,双层公交车所对应的最优发车计划总是增加了50%的运营成本。在情景1至11中,r_u 的值在每一个换乘需求情景中均大于0,即相较于单层公交车所对应的最优发车计划,双层公交车所对应的最优发车计划总是可以让更多的换乘乘客乘坐接运公交离开换乘枢纽。由图8-11还可知,仅当换乘需求处于某一区间时,利用双层公交车接驳轨道交通乘客才有显著优势。

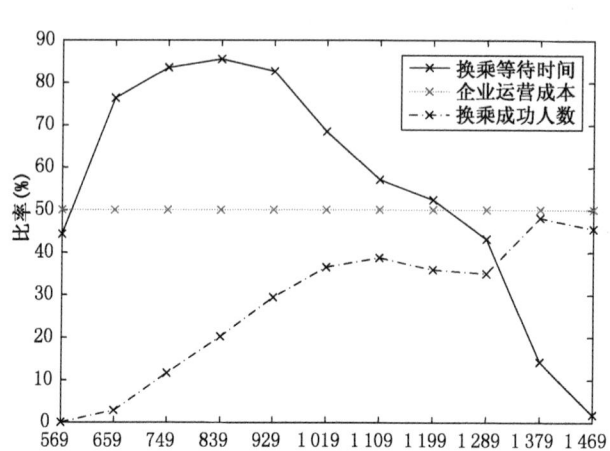

图 8-11　不同换乘需求情景中车型的影响

8.3　本章小结

考虑到地面公交与轨道交通的换乘需求,本章提出了基于协同调度的非接运公交线路时间控制点时刻表设计方法和轨道交通接运公交时刻表设计方法。针对非接运公交线路,构建了考虑公交运行时间随机性、驾驶员恢复行为和乘客换乘行为的混合整数线性规划模型,旨在减小公交车辆实际运行与计划时刻表的偏差以及地面公交与轨道交通间的换乘等待时间。借助蒙特卡罗仿真即可利用分支定界法求解模型获取最优的松弛时间方案。各时间控制点处的计划到站时刻为上一时间控制点处的计划到站时刻加上这两控制点间区段上的计划运行时间,而计划运行时间为平均运行时间加上松弛时间。即根据松弛时间可推导出完整的控制点时刻表。针对专为轨道交通接送客流的地面公交线路,基于给定的轨道交通时刻表,提出了考虑乘客在枢纽内排队过程的接运公交时刻表协调设计优化方法,旨在减少乘客换乘等待时间(乘客出行成本)同时尽可能降低企业运营成本。由于建立的接运公交时刻表协调设计优化模型为混合整数非线性规划模型,设计了嵌入枚举过程的遗传算法求解给定时间范围内首班接运公交首站计划发车时刻和任意连续两班接运公交车辆间计划发车时间间隔。算例分析结果表明,经协调设计后的接运公交时刻表在不过度增加企业运营负担的同时可有效减少乘客换乘等待时间。

第 9 章
基于协同调度的首末班运行计划优化

随着公共交通服务质量的提升和精细化管理的迫切性日益提高,非客流高峰期换乘问题开始引起关注。相较于客流高峰期换乘问题,非客流高峰期换乘乘客量较小,但由于非高峰期线路发车频率低使得换乘等待时间多超出乘客可容忍范围,易引起乘客对公共交通服务的强烈不满。非客流高峰期换乘问题中包含两类特殊的换乘问题:首班换乘问题与末班换乘问题。

9.1 轨道交通首班列车运行计划优化

城市轨道交通系统快捷、可靠、安全、舒适的特点使其在亚洲大城市居民的日常生活中承担了越来越重要的角色。新加坡、香港、北京、上海、广州等城市已进入轨道交通网络化运营的新阶段。在轨道交通网络内部,线路间的便捷换乘使得轨道交通网络可达性大大提高。此时,原本独立运营的各线路通过换乘产生直接或间接的联系。单条线路的首班列车运行计划不仅影响到本线乘客的出行,更大程度上还会通过换乘站点将影响扩大至整个轨道交通网络。当轨道交通网络内线路间首班列车运行计划未协调匹配时,换乘乘客需承受过长的等待时间。出行时间的大幅度增加则将大大降低轨道交通服务对出行者(尤其是对时间较为敏感的早间通勤者)的吸引力,故有必要面向轨道交通网络内的首班换乘需求研究轨道交通首班列车运行计划优化方法。尽管此类问题优化目标与高峰期换乘问题优化目标相同,均为最小化乘客换乘等待时间,但其换乘车次识别方法,需进行专门研究。

9.1.1 问题描述

定义有向图 $G(S_r, L_r)$ 表示待优化的城市轨道交通网络,其中 S_r 代表轨道交通站点集合;L_r 代表轨道交通线路集合。每一条轨道交通线路的上下行将被分别视作独立的研究对象。$\hat{s}$ 表示某一具体的轨道交通站点,隶属于 $S_r(\hat{l})$,其中,集合

$S_r(\hat{l})$为轨道交通线路$\hat{l}$沿途经过的所有站点的集合。

假定在研究时间范围内目标轨道交通线路按照固定且已知的列车运行计划(即现状运行计划)准点运行。基于现状运行计划,可获取以下与轨道交通线路$\hat{l}$相关的运行参数:(1)研究时间范围内轨道交通线路$\hat{l}$计划发车间隔;(2)轨道交通线路$\hat{l}$在轨道站$\hat{s}$和轨道站$\hat{s}+1$之间区段的计划运行时间;(3)轨道交通线路$\hat{l}$在轨道站$\hat{s}$处的计划停靠时间。另外,通过实际调查获取轨道站$\hat{s}$处乘客从线路$\hat{l}_m$步行至线路$\hat{l}_n$的平均换乘步行时间。

根据上述已知参数,可通过优化线路首班列车计划发车时刻来协调目标首班列车在换乘站点处的计划到站时刻和与其存在换乘关系的相应线路在换乘站点处的计划离站时刻以减少目标首班列车上乘客的换乘等待时间。即拟构建的首班列车运行计划优化模型关键决策变量为:协调后轨道交通线路$\hat{l}$首班列车计划发车时刻。

9.1.2 首班列车运行计划优化模型

1. 基础模型

根据轨道交通线路$\hat{l}$区段计划运行时间、站点处停靠时间及其优化后首班列车计划发车时刻,可推导出优化后线路$\hat{l}$首班列车于轨道站$\hat{s}$处计划到站时刻,如(9-1)所示。

$$a_{\hat{l}}^{\hat{s}} = d_{\hat{l}} + \sum_{i \in S_r(\hat{l}), i < \hat{s}} RT_{\hat{l}}^i + \sum_{i \in S_r(\hat{l}), i < \hat{s}} DT_{\hat{l}}^i, \forall \hat{s} \in S_r(\hat{l}), \hat{l} \in L_r \quad (9-1)$$

式中:$a_{\hat{l}}^{\hat{s}}$——优化后轨道交通线路$\hat{l}$首班列车于轨道站$\hat{s}$处计划到站时刻;

$d_{\hat{l}}$——优化后轨道交通线路$\hat{l}$首班列车计划发车时刻;

$RT_{\hat{l}}^{\hat{s}}$——轨道交通线路$\hat{l}$在轨道站$\hat{s}$和轨道站$\hat{s}+1$之间区段的计划运行时间(min);

$DT_{\hat{l}}^{\hat{s}}$——轨道交通线路$\hat{l}$在轨道站$\hat{s}$处的计划停靠时间(min)。

优化后线路$\hat{l}$首班列车于轨道站$\hat{s}$处的计划离站时刻为首班列车于轨道站$\hat{s}$处的计划到站时刻与计划停靠时间之和,如式(9-2)所示。

$$d_{\hat{l}}^{\hat{s}} = a_{\hat{l}}^{\hat{s}} + DT_{\hat{l}}^{\hat{s}}, \forall \hat{s} \in S_r(\hat{l}), \hat{l} \in L_r \quad (9-2)$$

式中:$d_{\hat{l}}^{\hat{s}}$——优化后轨道交通线路$\hat{l}$首班列车于轨道站$\hat{s}$处计划离站时刻。

轨道交通线路运行计划在不过度增加企业运营成本的前提下应最大限度地满足居民出行需求,故线路首班列车于各轨道站处计划离站时刻被要求限定在一定时间区间内,即

$$T_{\min}^{er} \leqslant d_{\hat{l}}^{\hat{s}} \leqslant T_{\max}^{er}, \forall \hat{s} \in S_r(\hat{l}), \hat{l} \in L_r \qquad (9-3)$$

式中：$T_{\min}^{er}$——所允许的首班列车于各轨道站点处的最早计划离站时刻；

$T_{\max}^{er}$——所允许的首班列车于各轨道站点处的最晚计划离站时刻。

所允许的首班列车于各轨道站点处的最早计划离站时刻和最晚计划离站时刻为运行计划优化模型中两个重要参数，由轨道交通运营企业和政府管理部门协商确定。

首班列车计划发车时刻即为首班列车于首站处计划离站时刻，故

$$T_{\min}^{er} \leqslant d_{\hat{l}} \leqslant T_{\max}^{er}, \forall \hat{l} \in L_r \qquad (9-4)$$

基于各线路首班列车于各轨道站点处的计划到站时刻、离站时刻，即可推算出在轨道站$\hat{s}$处线路$\hat{l}_m$首班列车与线路$\hat{l}_n$首班列车间换乘衔接时间，即

$$ct_{\hat{l}_m \hat{l}_n}^{\hat{s}} = d_{\hat{l}_n}^{\hat{s}} - a_{\hat{l}_m}^{\hat{s}} - W_{\hat{l}_m \hat{l}_n}^{\hat{s}}, \forall \hat{s} \in S_r(\hat{l}_m) \bigcap S_r(\hat{l}_n); \hat{l}_m, \hat{l}_n \in L_r \qquad (9-5)$$

式中：$ct_{\hat{l}_m \hat{l}_n}^{\hat{s}}$——轨道站$\hat{s}$处轨道交通线路$\hat{l}_m$首班列车乘客换乘至轨道交通线路$\hat{l}_n$首班列车时换乘衔接时间(min)；

$d_{\hat{s}_n}^{\hat{l}}$——优化后轨道交通线路$\hat{l}_n$首班列车于轨道站$\hat{s}$处计划离站时刻；

$a_{\hat{l}_m}^{\hat{s}}$——优化后轨道交通线路$\hat{l}_m$首班列车于轨道站$\hat{s}$处计划到站时刻；

$W_{\hat{l}_m \hat{l}_n}^{\hat{s}}$——轨道站$\hat{s}$处乘客从线路$\hat{l}_m$步行至线路$\hat{l}_n$平均所需时间(min)。

由式(9-5)易知，换乘衔接时间$ct_{\hat{l}_m \hat{l}_n}^{\hat{s}}$的取值可能为正数(如图9-1所示)，可能等于零(如图9-2所示)，也可能为负数(如图9-3所示)。假设轨道交通列车载客能力总能满足换乘需求，即换乘乘客总能顺利乘坐其到站后最先到站的列车离开，该假设与非客流高峰期实际情况相符。

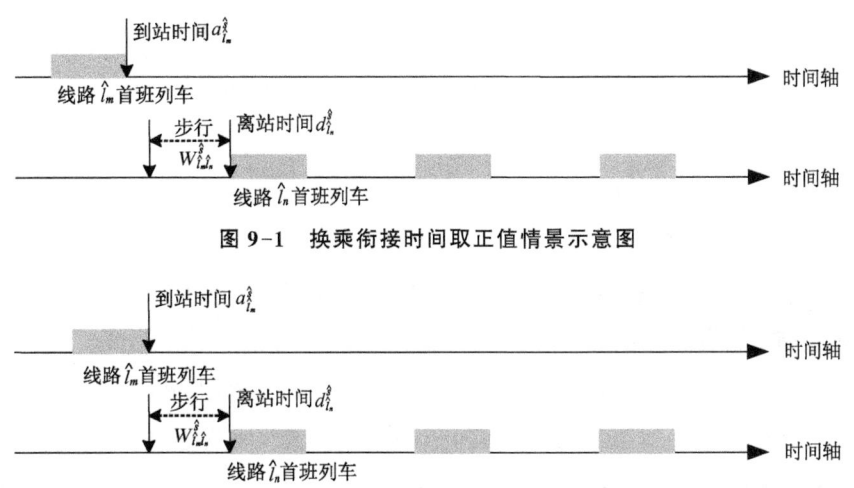

图9-1 换乘衔接时间取正值情景示意图

图9-2 换乘衔接时间取零值情景示意图

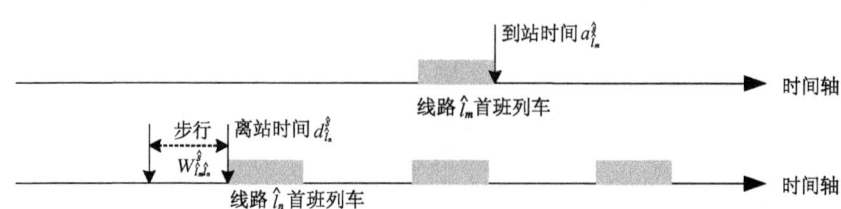

图 9-3 换乘衔接时间取负值情景示意图

当 $ct_{\hat{l}_m\hat{l}_n}^{\hat{s}}$ 取值为非负数时,说明线路 $\hat{l}_m$ 首班列车上乘客可以顺利在轨道站 $\hat{s}$ 处乘坐线路 $\hat{l}_n$ 首班列车离开,即此时换乘衔接时间 $ct_{\hat{l}_m\hat{l}_n}^{\hat{s}}$ 即为乘客实际的换乘等待时间,如式(9-6)所示:

$$wt_{\hat{l}_m\hat{l}_n}^{\hat{s}} = c_{\hat{l}_m\hat{l}_n}^{\hat{s}}, \forall \hat{s} \in S_r(\hat{l}_m) \cap S_r(\hat{l}_n); \hat{l}_m, \hat{l}_n \in L_r \quad (9-6)$$

式中:$wt_{\hat{l}_m\hat{l}_n}^{\hat{s}}$ —— 轨道站 $\hat{s}$ 处轨道交通线路 $\hat{l}_m$ 首班列车乘客换乘至轨道交通线路 $\hat{l}_n$ 时的换乘等待时间(min)。

反之,当 $ct_{\hat{l}_m\hat{l}_n}^{\hat{s}}$ 取值为负数时,意味着线路 $\hat{l}_m$ 首班列车上乘客在轨道站 $\hat{s}$ 处无法赶上线路 $\hat{l}_n$ 首班列车,而将乘坐其到站后线路 $\hat{l}_n$ 最先到达轨道站 $\hat{s}$ 的列车(可能是线路 $\hat{l}_n$ 的第二班列车、第三班列车……)离开,此时换乘衔接时间 $ct_{\hat{l}_m\hat{l}_n}^{\hat{s}}$ 与乘客实际的换乘等待时间 $wt_{\hat{l}_m\hat{l}_n}^{\hat{s}}$ 满足以下关系式:

$$wt_{\hat{l}_m\hat{l}_n}^{\hat{s}} = c_{\hat{s}\hat{m}}^{\hat{l}_n} + n_{\hat{l}_m\hat{l}_n}^{\hat{s}} \cdot H_{\hat{l}_n}, \forall \hat{s} \in S_r(\hat{l}_m) \cap S_r(\hat{l}_n); \hat{l}_m, \hat{l}_n \in L_r \quad (9-7)$$

式中:$n_{\hat{l}_m\hat{l}_n}^{\hat{s}}$ —— 轨道站 $\hat{s}$ 处轨道交通线路 $\hat{l}_m$ 首班列车乘客顺利换乘至轨道交通线路 $\hat{l}_n$ 后所乘列车与线路 $\hat{l}_n$ 首班列车间相差班次数(班);

$H_{\hat{l}_n}$ —— 研究时间范围内轨道交通线路 $\hat{l}_n$ 计划发车间隔(min)。

$$n_{\hat{l}_m\hat{l}_n}^{\hat{s}} = \left[\frac{ct_{\hat{l}_m\hat{l}_n}^{\hat{s}}}{H_{\hat{l}_n}}\right]^+, \forall \hat{s} \in S_r(\hat{l}_m) \cap S_r(\hat{l}_n); \hat{l}_m, \hat{l}_n \in L_r \quad (9-8)$$

式中:$[\ ]^+$ —— 向上取整操作。

式(9-8)用以确保轨道交通线路 $\hat{l}_m$ 首班列车乘客所乘列车为其到站后最先到达轨道站 $\hat{s}$ 的来自线路 $\hat{l}_n$ 的列车。

为统一两种情况下换乘衔接时间 $ct_{\hat{l}_m\hat{l}_n}^{\hat{s}}$ 与换乘等待时间 $wt_{\hat{l}_m\hat{l}_n}^{\hat{s}}$ 的关系式,增加辅助二元变量 $y_{\hat{l}_m\hat{l}_n}^{\hat{s}}$,如式(9-9)和(9-10)所示。当轨道交通线路 $\hat{l}_m$ 首班列车于轨道站 $\hat{s}$ 处的计划到站时刻比轨道交通线路 $\hat{l}_n$ 首班列车于轨道站 $\hat{s}$ 处的计划离

站时刻至少提前乘客从线路 $\hat{l}_m$ 步行至线路 $\hat{l}_n$ 所需时间时(即当 $d_{\hat{l}_n}^{\hat{s}} - a_{\hat{l}_m}^{\hat{s}} - W_{\hat{l}_m \hat{l}_n}^{\hat{s}}$ $\geqslant 0$ 时), $y_{\hat{l}_m \hat{l}_n}^{\hat{s}}$ 等于 1,否则等于 0。

$$M \cdot (y_{\hat{l}_m \hat{l}_n}^{\hat{s}} - 1) \leqslant d_{\hat{l}_n}^{\hat{s}} - a_{\hat{l}_m}^{\hat{s}} - W_{\hat{l}_m \hat{l}_n}^{\hat{s}} < M \cdot y_{\hat{l}_m \hat{l}_n}^{\hat{s}}, \forall \hat{s} \in S_r(\hat{l}_m) \cap S_r(\hat{l}_n);$$
$$\hat{l}_m, \hat{l}_n \in L_r \tag{9-9}$$

式中:M——一个足够大的已知正数。

$$y_{\hat{l}_m \hat{l}_n}^{\hat{s}} \in \{0,1\}, \forall \hat{s} \in S_r(\hat{l}_m) \cap S_r(\hat{l}_n); \hat{l}_m, \hat{l}_n \in L_r \tag{9-10}$$

此时,上述两种不同情况下换乘衔接时间 $ct_{\hat{l}_m \hat{l}_n}^{\hat{s}}$ 与换乘等待时间 $wt_{\hat{l}_m \hat{l}_n}^{\hat{s}}$ 的关系式可统一表达成:

$$wt_{\hat{l}_m \hat{l}_n}^{\hat{s}} = ct_{\hat{l}_m \hat{l}_n}^{\hat{s}} + (1 - y_{\hat{l}_m \hat{l}_n}^{\hat{s}}) \cdot n_{\hat{l}_m \hat{l}_n}^{\hat{s}} \cdot H_{\hat{l}_n}, \forall \hat{s} \in S_r(\hat{l}_m) \cap S_r(\hat{l}_n); \hat{l}_m, \hat{l}_n \in L_r \tag{9-11}$$

$$n_{\hat{l}_m \hat{l}_n}^{\hat{s}} = \left[\frac{ct_{\hat{l}_m \hat{l}_n}^{\hat{s}}}{H_{\hat{l}_n}} \right]^+, \forall \hat{s} \in S_r(\hat{l}_m) \cap S_r(\hat{l}_n); \hat{l}_m, \hat{l}_n \in L_r \tag{9-12}$$

合理的轨道交通首班列车运行计划应尽可能减少乘客的换乘等待时间,故将首班列车运行计划优化模型的目标函数定义为:

$$\min z = \sum_{\hat{l}_m \in L_r} \sum_{\hat{s} \in S_r(\hat{l}_m) \cap S_r(\hat{l}_n)} wt_{\hat{l}_m \hat{l}_n}^{\hat{s}} \tag{9-13}$$

式中:z——目标函数值,即网络内总换乘等待时间(min)。

考虑到模型优化目标为使总换乘等待时间最小化,用线性约束条件(9-14)~(9-16)替代非线性约束条件(9-11)和约束条件(9-12)。

$$wt_{\hat{l}_m \hat{l}_n}^{\hat{s}} = ct_{\hat{l}_m \hat{l}_n}^{\hat{s}} + n_{\hat{l}_m \hat{l}_n}^{\hat{s}} \cdot H_{\hat{l}_n}, \forall \hat{s} \in S_r(\hat{l}_m) \cap S_r(\hat{l}_n); \hat{l}_m, \hat{l}_n \in L_r \tag{9-14}$$

$$wt_{\hat{l}_m \hat{l}_n}^{\hat{s}} \geqslant 0, \forall \hat{s} \in S_r(\hat{l}_m) \cap S_r(\hat{l}_n); \hat{l}_m, \hat{l}_n \in L_r \tag{9-15}$$

$$n_{\hat{l}_m \hat{l}_n}^{\hat{s}} \geqslant 0, n_{\hat{l}_m \hat{l}_n}^{\hat{s}} \in \mathbf{Z}, \forall \hat{s} \in S_r(\hat{l}_m) \cap S_r(\hat{l}_n); \hat{l}_m, \hat{l}_n \in L_r \tag{9-16}$$

式中:$\mathbf{Z}$——整数集合。

式(9-15)和(9-16)分别给出了变量 $wt_{\hat{l}_m \hat{l}_n}^{\hat{s}}$ 和 $n_{\hat{l}_m \hat{l}_n}^{\hat{s}}$ 合理的取值范围。基于目标函数(9-13),约束条件(9-14)~(9-16)可实现:当 $ct_{\hat{l}_m \hat{l}_n}^{\hat{s}} \geqslant 0$ 时,$n_{\hat{l}_m \hat{l}_n}^{\hat{s}}$ 等于0;当 $ct_{\hat{l}_m \hat{l}_n}^{\hat{s}} < 0$ 时,$n_{\hat{l}_m \hat{l}_n}^{\hat{s}}$ 等于使 $wt_{\hat{l}_m \hat{l}_n}^{\hat{s}} \geqslant 0$ 的最小正整数。即结合目标函数(9-13),利用约束条件(9-14)~(9-16)可准确识别与线路 $\hat{l}_m$ 首班列车具有换乘关系的来自线路 $\hat{l}_n$ 的车次,并计算乘客相应的换乘等待时间。

综上可知,轨道交通首班列车运行计划优化问题可抽象为以下数学模型:
目标函数:式(9-13)
约束条件:式(9-1)~(9-5)、(9-14)~(9-16)

上述所构建的优化模型为混合整数线性规划模型,可利用分支定界法精确求解,即调用包含分支定界法的整数规划求解器如 CPLEX 便可便捷地获取模型精确解。

2. 考虑换乘关系重要度

在上文所构建的优化模型中,目标函数(9-13)以各目标换乘站处目标换乘关系对应换乘等待时间总和最小为优化对象,未考虑换乘关系重要度差异,将在一定程度上影响优化方案的实际应用效果。如能在模型中充分结合实际情况优先满足具有高重要度的换乘关系将使得最终的首班列车运行计划优化方案能更好地响应实际诉求。

轨道交通网络内换乘关系重要度确定方法可采用(但不限于)以下两种思路:

(1) 根据换乘客流量确定重要度

以历史客流需求,即线路 $\hat{l}_m$ 首班列车于轨道站 $\hat{s}$ 处换乘线路 $\hat{l}_n$ 的历史客流量,衡量各换乘关系的重要度,将目标函数(9-13)更新为

$$\min z = \sum_{\hat{l}_m \in L_r} \sum_{\hat{s} \in S_r(\hat{l}_m) \cap S_r(\hat{l}_n)} P_{\hat{l}_m \hat{l}_n}^{\hat{s}} \cdot wt_{\hat{l}_m \hat{l}_n}^{\hat{s}} \tag{9-17}$$

式中:$P_{\hat{l}_m \hat{l}_n}^{\hat{s}}$ —— 线路 $\hat{l}_m$ 首班列车于轨道站 $\hat{s}$ 处换乘线路 $\hat{l}_n$ 的客流量(人)。

由于乘客利用轨道交通完成出行时仅需在进站、出站时各刷卡一次,即由刷卡记录仅可直接读取乘客出行起讫信息(O-D 信息),而其在轨道交通网络内的具体出行路径无法直接由刷卡数据获取。但可通过在网络内进行客流分配估计乘客出行路径,继而获取各换乘站点处的换乘客流量。因此,尽管参数 $P_{\hat{l}_m \hat{l}_n}^{\hat{s}}$ 的获取工作存在一定难度,但仍具可操作性。

(2) 根据网络拓扑结构确定重要度

以目标换乘关系涉及的换乘线路、换乘站点在整个轨道交通网络内的重要性衡量目标换乘关系的重要度。相较于上述介绍的根据客流量确定重要度的方法,根据网络拓扑结构确定重要度的方法更具可操作性。

线路 $\hat{l}$ 的重要度由以下四要素综合决定:(1)沿线换乘站数量;(2)与其存在换乘关系的线路数量;(3)沿线非换乘站数量;(4)线路长度。根据实际轨道交通网络布局方案确定上述四要素对应参数的取值后,可采用式(9-18)计算线路 $\hat{l}$ 的重要度。

$$\alpha_{\hat{l}} = \varepsilon_1 \cdot \alpha_{\hat{l}1} + \varepsilon_2 \cdot \alpha_{\hat{l}2} + \varepsilon_3 \cdot \alpha_{\hat{l}3} + \varepsilon_4 \cdot \alpha_{\hat{l}4} \tag{9-18}$$

式中:$\alpha_{\hat{l}}$ —— 轨道交通线路 $\hat{l}$ 的重要度;

$\alpha_{\hat{l}1}$ —— 轨道交通线路 $\hat{l}$ 沿线换乘站数量(个);

$\alpha_{\hat{i}2}$ —— 与轨道交通线路 $\hat{i}$ 有换乘关系的轨道交通线路数量（条）；

$\alpha_{\hat{i}3}$ —— 轨道交通线路 $\hat{i}$ 沿线非换乘站数量（个）；

$\alpha_{\hat{i}4}$ —— 轨道交通线路 $\hat{i}$ 的长度（km）；

ε_1 —— 非负权重参数（1/个），表征参数 $\alpha_{\hat{i}1}$ 的重要性；

ε_2 —— 非负权重参数（1/条），表征参数 $\alpha_{\hat{i}2}$ 的重要性；

ε_3 —— 非负权重参数（1/个），表征参数 $\alpha_{\hat{i}3}$ 的重要性；

ε_4 —— 非负权重参数（1/km），表征参数 $\alpha_{\hat{i}4}$ 的重要性。

需要说明的是，参数 ε_1、ε_2、ε_3、ε_4 的合理取值可由经验丰富的轨道交通运营管理人员确定，但需保证 $\varepsilon_1 + \varepsilon_2 + \varepsilon_3 + \varepsilon_4 = 1$。

轨道站 $\hat{s}$ 的重要度由其所属线路的重要性决定，采用(9-19)计算其值。

$$\beta_{\hat{s}} = \sum_{\hat{i} \in L_r(\hat{s})} \alpha_{\hat{i}} \tag{9-19}$$

式中：$\beta_{\hat{s}}$ —— 轨道站 $\hat{s}$ 的重要度；

$L_r(\hat{s})$ —— 途经轨道站 $\hat{s}$ 的轨道交通线路集合。

此时考虑换乘关系重要度差异的目标函数可表达为式(9-20)。

$$\min z = \sum_{\hat{i}_m \in L_r} \sum_{\hat{s} \in S_r(\hat{i}_m) \cap S_r(\hat{i}_n)} \alpha_{\hat{i}_m} \cdot \beta_{\hat{s}} \cdot wt_{\hat{i}_m \hat{i}_n}^{\hat{s}} \tag{9-20}$$

综上所述，考虑换乘关系重要度差异的优化模型仅需将基础模型的目标函数更新为式(9-20)，并增加约束条件(9-18)和(9-19)即可，此时模型仍为混合整数线性规划模型，可利用分支定界法获取模型最优解。

9.1.3 算例分析

在如图 9-4 所示的由 3 条轨道交通线路、5 个换乘站点构成的测试网络上验证基础模型的有效性。现状各线路计划发车间隔和首班列车计划发车时刻、计划运行时间、计划停靠时间列于表 9-1。乘客换乘步行时间 $W_{\hat{i}_m \hat{i}_n}^{\hat{s}}$ 统一设为 0.5 min。所允许的首班列车于各轨道站处的最早计划离站时刻 $T_{\min}^{er}$ 和最晚计划离站时刻 $T_{\max}^{er}$ 分别为 06:00:00 和 06:30:00。表 9-2 给出了现状运行计划下各目标换乘关系对应的换乘等待时间情况。

采用 YALMIP 语言[203]在 MATLAB(R2013a)平台编写求解程序，并调用 CPLEX 12.6 获取最优解。具体计算过程在一台内存为 8G 的台式机(Intel Core i3-2100 CPU @ 3.10GHz)上完成。表 9-2 给出了首班列车运行计划优化方案下各换乘关系对应的换乘等待时间。表 9-3 给出了优化后轨道交通首班列车计划发车时刻。

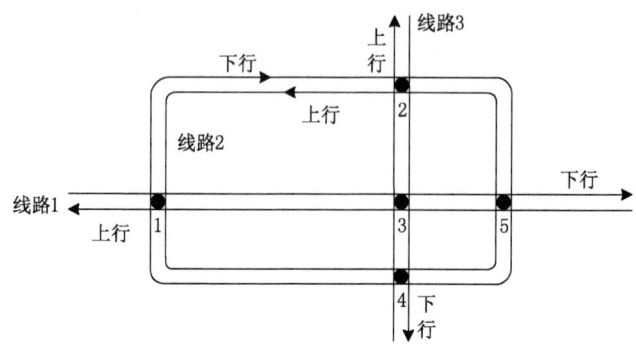

图 9-4 测试网络示意图

由表 9-2 易知,测试网络内首班列车乘客现状总换乘等待时间为 120 min,运行计划优化后首班列车乘客总换乘等待时间为 33 min,相较于现状有效减少了 72.5% 的总换乘等待时间。

表 9-1 各线路首班列车现状运行计划

$\hat{l}$		$D_{\hat{l}}$	$H_{\hat{l}}$	$\hat{s}$	$RT_{\hat{l}}^{\hat{s}}$(min)	$DT_{\hat{l}}^{\hat{s}}$(min)
线路 1	上行	06:00:00	5	5,3,1	2,2	0,0,0
	下行	06:01:00	5	1,3,5	2,2	0,0,0
线路 2	上行	06:05:00	5	1,4,5,2	1,4,3	0,0,0,0
	下行	06:03:00	5	2,5,4,1	3,4,1	0,0,0,0
线路 3	上行	06:15:00	5	4,3,2	2,2	0,0,0
	下行	06:04:00	5	2,3,4	2,2	0,0,0

注:$D_{\hat{l}}$ 表示现状轨道交通线路 $\hat{l}$ 首班列车计划发车时刻。

表 9-2 各线路首班列车换乘情况

$\hat{s}$	换乘关系		$wt_{\hat{l}_m \hat{l}_n}^{\hat{s}}$(min)		
	从线路 $\hat{l}_m$	换乘至线路 $\hat{l}_n$	优化前	优化后	减少量
1	1 下行	2 上行	3.5	0.5	3
	1 上行	2 上行	6.5	1.5	5
	1 下行	2 下行	9.5	0.5	9
	1 上行	2 下行	0.5	1.5	−1
2	2 下行	3 上行	15.5	1.5	14
	2 上行	3 上行	0.5	2.5	−2
	3 下行	2 下行	8.5	2.5	6
	2 上行	3 上行	5.5	0.5	5

续表 9-2

$\hat{s}$	换乘关系		$wt_{\hat{l}_m \hat{l}_n}^{\hat{s}}$ (min)		
	从线路 $\hat{l}_m$	换乘至线路 $\hat{l}_n$	优化前	优化后	减少量
3	1下行	3上行	13.5	0.5	13
	1上行	3下行	3.5	0.5	3
	1上行	3上行	2.5	0.5	2
	1下行	3下行	14.5	0.5	14
4	2下行	3上行	4.5	0.5	4
	2上行	3上行	1.5	7.5	−6
	3下行	2上行	1.5	4.5	−3
	2上行	3下行	8.5	3.5	5
5	1下行	2上行	4.5	1.5	3
	1上行	2下行	5.5	0.5	5
	1下行	2下行	0.5	1.5	−1
	1上行	2上行	9.5	0.5	9
总计			120	33	87

表 9-3 各线路首班列车计划发车时刻优化方案

$\hat{l}$	线路1上行	线路1下行	线路2上行	线路2下行	线路3上行	线路3下行
$d_{\hat{l}}$	06:20:00	06:20:00	06:01:00	06:03:00	06:01:00	06:06:00

9.1.4 案例应用

1. 参数设置

新加坡轨道交通线路已成网运行，首班列车间换乘衔接关系复杂，需要系统优化，故进一步以新加坡轨道交通网络（如图 9-5 所示）对构建的首班列车运行计划优化模型进行应用，以评价模型的适应性和有效性。新加坡轨道交通网络（2015年）由 12 条线路和 17 个换乘站点构成[214]。线路基本属性参见表 9-4。每条轨道交通线路沿途换乘站情况见表 9-5。表 9-6 给出了各轨道交通线路重要度参数取值。

新加坡公众可通过多种途径获取轨道交通运行基本参数（线路计划发车间隔、首末班计划发车时刻、首末班各站点处计划到站时刻等），如可登录新加坡陆路交通管理局（Land Transportation Authority）专为公众提供各类交通资讯的网站（www.mytransport.sg）查询。根据公示的首班列车在两个连续换乘站点处的计划到站时刻可推算出站点间区段计划运行时间。表 9-7 给出了每条轨道交通线路的现状运行计划相关信息,包括首班列车计划发车时刻、区段内计划运行时间和站点处计划停靠时间。

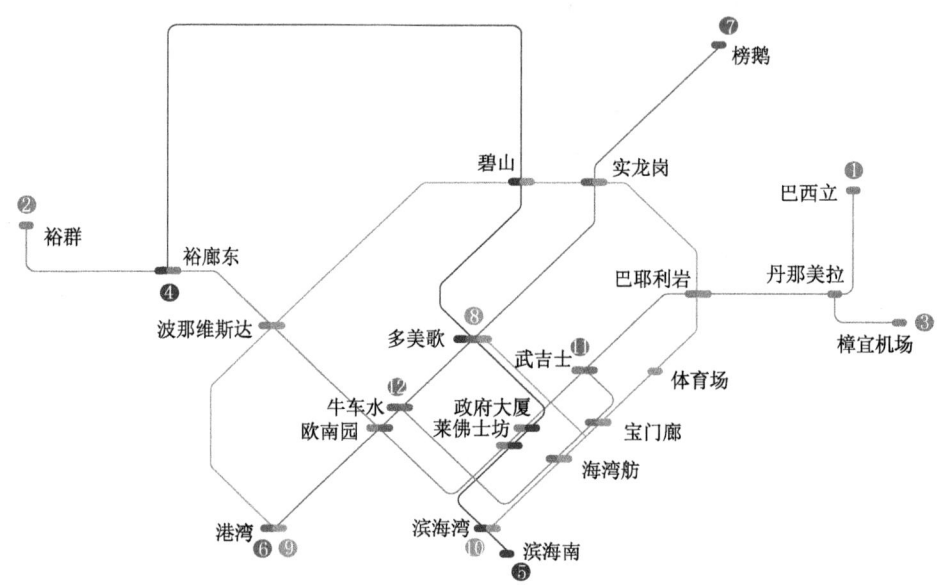

图 9-5　新加坡轨道交通网络图(2015)

表 9-4　轨道交通线路基本属性

线路编号	首站	末站	站点数(个)
1	巴西立	裕群	29
2	裕群	巴西立	29
3	樟宜机场	丹那美拉	3
4	裕廊东	滨海南	26
5	滨海南	裕廊东	26
6	港湾	榜鹅	16
7	榜鹅	港湾	16
8	多美歌	港湾	28
9	港湾	多美歌	28
10	滨海湾	体育场	5
11	武吉士	牛车水	6
12	牛车水	武吉士	6

表 9-5　轨道交通线路所途经换乘站点

线路编号	所途经的换乘站点
1	巴西立,丹那美拉,巴耶利岩,武吉士,政府大厦,莱佛士坊,欧南园,波那维斯达,裕廊东,裕群
2	裕群,裕廊东,波那维斯达,欧南园,莱佛士坊,政府大厦,武吉士,巴耶利岩,丹那美拉,巴西立
3	樟宜机场,丹那美拉
4	裕廊东,碧山,多美歌,政府大厦,莱佛士坊,滨海湾,滨海南
5	滨海南,滨海湾,莱佛士坊,政府大厦,多美歌,碧山,裕廊东
6	港湾,欧南园,牛车水,多美歌,实龙岗,榜鹅
7	榜鹅,实龙岗,多美歌,牛车水,欧南园,港湾
8	多美歌,宝门廊,体育场,巴耶利岩,实龙岗,碧山,波那维斯达,港湾
9	港湾,波那维斯达,碧山,实龙岗,巴耶利岩,体育场,宝门廊,多美歌
10	滨海湾,海湾舫,宝门廊,体育场
11	武吉士,宝门廊,海湾舫,牛车水
12	牛车水,海湾舫,宝门廊,武吉士

新加坡轨道交通乘客往往乘坐首班列车从市郊居住区赶往市中心商务区或市郊工业区。连接上述地区的线路及其内部换乘关系为本案例中需要优化的关键换乘关系。通过分析从轨道交通网络中识别筛选出 28 对关键换乘关系,具体参见表 9-8。同时这 28 对换乘关系现状首班列车乘客换乘等待时间也已在表 9-8 中列出。研究时间范围内轨道交通线路 $\hat{l}$ 计划发车间隔参见表 9-7。所允许的首班列车于各轨道站处的最早计划离站时刻 $T_{\min}^{\alpha}$ 和最晚计划离站时刻 $T_{\max}^{\alpha}$ 分别设为 05:00:00 和 07:00:00。换乘站点内线路间乘客换乘步行时间统一设为 3 min。

表 9-6　轨道交通线路重要度参数取值

线路编号	$\alpha_{\hat{l}1}$(个)	$\alpha_{\hat{l}2}$(条)	$\alpha_{\hat{l}3}$(个)	$\alpha_{\hat{l}4}$(km)	$\alpha_{\hat{l}}$
1	8	14	21	40.7	15.67
2	8	14	21	40.7	15.67
3	1	2	2	6.5	2.05
4	6	14	20	19.4	12.54
5	6	14	20	19.4	12.54
6	5	12	11	19.2	9.72
7	5	12	11	19.2	9.72
8	8	18	20	22.8	14.88
9	8	18	20	22.8	14.88
10	4	8	1	4.5	4.65
11	4	8	2	4.0	4.80
12	4	8	2	4.0	4.80

表 9-7 首班列车现状运行计划(单位:min)

$\hat{i}$	$D_{\hat{i}}$	$H_{\hat{i}}$	$RT_{\hat{i}}^{\hat{s}}$	$DT_{\hat{i}}^{\hat{s}}$
1	05:28:00	5	8, 10, 8, 3, 2, 5, 12, 8, 12	0.5, 0.5, 0.5, 0.5, 0.5, 0.5, 0.5, 0.5
2	05:31:00	5	12, 8, 11, 5, 2, 2, 8, 9, 8	0.5, 0.5, 0.5, 0.5, 0.5, 0.5, 0.5, 0.5
3	05:31:00	12	15	N/A
4	05:16:00	5	21, 15, 2, 3, 2, 2	0.5, 0.5, 0.5, 0.5, 0.5
5	06:01:00	5	1, 2, 2, 2, 14, 23	0.5, 0.5, 0.5, 0.5, 0.5
6	05:45:00	5	3, 2, 4, 12, 12	0.5, 0.5, 0.5, 0.5
7	05:42:00	5	11, 13, 4, 2, 4	0.5, 0.5, 0.5, 0.5
8	05:37:00	5	6, 4, 6, 9, 5, 16, 10	0.5, 0.5, 0.5, 0.5, 0.5, 0.5
9	05:30:00	7	9, 15, 5, 9, 5, 5, 6	0.5, 0.5, 0.5, 0.5, 0.5, 0.5
10	05:59:00	7	3, 6, 4	0.5, 0.5
11	05:57:00	5	3, 2, 5	0.5, 0.5
12	06:10:00	5	5, 3, 3	0.5, 0.5

表 9-8 现状首班列车乘客换乘等待时间

| $\hat{s}$ | 关键换乘关系 | | $a_{\hat{l}_m}^{\hat{s}}$ | $d_{\hat{l}_n}^{\hat{s}}$ | $wt_{\hat{l}_m\hat{l}_n}^{\hat{s}}$ |
	从线路 $\hat{l}_m$	换乘至线路 $\hat{l}_n$			(min)
裕廊东	5	1	06:47:30	06:28:00	2.5
	1	4	06:27:30	05:16:00	0.5
波那维斯达	2	9	05:51:30	05:39:30	6
	1	9	06:19:00	05:39:30	6.5
港湾	7	9	06:18:00	05:30:00	5
欧南园	2	6	06:03:00	05:48:30	2.5
	1	6	06:06:30	05:48:30	4
牛车水	6	12	05:50:30	06:10:00	16.5
	7	12	06:11:00	06:10:00	1
	11	6	06:08:00	05:51:00	0
多美歌	6	4	05:55:00	05:53:00	0
	7	4	06:06:30	05:53:00	3.5
	7	8	06:06:30	05:37:00	2.5
碧山	9	4	05:54:30	05:37:30	0
	8	4	06:09:00	05:37:30	0.5
	8	5	06:09:00	06:24:30	12.5

续表 9-8

$\hat{s}$	关键换乘关系		$a_{\hat{l}_m}^{\hat{s}}$	$d_{\hat{l}_n}^{\hat{s}}$	$wt_{\hat{l}_m \hat{l}_n}^{\hat{s}}$ (min)
	从线路 $\hat{l}_m$	换乘至线路 $\hat{l}_n$			
实龙岗	9	7	06:00:00	05:53:30	0.5
	8	7	06:03:30	05:53:30	2
巴耶利岩	1	8	05:46:30	05:54:30	5
武吉士	12	1	06:22:00	05:55:30	0.5
	1	11	05:55:00	05:57:00	4
政府大厦	1	5	05:58:30	06:07:30	6
莱佛士坊	2	5	06:08:30	06:05:00	3.5
海湾舫	10	12	06:02:00	06:15:30	10.5
宝门廊	9	11	06:20:30	06:00:00	2
体育场	10	8	06:13:00	05:48:00	2
滨海湾	4	10	06:01:00	05:59:00	2
丹那美拉	3	1	05:46:00	05:36:30	2.5

2. 换乘关系无重要度差异

表 9-9 列出了由基础模型产生的首班列车运行计划最优调整方案。通过与表 9-7 中的现状运行计划相比,发现优化后轨道交通线路 1、线路 2、线路 4、线路 5、线路 6、线路 7、线路 8、线路 9、线路 10、线路 11 和线路 12 的首班列车计划发车时刻被提前;轨道交通线路 3 的首班列车计划发车时刻被延后。

表 9-9 优化后首班列车计划发车时刻

$\hat{l}$	$d_{\hat{l}}$	$\hat{l}$	$d_{\hat{l}}$	$\hat{l}$	$d_{\hat{l}}$	$\hat{l}$	$d_{\hat{l}}$
1	05:00:00	4	05:09:00	7	05:20:00	10	05:29:00
2	05:10:00	5	05:12:00	8	05:05:00	11	05:30:00
3	06:45:00	6	05:38:00	9	05:03:00	12	05:32:00

表 9-10 优化后首班列车乘客换乘等待时间

$\hat{s}$	关键换乘关系		$a_{\hat{l}_m}^{\hat{s}}$	$d_{\hat{l}_n}^{\hat{s}}$	$wt_{\hat{l}_m \hat{l}_n}^{\hat{s}}$ (min)
	从线路 $\hat{l}_m$	换乘至线路 $\hat{l}_n$			
裕廊东	5	1	05:58:30	06:00:00	3.5
	1	4	05:59:30	05:09:00	1.5
波那维斯达	2	9	05:30:30	05:12:30	0
	1	9	05:51:00	05:12:30	0
港湾	7	9	05:56:00	05:03:00	0

续表 9-10

$\hat{s}$	关键换乘关系		$a_{\hat{l}_m}^{\hat{s}}$	$d_{\hat{l}_n}^{\hat{s}}$	$wt_{\hat{l}_m \hat{l}_n}^{\hat{s}}$ (min)
	从线路 $\hat{l}_m$	换乘至线路 $\hat{l}_n$			
欧南园	2	6	05:42:00	05:41:30	1.5
	1	6	05:38:30	05:41:30	0
牛车水	6	12	05:43:30	05:32:00	0.5
	7	12	05:49:00	05:32:00	0
	11	6	05:41:00	05:44:00	0
多美歌	6	4	05:48:00	05:46:00	0
	7	4	05:44:30	05:46:00	3.5
	7	8	05:44:30	05:05:00	2.5
碧山	9	4	05:27:30	05:30:30	0
	8	4	05:37:00	05:30:30	0.5
	8	5	05:37:00	05:35:00	0
实龙岗	9	7	05:33:00	05:31:30	0.5
	8	7	05:31:30	05:31:30	2
巴耶利岩	1	8	05:18:30	05:22:30	1
武吉士	12	1	05:44:00	05:27:30	0.5
	1	11	05:27:00	05:30:00	0
政府大厦	1	5	05:30:30	05:18:30	0
莱佛士坊	2	5	05:47:30	05:16:00	0.5
海湾舫	10	12	05:32:00	05:37:30	2.5
宝门廊	9	11	05:53:30	05:33:30	2
体育场	10	8	05:43:00	05:16:00	0
滨海湾	4	10	05:54:00	05:29:00	0
丹那美拉	3	1	07:00:00	05:08:30	0.5

表 9-10 列出了首班列车运行计划优化后每个关键换乘关系对应的换乘等待时间。与表 9-8 中列出的现状换乘等待时间相比，可知这 28 对关键换乘关系总换乘等待时间由 104 min 减少为 24 min，有效减少了 76.9% 的总换乘等待时间。

3. 换乘关系有重要度差异

首先，利用轨道交通网络布局方案确定 28 对关键换乘关系的重要度。根据表 9-6 可知轨道交通线路 1 至线路 12 对应线路重要度参数 α_i 的取值，其中，表征参数 α_{i1}、α_{i2}、α_{i3}、α_{i4} 重要性的非负权重 ε_1、ε_2、ε_3、ε_4 的取值分别为 0.4/个、0.3/条、0.2/个、0.1/km。各换乘站重要度参数 $\beta_{\hat{s}}$ 的取值根据式（9-19）计算而得。继而，利

用考虑重要度的优化模型(即目标函数为式(9-20)的数学模型)获取首班列车运行计划最优调整方案,如表 9-11 所示。

通过与表 9-7 中的现状运行计划相比,发现优化后轨道交通线路 1、线路 3、线路 4、线路 5、线路 6、线路 7、线路 8、线路 10、线路 11 和线路 12 的首班列车计划发车时刻被提前;轨道交通线路 2 和线路 9 的首班列车计划发车时刻被延后。

表 9-11　优化后首班列车计划发车时刻(考虑重要度差异)

$\hat{l}$	$d_{\hat{l}}$	$\hat{l}$	$d_{\hat{l}}$	$\hat{l}$	$d_{\hat{l}}$	$\hat{l}$	$d_{\hat{l}}$
1	05:00:00	4	05:04:00	7	05:13:00	10	05:24:00
2	05:45:00	5	05:12:00	8	05:05:00	11	05:31:00
3	05:00:00	6	05:38:00	9	05:31:00	12	05:12:00

表 9-12 列出了利用考虑换乘关系重要度模型优化后每个关键换乘关系对应的换乘等待时间。与现状换乘等待时间相比,可知这 28 对关键换乘关系总换乘等待时间由 104 min 减少为 24 min,有效减少了 76.9% 的总换乘等待时间。与未考虑重要度差异优化后换乘等待时间情况相比,总换乘等待时间由 104 min 减少为 28 min,有效减少了 73.1% 的总换乘等待时间。进一步横向比较有/无考虑重要度差异情景下各换乘关系对应的换乘等待时间,尽管案例中考虑重要度差异时总换乘等待时间(28 min)高于不考虑重要度差异时总换乘等待时间(24 min),但却有效提高了关键换乘关系换乘效率,详见表 9-12。

综上可知,线路间首班列车换乘情况可利用所构建的运行计划优化模型得到切实改善,且可根据实际情况选择合适的目标函数获取所需的首班列车运行计划。简言之,所构建模型可被运营调度人员作为有效的辅助分析工具帮助其调整现状运行计划以大幅度地提高整个轨道交通网络的换乘衔接性。

表 9-12　优化后首班列车乘客换乘等待时间(方案比较)

$\hat{s}$	$\beta_{\hat{s}}$	关键换乘关系		$wt_{\hat{l}_m \hat{l}_n}^{\hat{s}}$ (min)		
		从线路 $\hat{l}_m$	换乘至线路 $\hat{l}_n$	现状	无重要度差异	有重要度差异
裕廊东	56.42	5	1	2.5	3.5	3.5
		1	4	0.5	1.5	1.5
波那维斯达	61.10	2	9	6	0	0
		1	9	6.5	0.5	0.5
港湾	49.20	7	9	5	0	0
欧南园	50.78	2	9	2.5	1.5	1.5
		1	6	4	0	0

续表 9-12

$\hat{s}$	β_i	关键换乘关系		$wt_{\hat{i}_m \hat{i}_n}^{\hat{s}}$ (min)		
		从线路 $\hat{i}_m$	换乘至线路 $\hat{i}_n$	现状	无重要度差异	有重要度差异
牛车水	29.04	6	12	16.5	0.5	0.5
		7	12	1	0	2
		11	6	0	0	4
多美歌	74.28	6	4	0	0	0
		7	4	3.5	3.5	0.5
		7	8	2.5	2.5	4.5
碧山	54.84	9	4	0	0	2
		8	4	0.5	0.5	0.5
		8	5	12.5		
实龙岗	49.20	9	7	0.5	0.5	0.5
		8	7	2	2	0
巴耶利岩	61.10	1	8	5	1	1
武吉士	40.94	12	1	0.5	0.5	0.5
		1	11	4	0	1
政府大厦	56.42	1	5	6	0	0
莱佛士坊	56.42	2	5	3.5	0.5	0.5
海湾舫	14.25	10	12	10.5	2.5	2.5
宝门廊	44.01	9	11	2	2	0
体育场	34.41	10	8	2	0	0
滨海湾	29.73	4	10	2	0	0
丹那美拉	33.39	3	1	2.5	0.5	0.5

9.2 轨道交通末班列车运行计划优化

考虑到运营成本限制和资源利用效率,大部分城市不提供 24 小时轨道交通服务,末班列车成为当日乘客利用轨道交通服务完成出行的最后机会。由于换乘关系的存在,单条线路的末班列车运行计划不仅影响到本线路乘客的出行,更大程度上会通过换乘站点将影响扩大至整个轨道交通网络。对于换乘乘客而言,只有当其所乘坐的末班列车到达换乘站点的时间比其所需换乘线路的末班列车在换乘站点处的离站时刻能提前步行换乘所需必要时间时,乘客才能顺利通过轨道交通服务到达目的地。换言之,当各线路结束运营的时间未能协调匹配时,会使得空间上存在换乘关系的轨道交通线路间出现换乘失败的情况。乘客将被迫选择替代方式如出租车完成下一段旅程。出行成本的大幅度增加将严重影响乘客对轨道交通服务的满意度,尤其是对于低收入群体。因此,末班列车运行计划制订得合理与否直接关系到乘客能否利用轨道交通服务到达目的地。

针对轨道交通系统的末班列车换乘问题,本节将研究如何根据客流流向和流量特点对列车运行计划进行协调优化,以最小的调整幅度最大限度地减少线路间换乘失败的情况,实现各线路末班列车在换乘站点处的最佳衔接。

9.2.1 问题描述

定义有向图 $G(S_r, L_r)$ 表示待优化的城市轨道交通网络,其中 S_r 代表轨道交通站点集合;L_r 代表轨道交通线路集合。每一条轨道交通线路的上下行将被分别视作独立的研究对象。$\hat{s}$ 表示某一具体的轨道交通站点,隶属于 $S_r(\hat{l})$,其中,集合 $S_r(\hat{l})$ 为轨道交通线路 $\hat{l}$ 沿途经过的所有站点的集合。

发生在同一站点的对称换乘关系,如 $\hat{l}_m \to \hat{l}_n$ 和 $\hat{l}_n \to \hat{l}_m$ 无法通过运行计划调整同时实现末班列车间的最佳衔接,因而在进行末班列车运行计划调整前需要首先筛选出轨道交通网络中的关键换乘关系。筛选工作可以借助对客流流向和流量特点的分析完成。乘客往往乘坐末班列车从市中心或市郊工业园区返回市郊居住区,连接上述地区的轨道交通线路及其内部关键换乘关系为研究对象。

假定在研究时间范围内目标轨道交通线路按照固定且已知的列车运行计划(即现状运行计划)准点运行。基于现状运行计划,可获取以下与轨道交通线路 $\hat{l}$ 相关的运行参数:(1) 研究时间范围内从首站发出的列车数;(2) 研究时间范围内计划发车间隔;(3) 末班列车首站计划发车时刻;(4) 末班列车在换乘站点 $\hat{s}$ 和换乘站点 $\hat{s}+1$ 之间区段的计划运行时间(包括区段内中间站点的计划停靠时间);(5) 末班列车在换乘站点 $\hat{s}$ 处的计划停靠时间。所允许的末班列车最早首站计划发车时刻和最晚首站计划发车时刻为运行计划优化模型中两个重要参数,通常由轨道交通运营企业和政府管理部门协商确定。另外,还需要通过实际调查获取换乘站点 $\hat{s}$ 处从线路 $\hat{l}_m$ 至线路 $\hat{l}_n$ 的平均步行时间。

根据上述已知参数,可通过协调目标末班列车在换乘站点处的到站时刻和与其存在换乘关系的相应末班列车在换乘站点处的离站时刻以保证目标末班列车上的乘客能顺利实现不同线路间的换乘。具体来说,可以通过调节现状末班列车的首站计划发车时刻、换乘站点间的计划运行时间和换乘站点处的计划停靠时间来改变其在换乘站点处的到站时刻和离站时刻。即拟构建的末班列车运行计划优化模型包含以下决策变量:(1) 协调后末班列车首站计划发车时刻;(2) 末班列车在换乘站点 $\hat{s}$ 至换乘站点 $\hat{s}+1$ 之间区段的计划运行时间的调整幅度;(3) 末班列车在换乘站点$\hat{s}$处计划停靠时间的调整幅度。

9.2.2 末班列车运行计划优化模型

在构建面向末班列车换乘问题的轨道交通运行计划协调优化模型前,需要先明确可用于调整现状列车运行计划的具体协调策略。需要注意的是所构建的优化模型旨在通过适当调整研究时间范围内(即深夜时段,约22:00至24:00)现状运行计划以减少换乘失败情况,而非重新制订一份覆盖全天的完整的列车运行计划。

1. 面向换乘的列车运行计划协调策略

列车运行计划协调优化策略必须易在实际调度中实现,以增强协调优化模型的可行性和实用性。

策略1:如果轨道交通线路$\hat{l}$末班列车在目标换乘站点存在换乘失败情况(即当乘客到达换乘站点时所需换乘线路上的末班列车已离站),则首先对研究时间范围内的列车运行计划进行整体偏移。

假定研究时间范围内轨道交通线路$\hat{l}$以均匀的发车间隔从首站发出$NT_{\hat{l}}$班列车,则运行计划的整体偏移可通过统一偏移最后$(NT_{\hat{l}}-1)$班列车的首站计划发车时刻实现。偏移后最后$NT_{\hat{l}}$班列车间的计划发车间隔和协调后的线路$\hat{l}$上末班列车首站计划发车时刻满足以下关系:

$$d_{\hat{l}} - h_{\hat{l}} \cdot (NT_{\hat{l}} - 1) = SD_{\hat{l}} - SH_{\hat{l}} \cdot (NT_{\hat{l}} - 1), \forall \hat{l} \in L_r \quad (9\text{-}21)$$

式中:$d_{\hat{l}}$——协调后线路$\hat{l}$末班列车首站计划发车时刻;

$h_{\hat{l}}$——协调后研究时间范围内线路$\hat{l}$计划发车间隔(min);

$SD_{\hat{l}}$——线路$\hat{l}$末班列车现状首站计划发车时刻;

$SH_{\hat{l}}$——研究时间范围内线路$\hat{l}$现状计划发车间隔(min)。

$$T_{\min}^{er} \leqslant d_{\hat{l}} \leqslant T_{\max}^{er}, \forall \hat{l} \in L_r \quad (9\text{-}22)$$

式中:$T_{\min}^{er}$——所允许的末班列车最早首站计划发车时刻;

$T_{\max}^{er}$——所允许的末班列车最晚首站计划发车时刻。

公式(9-21)表明倒数第$NT_{\hat{l}}$班列车及其之前的所有列车的首站计划发车时刻固定不变,即不会被调整。正如前文所述,模型旨在微调研究时间范围内现状运行计划而非重新设计完整列车运行计划。举例说明,将晚上10点至半夜的时段设定为研究时间范围,假定此时段内列车发车间隔为10 min左右,则约有11班列车的首站计划发车时刻会有所调整。公式(9-22)则表明调整后的末班列车首站计划发车时刻必须在预先给定的时间范围内取值。

策略2:当研究时间范围内运行计划整体偏移后目标换乘站点仍存在换乘失

败情况时,可考虑适度调整末班列车计划运行时间。

列车可通过适当加、减速以调节各区段间运行时间。调整后末班列车在换乘站点 $\hat{s}$ 至换乘站点 $\hat{s}+1$ 之间区段的计划运行时间可按式(9-23)计算获取。

$$rt_{\hat{l}}^{\hat{s}} = RT_{\hat{l}}^{\hat{s}} + frt_{\hat{l}}^{\hat{s}}, \forall \hat{s} \in S_r(\hat{l}), \hat{l} \in L_r \qquad (9-23)$$

式中:$rt_{\hat{l}}^{\hat{s}}$ —— 协调后线路 $\hat{l}$ 末班列车在换乘站点 $\hat{s}$ 和换乘站点 $\hat{s}+1$ 之间区段的计划运行时间(min),包括区段内中间站点处列车计划停靠时间;

$RT_{\hat{l}}^{\hat{s}}$ —— 现状线路 $\hat{l}$ 末班列车在换乘站点 $\hat{s}$ 和换乘站点 $\hat{s}+1$ 之间区段的计划运行时间(min);

$frt_{\hat{l}}^{\hat{s}}$ —— 末班列车在换乘站点 $\hat{s}$ 至换乘站点 $\hat{s}+1$ 之间区段的计划运行时间的调整幅度(min)。

考虑到运输安全要求,建议调整后末班列车行驶速度不得大于现状行驶速度的 λ_{inc} 倍;同时考虑到运输效率要求,建议调整后末班列车行驶速度不得小于现状行驶速度的 λ_{dec} 倍。故末班列车在换乘站点 $\hat{s}$ 至换乘站点 $\hat{s}+1$ 之间区段的计划运行时间的调整幅度 $frt_{\hat{l}}^{\hat{s}}$ 应满足约束条件(9-24)。

$$\frac{1-\lambda_{inc}}{\lambda_{inc}} \leqslant \frac{frt_{\hat{l}}^{\hat{s}}}{RT_{\hat{l}}^{\hat{s}}} \leqslant \frac{1-\lambda_{dec}}{\lambda_{dec}}, \forall \hat{s} \in S_r(\hat{l}), \hat{l} \in L_r \qquad (9-24)$$

式中:λ_{inc} —— 末班列车行驶速度最高增大幅度,$\lambda_{inc} \geqslant 1$;

λ_{dec} —— 末班列车行驶速度最高减小幅度,$0 < \lambda_{dec} \leqslant 1$。

当 $\lambda_{inc} = \lambda_{dec} = 1$ 时,末班列车在换乘站点 $\hat{s}$ 至换乘站点 $\hat{s}+1$ 之间区段的计划运行时间不允许被调整。

策略 3:末班列车在换乘站点处的计划停靠时间也可在适当范围内微调以最大限度地减少线路间换乘失败情况。

调整后轨道交通线路 $\hat{l}$ 上末班列车在换乘站点 $\hat{s}$ 处计划停靠时间为现状计划停靠时间与调整幅度之和,具体可参见式(9-25)和(9-26)。

$$dt_{\hat{l}}^{\hat{s}} = DT_{\hat{l}}^{\hat{s}} + fdt_{\hat{l}}^{\hat{s}}, \forall \hat{s} \in S_r(\hat{l}), \hat{l} \in L_r \qquad (9-25)$$

式中:$dt_{\hat{l}}^{\hat{s}}$ —— 协调后线路 $\hat{l}$ 末班列车在换乘站点 $\hat{s}$ 处的计划停靠时间(min);

$DT_{\hat{l}}^{\hat{s}}$ —— 现状线路 $\hat{l}$ 末班列车在换乘站点 $\hat{s}$ 处的计划停靠时间(min);

$fdt_{\hat{l}}^{\hat{s}}$ —— 线路 $\hat{l}$ 末班列车在换乘站点 $\hat{s}$ 处计划停靠时间的调整幅度(min)。

$$\rho_{dec} - 1 \leqslant \frac{fdt_{\hat{l}}^{\hat{s}}}{DT_{\hat{l}}^{\hat{s}}} \leqslant \rho_{inc} - 1, \forall \hat{s} \in S_r(\hat{l}), \hat{l} \in L_r \qquad (9-26)$$

式中:ρ_{inc} —— 末班列车计划停靠时间最高增大幅度,$\rho_{inc} \geqslant 1$;

ρ_{dec} —— 末班列车计划停靠时间最高减小幅度,$0 < \rho_{dec} \leqslant 1$。

如式(9-26)所示,考虑到运输效率要求,建议调整后的末班列车计划停靠时间不得大于现状计划停靠时间的 ρ_{inc} 倍;同时考虑到列车上下客时间要求,建议调整后末班列车计划停靠时间不得小于现状计划停靠时间的 ρ_{dec} 倍。具体应用时,参数 ρ_{inc} 和 ρ_{dec} 的取值可结合实际情况灵活调整,例如当 $\rho_{inc} = \rho_{dec} = 1$ 时,则末班列车在换乘站点 $\hat{s}$ 处的计划停靠时间不允许被调整。

2. 优化模型

当线路 $\hat{l}_m$ 末班列车在换乘站点 $\hat{s}$ 处的计划到站时刻比线路 $\hat{l}_n$ 末班列车在换乘站点 $\hat{s}$ 处的计划离站时刻能提前从线路 $\hat{l}_m$ 换乘至线路 $\hat{l}_n$ 所需步行时间时,线路 $\hat{l}_m$ 末班列车上的乘客才能顺利在换乘站点 $\hat{s}$ 处换乘至线路 $\hat{l}_n$,因此,定义二元变量 $n_{\hat{l}_m \hat{l}_n}^{\hat{s}}$ 表征线路 $\hat{l}_m$ 末班列车上的乘客是否可以顺利在站点 $\hat{s}$ 换乘至线路 $\hat{l}_n$,具体参见式(9-27)和(9-28)。

$$M \cdot (n_{\hat{l}_m \hat{l}_n}^{\hat{s}} - 1) \leqslant d_{\hat{l}_n}^{\hat{s}} - a_{\hat{l}_m}^{\hat{s}} - W_{\hat{l}_m \hat{l}_n}^{\hat{s}} \leqslant M \cdot n_{\hat{l}_m \hat{l}_n}^{\hat{s}}, \forall \hat{s} \in S_r(\hat{l}_m), \hat{s} \in S_r(\hat{l}_n),$$
$$\hat{l}_m \in L_r, \hat{l}_n \in L_r \tag{9-27}$$

式中:M—— 一个足够大的已知正数;

$n_{\hat{l}_m \hat{l}_n}^{\hat{s}}$ —— 二元变量:当线路 $\hat{l}_m$ 末班列车上的乘客能顺利在站点 $\hat{s}$ 换乘至线路 $\hat{l}_n$ 时,等于1,否则等于0;

$d_{\hat{l}_n}^{\hat{s}}$ —— 协调后线路 $\hat{l}_n$ 末班列车在换乘站点 $\hat{s}$ 处计划离站时刻;

$a_{\hat{l}_m}^{\hat{s}}$ —— 协调后线路 $\hat{l}_m$ 末班列车在换乘站点 $\hat{s}$ 处计划到站时刻;

$W_{\hat{l}_m \hat{l}_n}^{\hat{s}}$ —— 换乘站点 $\hat{s}$ 处从线路 $\hat{l}_m$ 至线路 $\hat{l}_n$ 的平均步行时间(min)。

$$n_{\hat{l}_m \hat{l}_n}^{\hat{s}} \in \{0,1\}, \forall \hat{s} \in S_r(\hat{l}_m), \hat{s} \in S_r(\hat{l}_n), \hat{l}_m \in L_r, \hat{l}_n \in L_r \tag{9-28}$$

以图9-6为例,情景1和2线路 $\hat{l}_m$ 末班列车上的乘客能顺利在换乘站点 $\hat{s}$ 处换乘至线路 $\hat{l}_n$,而情景3和4线路 $\hat{l}_m$ 末班列车上的乘客将面临换乘失败的窘境。

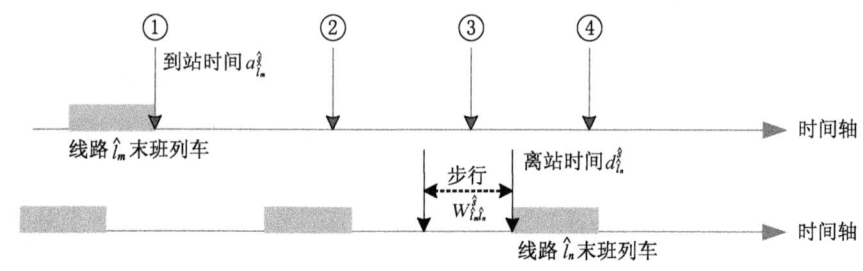

图 9-6 换乘示意图

第9章 基于协同调度的首末班运行计划优化

如式(9-29)所示,线路 $\hat{l}_m$ 末班列车在换乘站点 $\hat{s}$ 处计划到站时刻 $a_{\hat{l}_m}^{\hat{s}}$ 由列车首站计划发车时刻 $d_{\hat{l}}$、从首站至换乘站点区段内计划运行时间 $rt_{\hat{l}}^i$ 之和、从首站至换乘站点区段内换乘站点处计划停靠时间 $dt_{\hat{l}}^i$ 之和共同决定。相应地,线路 $\hat{l}_m$ 末班列车在换乘站点 $\hat{s}$ 处计划离站时刻 $d_{\hat{l}_m}^{\hat{s}}$ 可按式(9-30)计算。

$$a_{\hat{l}}^{\hat{s}} = d_{\hat{l}} + \sum_{i \in S_r(\hat{l}), i<\hat{s}} rt_{\hat{l}}^i + \sum_{i \in S_r(\hat{l}), i<\hat{s}} dt_{\hat{l}}^i, \forall \hat{s} \in S_r(\hat{l}), \hat{l} \in L_r \quad (9\text{-}29)$$

$$d_{\hat{l}}^{\hat{s}} = a_{\hat{l}}^{\hat{s}} + dt_{\hat{l}}^{\hat{s}}, \forall \hat{s} \in S_r(\hat{l}), \hat{l} \in L_r \quad (9\text{-}30)$$

末班列车首站计划发车时刻偏移量则可按式(9-31)计算。

$$so_{\hat{l}} = |d_{\hat{l}} - SD_{\hat{l}}|, \forall \hat{l} \in L_r \quad (9\text{-}31)$$

式中:$so_{\hat{l}}$——线路 $\hat{l}$ 末班列车首站计划发车时刻的偏移量(min)。

合理的末班列车运行计划协调优化方案应不仅能使成功完成换乘的关键换乘关系数量(即 $\sum_{\hat{s} \in S_r(\hat{l}_m)} n_{\hat{l}_m \hat{l}_n}^{\hat{s}}$)最大,同时也能使首站计划发车时刻偏移量(即 $so_{\hat{l}_m}$)、计划运行时间调整幅度(即 $\sum_{\hat{s} \in S_r(\hat{l}_m)} |frt_{\hat{l}_m}^{\hat{s}}|$)和计划停靠时间调整幅度(即 $\sum_{\hat{s} \in S_r(\hat{l}_m)} |fdt_{\hat{l}_m}^{\hat{s}}|$)最小。故构建目标函数(9-32)以同时响应上述诉求。

$$\max u_r = \sum_{\hat{l}_m \in L_r} \left(\sum_{\hat{s} \in S_r(\hat{l}_m)} n_{\hat{l}_m \hat{l}_n}^{\hat{s}} - \delta \cdot \frac{so_{\hat{l}_m}}{T_{\max}^{er} - T_{\min}^{er}} - \sigma \cdot \sum_{\hat{s} \in S_r(\hat{l}_m)} \frac{|frt_{\hat{l}_m}^{\hat{s}}|}{RT_{\hat{l}_m}^{\hat{s}}} - \varphi \cdot \sum_{\hat{s} \in S_r(\hat{l}_m)} \frac{|fdt_{\hat{l}_m}^{\hat{s}}|}{DT_{\hat{l}_m}^{\hat{s}}} \right) \quad (9\text{-}32)$$

式中:u_r——目标函数值;

δ——非负权重系数,反映减少首站计划发车时刻偏移量的重要性;

σ——非负权重系数,反映减少计划运行时间调整量的重要性;

φ——非负权重系数,反映减少计划停靠时间调整量的重要性。

由于非负权重 δ、σ 和 φ 的作用使得当所有调整策略都尝试过后,若末班列车间能成功换乘的关键换乘关系数量也无法提高时,则放弃对现状运行计划的调整。这与构建面向末班列车换乘问题的运行计划协调优化模型的初衷相一致,即主要是为了减少换乘失败的换乘关系,而非其他目标(如减少换乘等待时间)。

考虑到调整策略对象的差异及其对列车运行影响程度的不同,在构建优化模型时,推荐按照以下顺序逐步实施上述换乘协调策略:首先考虑整体偏移研究时间范围内运行计划(策略1),然后考虑微调末班列车区段计划运行时间(策略2),最后再考虑调整末班列车在换乘站点处的计划停靠时间(策略3)。具体来说,只有当末班列车首站计划发车时刻被调整至极值时($d_{\hat{l}} = T_{\min}^{er}$ 或 $d_{\hat{l}} = T_{\max}^{er}$),末班列车在区段内的计划运行时间方可在预定的取值范围内波动;而只有当所有可行的计划运行时间调整方案都采用了之后才能微调末班列车在换乘站点处的计划停靠时间。故提出式(9-33)~(9-36),联合式(9-32)以控制协调策略实施的先后顺序。

$$(d_{\hat{l}} - T_{\min}^{er}) \cdot (d_{\hat{l}} - T_{\max}^{er}) \cdot frt_{\hat{l}}^{\hat{s}} = 0, \forall \hat{s} \in S_r(\hat{l}), \hat{l} \in L_r \quad (9-33)$$

$$(d_{\hat{l}} - T_{\min}^{er}) \cdot (d_{\hat{l}} - T_{\max}^{er}) \cdot fdt_{\hat{l}}^{\hat{s}} = 0, \forall \hat{s} \in S_r(\hat{l}), \hat{l} \in L_r \quad (9-34)$$

$$\sum_{\hat{s} \in S_r(\hat{l})} \frac{\varphi \cdot \theta}{DT_{\hat{l}}^{\hat{s}}} > \lambda' \cdot \sum_{\hat{s} \in S_r(\hat{l})} RT_{\hat{l}}^{\hat{s}} \cdot \sum_{\hat{s} \in S_r(\hat{l})} \frac{\sigma}{RT_{\hat{l}}^{\hat{s}}}, \forall \hat{s} \in S_r(\hat{l}), \hat{l} \in L_r \quad (9-35)$$

式中:θ——辅助参数,表示以分钟为单位的1个单位时间(即1 min),用以保证不等式(9-35)两侧度量单位一致。

$$\lambda' = \max\left\{\left|\frac{1-\lambda_{inc}}{\lambda_{inc}}\right|, \left|\frac{1-\lambda_{dec}}{\lambda_{dec}}\right|\right\} \quad (9-36)$$

根据式(9-33)和式(9-34),当 $T_{\min}^{er} < d_{\hat{l}} < T_{\max}^{er}$ 时,变量 $frt_{\hat{l}}^{\hat{s}}$ 和 $fdt_{\hat{l}}^{\hat{s}}$ 必须等于零。根据式(9-32)、式(9-35)和式(9-36),调整1个单位的计划停靠时间的惩罚(即 $\sum_{\hat{s} \in S_r(\hat{l})}(\varphi \cdot 1 \min)/DT_{\hat{l}}^{\hat{s}}$)大于 $\lambda' \cdot \sum_{\hat{s} \in S_r(\hat{l})} RT_{\hat{l}}^{\hat{s}} \cdot \sum_{\hat{s} \in S_r(\hat{l})} \sigma/RT_{\hat{l}}^{\hat{s}}$。事实上,式(9-24)和式(9-36)表明 $\lambda' \cdot \sum_{\hat{s} \in S_r(\hat{l})} RT_{\hat{l}}^{\hat{s}}$ 是当末班列车首站计划发车时刻达到极值后其区段计划运行时间可实现的最大调整幅度。故计划运行时间调整策略必然会在实施计划停靠时间微调策略前执行。需要注意的是目标函数中的权重 φ 和 σ 是由运营者根据式(9-35)和式(9-75)预先确定的常数。

综上所述,协调优化后末班列车最优运行方案可通过求解以下混合整数非线性规划模型获取。具体需要求解的决策变量包括:协调后末班列车首站计划发车时刻、各区段内计划运行时间调整幅度和各换乘站点处计划停靠时间调整幅度。

目标函数:式(9-32)
约束条件:基本约束:式(9-21)~式(9-31)
顺序约束:式(9-33)~式(9-34)

混合整数非线性规划模型很难求解获取其全局最优解,幸而上述所构建模型可以等价转化为混合整数线性规划模型。通过引入非负辅助变量 $so_{\hat{l}}^+$ 和 $so_{\hat{l}}^-$,式(9-31)中的绝对值表达式可线性化为式(9-39)。

$$d_{\hat{l}} - SD_{\hat{l}} = so_{\hat{l}}^+ - so_{\hat{l}}^-, \forall \hat{l} \in L_r \quad (9-37)$$

$$so_{\hat{l}}^+, so_{\hat{l}}^- \geqslant 0, \forall \hat{l} \in L_r \tag{9-38}$$

$$|d_{\hat{l}} - SD_{\hat{l}}| = so_{\hat{l}}^+ + so_{\hat{l}}^-, \forall \hat{l} \in L_r \tag{9-39}$$

通过引入非负辅助变量 $frt_{\hat{l}}^{\hat{s}+}$ 和 $frt_{\hat{l}}^{\hat{s}-}$，式(9-32)中绝对值表达式 $|frt_{\hat{l}}^{\hat{s}}|$ 可线性化为式(9-42)。

$$frt_{\hat{l}}^{\hat{s}} = frt_{\hat{l}}^{\hat{s}+} - frt_{\hat{l}}^{\hat{s}-}, \forall \hat{s} \in S_r(\hat{l}), \hat{l} \in L_r \tag{9-40}$$

$$frt_{\hat{l}}^{\hat{s}+}, frt_{\hat{l}}^{\hat{s}-} \geqslant 0, \forall \hat{s} \in S_r(\hat{l}), \hat{l} \in L_r \tag{9-41}$$

$$|frt_{\hat{l}}^{\hat{s}}| = frt_{\hat{l}}^{\hat{s}+} + frt_{\hat{l}}^{\hat{s}-}, \forall \hat{s} \in S_r(\hat{l}), \hat{l} \in L_r \tag{9-42}$$

类似地，式(9-32)中绝对值表达式 $|fdt_{\hat{l}}^{\hat{s}}|$ 可通过引入非负辅助变量 $fdt_{\hat{l}}^{\hat{s}+}$ 和 $fdt_{\hat{l}}^{\hat{s}-}$ 线性化为式(9-45)。

$$fdt_{\hat{l}}^{\hat{s}} = fdt_{\hat{l}}^{\hat{s}+} - fdt_{\hat{l}}^{\hat{s}-}, \forall \hat{s} \in S_r(\hat{l}), \hat{l} \in L_r \tag{9-43}$$

$$fdt_{\hat{l}}^{\hat{s}+}, fdt_{\hat{l}}^{\hat{s}-} \geqslant 0, \forall \hat{s} \in S_r(\hat{l}), \hat{l} \in L_r \tag{9-44}$$

$$|fdt_{\hat{l}}^{\hat{s}}| = fdt_{\hat{l}}^{\hat{s}+} + fdt_{\hat{l}}^{\hat{s}-}, \forall \hat{s} \in S_r(\hat{l}), \hat{l} \in L_r \tag{9-45}$$

目标函数表达式(9-32)相应更新为

$$\max u_r = \sum_{\hat{l}_m \in L_r} \left(\sum_{\hat{s} \in S_r(\hat{l}_m)} n_{\hat{l}_m \hat{l}_n}^{\hat{s}} - \delta \cdot \frac{so_{\hat{l}_m}^+ + so_{\hat{l}_m}^-}{T_{\max}^{\sigma} - T_{\min}^{\sigma}} - \sigma \cdot \sum_{\hat{s} \in S_r(\hat{l}_m)} \frac{frt_{\hat{l}_m}^{\hat{s}+} + frt_{\hat{l}_m}^{\hat{s}-}}{RT_{\hat{l}_m}^{\hat{s}}} - \varphi \cdot \sum_{\hat{s} \in S_r(\hat{l}_m)} \frac{fdt_{\hat{l}_m}^{\hat{s}+} + fdt_{\hat{l}_m}^{\hat{s}-}}{DT_{\hat{l}_m}^{\hat{s}}} \right) \tag{9-46}$$

约束条件(9-56)~(9-67)联合式(9-47)~(9-55)可将关于策略实施顺序的约束条件(9-33)~(9-34)转化为线性约束。其中，需要引入非负辅助变量 $pfrt_{\hat{l}}^{\hat{s}}$，$qfrt_{\hat{l}}^{\hat{s}}$，$pfdt_{\hat{l}}^{\hat{s}}$ 和 $qfdt_{\hat{l}}^{\hat{s}}$ 以及二元辅助变量 $p_{\hat{l}}$ 和 $q_{\hat{l}}$。

$$\frac{1}{M} \cdot (1 - p_{\hat{l}}) \leqslant d_{\hat{l}} - T_{\min}^{\sigma} \leqslant M \cdot (1 - p_{\hat{l}}), \forall \hat{l} \in L_r \tag{9-47}$$

$$\frac{1}{M} \cdot (1 - q_{\hat{l}}) \leqslant T_{\max}^{\sigma} - d_{\hat{l}} \leqslant M \cdot (1 - q_{\hat{l}}), \forall \hat{l} \in L_r \tag{9-48}$$

$$p_{\hat{l}}, q_{\hat{l}} = \{0, 1\}, \forall \hat{l} \in L_r \tag{9-49}$$

$$M \cdot (q_{\hat{l}} - 1) \leqslant frt_{\hat{l}}^{\hat{s}} \leqslant M \cdot (1 - p_{\hat{l}}), \forall \hat{s} \in S_r(\hat{l}), \hat{l} \in L_r \tag{9-50}$$

$$frt_{\hat{l}}^{\hat{s}+} \leqslant M \cdot (1 - p_{\hat{l}}), \forall \hat{s} \in S_r(\hat{l}), \hat{l} \in L_r \tag{9-51}$$

$$frt_{\hat{l}}^{\hat{s}-} \leqslant M \cdot (1 - q_{\hat{l}}), \forall \hat{s} \in S_r(\hat{l}), \hat{l} \in L_r \tag{9-52}$$

$$M \cdot (q_{\hat{l}} - 1) \leqslant fdt_{\hat{l}}^{\hat{s}} \leqslant M \cdot (1 - p_{\hat{l}}), \forall \hat{s} \in S_r(\hat{l}), \hat{l} \in L_r \tag{9-53}$$

$$fdt_{\hat{l}}^{\hat{s}+} \leqslant M \cdot (1 - p_{\hat{l}}), \forall \hat{s} \in S_r(\hat{l}), \hat{l} \in L_r \tag{9-54}$$

$$fdt_{\hat{l}}^{\hat{s}-} \leqslant M \cdot (1-q_{\hat{l}}), \forall \hat{s} \in S_r(\hat{l}), \hat{l} \in L_r \quad (9\text{-}55)$$

$$0 \leqslant pfrt_{\hat{l}}^{\hat{s}} \leqslant M \cdot p_{\hat{l}}, \forall \hat{s} \in S_r(\hat{l}), \hat{l} \in L_r \quad (9\text{-}56)$$

$$pfrt_{\hat{l}}^{\hat{s}} \leqslant frt_{\hat{l}}^{\hat{s}+} + frt_{\hat{l}}^{\hat{s}-}, \forall \hat{s} \in S_r(\hat{l}), \hat{l} \in L_r \quad (9\text{-}57)$$

$$pfrt_{\hat{l}}^{\hat{s}} \geqslant frt_{\hat{l}}^{\hat{s}+} + frt_{\hat{l}}^{\hat{s}-} + M \cdot (p_{\hat{l}}-1), \forall \hat{s} \in S_r(\hat{l}), \hat{l} \in L_r \quad (9\text{-}58)$$

$$0 \leqslant qfrt_{\hat{l}}^{\hat{s}} \leqslant M \cdot q_{\hat{l}}, \forall \hat{s} \in S_r(\hat{l}), \hat{l} \in L_r \quad (9\text{-}59)$$

$$qfrt_{\hat{l}}^{\hat{s}} \leqslant frt_{\hat{l}}^{\hat{s}+} + frt_{\hat{l}}^{\hat{s}-}, \forall \hat{s} \in S_r(\hat{l}), \hat{l} \in L_r \quad (9\text{-}60)$$

$$qfrt_{\hat{l}}^{\hat{s}} \geqslant frt_{\hat{l}}^{\hat{s}+} + frt_{\hat{l}}^{\hat{s}-} + M \cdot (q_{\hat{l}}-1), \forall \hat{s} \in S_r(\hat{l}), \hat{l} \in L_r \quad (9\text{-}61)$$

$$0 \leqslant pfdt_{\hat{l}}^{\hat{s}} \leqslant M \cdot p_{\hat{l}}, \forall \hat{s} \in S_r(\hat{l}), \hat{l} \in L_r \quad (9\text{-}62)$$

$$pfdt_{\hat{l}}^{\hat{s}} \leqslant fdt_{\hat{l}}^{\hat{s}+} + fdt_{\hat{l}}^{\hat{s}-}, \forall \hat{s} \in S_r(\hat{l}), \hat{l} \in L_r \quad (9\text{-}63)$$

$$pfdt_{\hat{l}}^{\hat{s}} \geqslant fdt_{\hat{l}}^{\hat{s}+} + fdt_{\hat{l}}^{\hat{s}-} + M \cdot (p_{\hat{l}}-1), \forall \hat{s} \in S_r(\hat{l}), \hat{l} \in L_r \quad (9\text{-}64)$$

$$0 \leqslant qfdt_{\hat{l}}^{\hat{s}} \leqslant M \cdot q_{\hat{l}}, \forall \hat{s} \in S_r(\hat{l}), \hat{l} \in L_r \quad (9\text{-}65)$$

$$qfdt_{\hat{l}}^{\hat{s}} \leqslant fdt_{\hat{l}}^{\hat{s}+} + fdt_{\hat{l}}^{\hat{s}-}, \forall \hat{s} \in S_r(\hat{l}), \hat{l} \in L_r \quad (9\text{-}66)$$

$$qfdt_{\hat{l}}^{\hat{s}} \geqslant fdt_{\hat{l}}^{\hat{s}+} + fdt_{\hat{l}}^{\hat{s}-} + M \cdot (q_{\hat{l}}-1), \forall \hat{s} \in S_r(\hat{l}), \hat{l} \in L_r \quad (9\text{-}67)$$

相应地,公式(9-23)和(9-25)需分别更新为式(9-68)和(9-69)。

$$rt_{\hat{l}}^{\hat{s}} = RT_{\hat{l}}^{\hat{s}} - pfrt_{\hat{l}}^{\hat{s}} + qfrt_{\hat{l}}^{\hat{s}}, \forall \hat{s} \in S_r(\hat{l}), \hat{l} \in L_r \quad (9\text{-}68)$$

$$dt_{\hat{l}}^{\hat{s}} = DT_{\hat{l}}^{\hat{s}} - pfdt_{\hat{l}}^{\hat{s}} + qfdt_{\hat{l}}^{\hat{s}}, \forall \hat{s} \in S_r(\hat{l}), \hat{l} \in L_r \quad (9\text{-}69)$$

本质上,约束条件(9-47)~(9-69)可实现:

当 $T_{\min}^{er} < d_{\hat{l}} < T_{\max}^{er}$ (即 $p_{\hat{l}} = q_{\hat{l}} = 0$)时,$pfrt_{\hat{l}}^{\hat{s}} = qfrt_{\hat{l}}^{\hat{s}} = 0$ 且 $pfdt_{\hat{l}}^{\hat{s}} = qfdt_{\hat{l}}^{\hat{s}} = 0$,即末班列车的计划运行时间和计划停靠时间都不会被调整。

当 $d_{\hat{l}} = T_{\min}^{er}$ (即 $p_{\hat{l}} = 1$ 且 $q_{\hat{l}} = 0$)时,$frt_{\hat{l}}^{\hat{s}} \leqslant 0$、$pfrt_{\hat{l}}^{\hat{s}} = frt_{\hat{l}}^{\hat{s}-}$、$qfrt_{\hat{l}}^{\hat{s}} = 0$、$fdt_{\hat{l}}^{\hat{s}} \leqslant 0$、$pfdt_{\hat{l}}^{\hat{s}} = fdt_{\hat{l}}^{\hat{s}-}$ 且 $qfdt_{\hat{l}}^{\hat{s}} = 0$,即末班列车计划运行时间和计划停靠时间可适当缩短以减少换乘失败情况。

当 $d_{\hat{l}} = T_{\max}^{er}$ (即 $p_{\hat{l}} = 0$ 且 $q_{\hat{l}} = 1$)时,$frt_{\hat{l}}^{\hat{s}} \geqslant 0$、$pfrt_{\hat{l}}^{\hat{s}} = 0$、$qfrt_{\hat{l}}^{\hat{s}} = frt_{\hat{l}}^{\hat{s}+}$、$fdt_{\hat{l}}^{\hat{s}} \geqslant 0$、$pfdt_{\hat{l}}^{\hat{s}} = 0$ 且 $qfdt_{\hat{l}}^{\hat{s}} = fdt_{\hat{l}}^{\hat{s}+}$,即末班列车计划运行时间和计划停靠时间可适当延长以减少换乘失败情况。

综上可知,运行计划协调优化策略及其实施顺序确实可以作为线性约束条件纳入优化模型,即混合整数非线性规划模型的确可借助辅助变量和不等式约束转化为以下等价的混合整数线性规划模型:

目标函数:式(9-46)

约束条件:基本约束:式(9-21)、(9-22)、(9-68)、(9-24)、(9-69)、(9-26)~(9-30)、(9-37)、(9-38)、(9-40)、(9-41)、(9-43)、(9-44)

顺序约束:式(9-47)~(9-67)

可利用分支定界法求解上述混合整数线性规划模型,便捷地获取模型精确解。

3. 权重赋值方法

根据前文的阐述可知权重 σ 和 φ 的取值必须满足公式(9-35)所表达的关系式;同时权重 δ、σ 和 φ 的取值必须保证不影响末班列车运行计划协调优化模型最终结果。即当 $\delta = \sigma = \varphi = 0$ 时,优化后换乘成功的换乘关系保持不变。

基于前文的分析,易得

$$\delta \cdot \frac{so_{\hat{l}}}{(T_{\max}^{er} - T_{\min}^{er})} = \delta \cdot \frac{|d_{\hat{l}} - SD_{\hat{l}}|}{(T_{\max}^{er} - T_{\min}^{er})} \leqslant \delta \quad (9\text{-}70)$$

$$\sigma \cdot \sum_{\hat{s} \in S_r(\hat{l})} \frac{|frt_{\hat{l}}^{\hat{s}}|}{RT_{\hat{l}}^{\hat{s}}} \leqslant (N_{\hat{l}} - 1) \cdot \sigma \cdot \lambda' \quad (9\text{-}71)$$

$$\varphi \cdot \sum_{\hat{s} \in S_r(\hat{l})} \frac{|fdt_{\hat{l}}^{\hat{s}}|}{DT_{\hat{l}}^{\hat{s}}} \leqslant (N_{\hat{l}} - 2) \cdot \varphi \cdot \rho' \quad (9\text{-}72)$$

$$\rho' = \max\{|\rho_{dec} - 1|, |\rho_{inc} - 1|\} \quad (9\text{-}73)$$

式中:$N_{\hat{l}}$——轨道交通线路 $\hat{l}$ 沿线换乘站点数(个),包括存在换乘关系的首末站。

因此,对于每一条待协调的轨道交通线路 $\hat{l} \in L_r$ 应满足

$$\left(\delta \cdot \frac{so_{\hat{l}}}{(T_{\max}^{er} - T_{\min}^{er})} + \sigma \cdot \sum_{\hat{s} \in S_r(\hat{l})} \frac{|frt_{\hat{l}}^{\hat{s}}|}{RT_{\hat{l}}^{\hat{s}}} + \varphi \cdot \sum_{\hat{s} \in S_r(\hat{l})} \frac{|fdt_{\hat{l}}^{\hat{s}}|}{DT_{\hat{l}}^{\hat{s}}}\right) \\ < \delta + (N_{\hat{l}} - 1) \cdot \sigma \cdot \lambda' + (N_{\hat{l}} - 2) \cdot \varphi \cdot \rho' \quad (9\text{-}74)$$

其中不等式右边的表达式定义为运行计划调整最高"惩罚"。

根据公式(9-32)和(9-74),若可以保证增加一对能换乘成功的换乘关系的"利益"总是大于运行计划调整最高"惩罚",则任何可能成功的换乘关系都可通过适当的末班列车运行计划调整方案实现。也就是说,对于任一待协调的轨道交通线路 $\hat{l} \in L_r$,目标函数中权重的取值必须满足以下要求:

$$1 > \delta + (N_{\hat{l}} - 1) \cdot \sigma \cdot \lambda' + (N_{\hat{l}} - 2) \cdot \varphi \cdot \rho' \quad (9\text{-}75)$$

因此,对于目标函数中权重的取值必须由公式(9-35)和(9-75)共同决定。故在不同的轨道交通网络内应用优化模型时,其权重的取值往往有所差别。

9.2.3 案例应用

以图9-5所示新加坡轨道交通网络为例验证末班列车运行计划优化方法的有效性。线路基本属性参见表9-4。每条轨道交通线路沿线所途经的换乘站点情况见表9-5。轨道交通线路末班列车现状运行计划参见表9-13。

乘客往往乘坐末班列车从市中心或市郊工业园区返回市郊居住区。连接上述地区的线路及其内部关键换乘关系为本案例中需要优化的关键换乘关系。通过分析，从轨道交通网路中识别筛选出 27 对关键换乘关系，具体参见表 9-14。同时这 27 对换乘关系现状末班列车换乘情况也已在表 9-14 中列出。

研究时间范围内从轨道交通线路 $\hat{l}$ 计划从首站发出的班次的数量设为 21，计划发车间隔参见表 9-13。参数 $T_{\min}^{er}$ 和 $T_{\max}^{er}$ 分别设为 23:10 和 00:20。换乘站点内线路间换乘步行时间统一设为 3 min。末班列车行驶速度最高增大和减小幅度分别为 1.25 和 0.80。末班列车计划停靠时间最高增大和减小幅度分别为 1.20 和 0.80。根据公式(9-35)和(9-75)，目标函数中权重 δ、σ 和 φ 的取值分别为 0.05、0.05 和 0.20。采用 YALMIP 语言[203]在 MATLAB(R2013a)平台编写求解程序，并调用 CPLEX12.6 获取最优解。具体计算过程在一台内存为 16G 的台式机(Intel Core i7-2600 CPU @ 3.40GHz)上完成。

表 9-13 末班列车现状运行计划(单位：min)

$\hat{l}$	$SD_{\hat{l}}$	$SH_{\hat{l}}$	$RT_{\hat{l}}^{\hat{s}}$	$DT_{\hat{l}}^{\hat{s}}$
1	23:23:00	5	9, 9, 7, 2, 2, 4, 11, 8, 12	0.5, 0.5, 0.5, 0.5, 0.5, 0.5, 0.5, 0.5
2	23:32:00	5	12, 8, 10, 4, 2, 2, 8, 9, 8	0.5, 0.5, 0.5, 0.5, 0.5, 0.5, 0.5, 0.5
3	00:06:00	12	15	N/A
4	00:17:00	5	51, 17, 2, 2, 2, 2	0.5, 0.5, 0.5, 0.5, 0.5
5	00:05:00	5	2, 3, 2, 2, 15, 51	0.5, 0.5, 0.5, 0.5, 0.5
6	23:55:00	5	3, 2, 4, 12, 12	0.5, 0.5, 0.5, 0.5
7	23:28:00	5	11, 12, 4, 2, 4	0.5, 0.5, 0.5, 0.5
8	00:10:00	7	6, 4, 6, 9, 4, 17, 15	0.5, 0.5, 0.5, 0.5, 0.5, 0.5
9	00:04:00	7	14, 17, 5, 9, 6, 4, 6	0.5, 0.5, 0.5, 0.5, 0.5, 0.5
10	23:55:00	5	2, 6, 4	0.5, 0.5
11	23:46:00	5	5, 2, 2	0.5, 0.5
12	00:00:00	5	2, 2, 5	0.5, 0.5

表 9-14 末班列车现状换乘情况

| $\hat{s}$ | 关键换乘关系 | | $SA_{\hat{l}}^{\hat{s}}$ | $SD_{\hat{l}}^{\hat{s}}$ | $n_{\hat{l}_m \hat{l}_n}^{\hat{s}}$ |
	换乘前所乘线路	换乘后所乘线路			
裕廊东	2	4	23:44:00	00:17:00	1
	1	4	00:18:30	00:17:00	0
波那维斯达	8	1	00:58:30	00:10:30	0
	9	2	00:18:00	23:53:00	0

续表 9-14

$\hat{s}$	关键换乘关系		$SA_{\hat{l}}^{\hat{s}}$	$SD_{\hat{l}}^{\hat{s}}$	$n_{\hat{l}_m \hat{l}_n}^{\hat{s}}$
	换乘前所乘线路	换乘后所乘线路			
港湾	7	9	00:03:00	00:04:00	0
欧南园	7	1	23:58:30	23:59:00	0
	6	1	23:58:00	23:59:00	0
牛车水	11	7	23:56:00	23:56:30	0
	11	6	23:56:00	00:01:00	1
多美歌	4	6	01:25:30	00:05:30	0
	9	5	01:08:00	00:16:00	0
	9	6	01:08:00	00:05:30	0
碧山	5	8	00:31:00	00:41:30	1
实龙岗	9	6	00:41:00	00:18:00	0
	8	6	00:36:30	00:18:00	0
巴耶利岩	9	2	00:50:30	00:21:30	0
武吉士	12	2	00:10:00	00:13:00	1
	12	1	00:10:00	23:49:30	0
政府大厦	5	2	00:13:00	00:10:00	0
	5	1	00:13:00	23:52:00	0
莱佛士坊	5	2	00:10:30	00:08:00	0
	5	1	00:10:30	23:54:30	0
海湾舫	10	11	23:57:00	23:54:00	0
宝门廊	12	8	00:04:30	00:16:30	1
体育场	10	8	00:08:00	00:21:00	0
滨海湾	4	10	01:33:00	23:55:00	0
丹那美拉	3	1	00:21:00	23:32:30	0

注:$SA_{\hat{l}}^{\hat{s}}$ 表示线路 $\hat{l}$ 末班列车在换乘站点 $\hat{s}$ 处的现状计划到站时刻;$SD_{\hat{l}}^{\hat{s}}$ 表示线路 $\hat{l}$ 末班列车在换乘站点 $\hat{s}$ 处的现状计划离站时刻。

1. 案例结果分析

表 9-15 列出了由所建模型产生的末班列车运行计划最优调整方案。通过与表 9-13 中的现状运行计划相比,发现优化后轨道交通线路 1、线路 2、线路 5、线路 7、线路 8、线路 10 和线路 11 的末班列车首站计划发车时刻被延后了;轨道交通线路 4 和线路 9 的末班列车首站计划发车时刻被提前了;而轨道交通线路 3 和线路 12 的末班列车首站计划发车时刻保持不变。另外,轨道交通线路 1、线路 4 和线路 6 的末班列车首站计划发车时刻达到极值(即 23:10 和 00:20)后,仍需要调整其末

班列车的计划运行时间。事实上,轨道交通线路 4 和线路 6 的末班列车在换乘站点处的计划停靠时间也进行了适当调整以减少换乘失败。

以轨道交通线路 4 为例具体说明整个调整过程。当线路 4 的末班列车首站计划发车时刻被提前至 23:10 且计划运行时间减小幅度达到极值后,将于 00:11:12 到达滨海湾站;然而轨道交通线路 10 的末班列车在滨海湾站的离站时刻为 00:13:48,则线路 4 的末班列车计划停靠时间必须缩短至少 24 s(即 0.4 min),列车上的乘客方能顺利在滨海湾站换乘至线路 10 的末班列车。

表 9-15 末班列车运行计划最优调整方案(单位:min)

$\hat{l}$	$d_{\hat{l}}$	$h_{\hat{l}}$	$frt_{\hat{l}}^{\hat{s}}$	$fdt_{\hat{l}}^{\hat{s}}$
1	00:20:00	7.85	0.05, 0, 0, 0, 0, 2.75, 0, 0	0, 0, 0, 0, 0, 0, 0, 0
2	23:41:00	5.45	0, 0, 0, 0, 0, 0, 0, 0	0, 0, 0, 0, 0, 0, 0, 0
3	00:06:00	12	0	N/A
4	23:10:00	1.65	−10.2, −3.4, −0.4, −0.4, −0.4, 0	−0.1, −0.1, −0.1, −0.1, 0
5	00:06:00	5.05	0, 0, 0, 0, 0	0, 0, 0, 0, 0
6	00:20:00	6.25	0.75, 0.5, 1, 3, 0	0.05, 0, 0, 0
7	23:55:18	6.365	0, 0, 0, 0, 0	0, 0, 0, 0, 0
8	00:18:48	7.44	0, 0, 0, 0, 0	0, 0, 0, 0, 0
9	23:10:00	4.3	0, 0, 0, 0, 0	0, 0, 0, 0, 0
10	00:13:48	5.94	0, 0, 0	0, 0
11	00:10:48	6.24	0, 0, 0	0, 0
12	00:00:00	5	0, 0	0, 0

表 9-16 列出了末班列车运行计划优化后每个关键换乘关系的换乘情况。与表 9-14 中展示的换乘情况相比,可知 27 对关键换乘关系内换乘成功的关系由 6 对增加为 24 对。也就是说线路间末班列车换乘情况可得到大幅度改善。而且可以发现协调后发车间隔的变化较小,意味着运营者不需要调整车辆和人员调度安排。即在给定的资源下,所构建模型可被运营调度人员作为有效的辅助分析工具帮助其调整现状运行计划以大幅度地提高整个轨道交通网络的换乘衔接性。

表 9-16 协调后末班列车换乘情况

$\hat{s}$	关键换乘关系		$a_{\hat{l}}^{\hat{s}}$	$d_{\hat{l}}^{\hat{s}}$	$n_{\hat{l}_m \hat{l}_n}^{\hat{s}}$
	换乘前所乘线路	换乘后所乘线路			
裕廊东	2	4	23:53:00	23:10:00	0
	1	4	01:18:18	23:10:00	0
波那维斯达	8	1	01:07:18	01:10:18	1
	9	2	23:24:00	00:02:00	1
港湾	7	9	00:30:18	23:10:00	0

续表 9-16

$\hat{s}$	关键换乘关系		$a_{\hat{l}}^{\hat{s}}$	$d_{\hat{l}}^{\hat{s}}$	$n_{\hat{l}_m \hat{l}_n}^{\hat{s}}$
	换乘前所乘线路	换乘后所乘线路			
欧南园	7	1	00:25:48	00:56:03	1
	6	1	00:23:45	00:56:03	1
牛车水	11	7	00:20:48	00:23:48	1
	11	6	00:20:48	00:27:18	1
多美歌	4	6	00:04:48	00:32:48	1
	9	5	00:14:00	00:17:00	1
	9	6	00:14:00	00:32:48	1
碧山	5	8	00:32:00	00:50:18	1
实龙岗	9	6	23:47:00	00:48:18	1
	8	6	00:45:18	00:48:18	1
巴耶利岩	9	2	23:56:30	00:30:30	1
武吉士	12	2	00:10:00	00:22:00	1
	12	1	00:10:00	00:46:33	1
政府大厦	5	2	00:14:00	00:19:30	1
	5	1	00:14:00	00:49:03	1
莱佛士坊	5	2	00:11:30	00:17:00	1
	5	1	00:11:30	00:51:33	1
海湾舫	10	11	00:15:48	00:18:48	1
宝门廊	12	8	00:04:30	00:25:18	1
体育场	10	8	00:26:48	00:29:48	1
滨海湾	4	10	00:10:48	00:13:48	1
丹那美拉	3	1	00:21:00	00:29:33	1

2. 权重赋值方法有效性验证

为了验证 9.2.2 节所介绍的权重赋值方法的有效性，在所构建的混合整数线性规划模型中令目标函数的权重 $\delta=\sigma=\varphi=0$，其他参数设置不变。表 9-17 给出了协调后各换乘关系的换乘情况。由 CPLEX 求解所得末班列车运行计划最优调整方案可见表 9-18。

表 9-17 和表 9-16 的比较说明当 $\delta=\sigma=\varphi=0$ 时，27 对换乘关系中换乘成功的关系保持不变，意味着 9.2.2 节提出的权重赋值方法确实能消除权重取值对模型最终优化结果（$\sum_{\hat{s} \in S_r(\hat{l}_m)} n_{\hat{l}_m \hat{l}_n}^{\hat{s}}$）的影响。表 9-18 与表 9-15 的比较也表明借助合适

的权重取值,调整策略实施顺序的约束(9-33)和(9-34)能够切实发挥积极作用。

表9-17 协调后末班列车换乘情况当($\delta=\sigma=\varphi=0$)

$\hat{s}$	关键换乘关系		$a_{\hat{l}}^{\hat{s}}$	$d_{\hat{l}}^{\hat{s}}$	$n_{\hat{l}_m \hat{l}_n}^{\hat{s}}$
	换乘前所乘线路	换乘后所乘线路			
裕廊东	2	4	01:18:39	23:10:00	0
	1	4	00:07:00	23:10:00	0
波那维斯达	8	1	01:07:18	01:10:39	1
	9	2	23:24:00	00:16:00	1
港湾	7	9	00:30:18	23:10:00	0
欧南园	7	1	00:25:48	00:56:24	1
	6	1	00:23:45	00:56:24	1
牛车水	11	7	00:20:48	00:23:48	1
	11	6	00:20:48	00:27:06	1
多美歌	4	6	00:04:48	00:32:42	1
	9	5	00:14:00	00:31:00	1
	9	6	00:14:00	00:32:42	1
碧山	5	8	00:46:00	00:50:18	1
实龙岗	9	6	23:47:00	00:48:18	1
	8	6	00:45:18	00:48:18	1
巴耶利岩	9	2	23:56:30	00:44:30	1
武吉士	12	2	23:20:00	00:36:00	1
	12	1	23:20:00	00:46:42	1
政府大厦	5	2	00:28:00	00:33:30	1
	5	1	00:28:00	00:49:18	1
莱佛士坊	5	2	00:25:30	00:31:00	1
	5	1	00:25:30	00:51:54	1
海湾舫	10	11	00:15:48	00:18:48	1
宝门廊	12	8	23:14:30	00:25:18	1
体育场	10	8	00:26:48	00:29:48	1
滨海湾	4	10	00:10:48	00:13:48	1
丹那美拉	3	1	23:25:00	00:29:30	1

表 9-18　末班列车运行计划最优调整方案（当 $\delta=\sigma=\varphi=0$）（单位：min）

$\hat{i}$	$d_{\hat{i}}$	$h_{\hat{i}}$	$frt_{\hat{i}}^{\hat{s}}$	$fdt_{\hat{i}}^{\hat{s}}$
1	00:20:00	7.85	0, 0, 0, 0, 0, 0, 2.75, 0, 0	0, 0.1, 0.1, 0.1, 0.1, 0, 0, 0
2	23:55:00	6.15	0, 0, 0, 0, 0, 0, 0, 0, 0	0, 0, 0, 0, 0, 0, 0, 0
3	23:10:00	9.2	0	N/A
4	23:10:00	1.65	−10.2, −3.4, −0.4, −0.4, −0.4, 0	−0.1, −0.1, −0.1, −0.1, 0
5	00:20:00	5.75	0, 0, 0, 0, 0, 0	0, 0, 0, 0, 0
6	00:20:00	6.25	0.75, 0.15, 1, 3, 0	0.1, 0.1, 0.1, 0.1
7	23:55:18	6.365	0, 0, 0, 0	0, 0, 0, 0
8	00:18:48	7.44	0, 0, 0, 0, 0	0, 0, 0, 0, 0
9	23:10:00	4.3	0, 0, 0, 0	0, 0, 0, 0, 0
10	00:13:48	5.94	0, 0, 0	0, 0
11	00:10:48	6.24	0, 0, 0	0, 0
12	23:10:00	2.5	0, 0, 0	0, 0

9.3　地面公交深夜时段运行计划优化

9.3.1　研究对象与优化目标

由于末班列车是当日乘客利用轨道服务完成出行的最后机会，对于换乘乘客而言，只有当其所乘坐的公交车辆到达换乘站点的时间比其所需换乘轨道交通线路的末班列车在换乘站点处的离站时刻能提前步行换乘所需必要时间时，乘客才能顺利地从地面公交换乘至轨道交通以完成后续出行。此种情况下，乘客利用轨道交通完成的出行相较之前的地面公交出行往往距离更长，甚至涉及轨道交通网络内不同线路间的换乘过程。一旦乘客错过所需换乘的轨道交通线路的末班列车，将不得不选择替代出行方式（如出租车），使得出行成本大幅度提升，引起乘客尤其是低收入群体的不满和抱怨，降低公共交通服务的吸引力。图 9-7 描述了多模式公共交通网络的简化结构示意图，其中具体的上下客停靠站点和换乘站点均被省略。图中介绍了两类与轨道交通存在换乘关系的地面公交线路。对于服务轨道交通线路的接运公交（如图 9-7 的线路 i），需要保证每一辆车上的乘客都能顺利换乘至所需的轨道交通服务。事实上，这也确实是接运公交运行计划设计时的基本原则和首要目标；而对于另一类与轨道交通存在换乘关系的地面公交线路（如图 9-7 的线路 ii），可为轨道交通线路接送乘客，但更需要在轨道交通服务结束后继续运营以保证乘客仍能利用公共交通服务完成出行，即作为轨道交通服务的替代方式。显然，尽管两者间始终存在空间可达的换乘路径，线路 ii 最后若干班次车辆上的乘客将无法顺利换乘至轨道交通服务。即对于部分地面公交线路，尽管与轨道交通服务空间可达但仍存在不可避免的换乘失败的情况。为了兼顾减少地面公交与轨道交通换乘失败的情况和保障地面公交服务运营时长的双重诉求，通过调整优化地面公交深夜时段运行计划以实现大部分公交车辆都能顺利衔接上所需换乘的轨道交通线路，对提升不同方式间换乘服务吸引力具有重要意义。假设轨道交通系统末班列车运行计划已按照 9.2 节所介绍方法完成系统内部协调优化过程。另外，需要说明的是考虑到夜班公交线路(指运营时间从半夜至次日凌晨的夜间线路)往往作为轨道交通服务结束后的补充服务，即与轨道交通的换乘联系可忽略不计，故未将其列为本节研究对象。

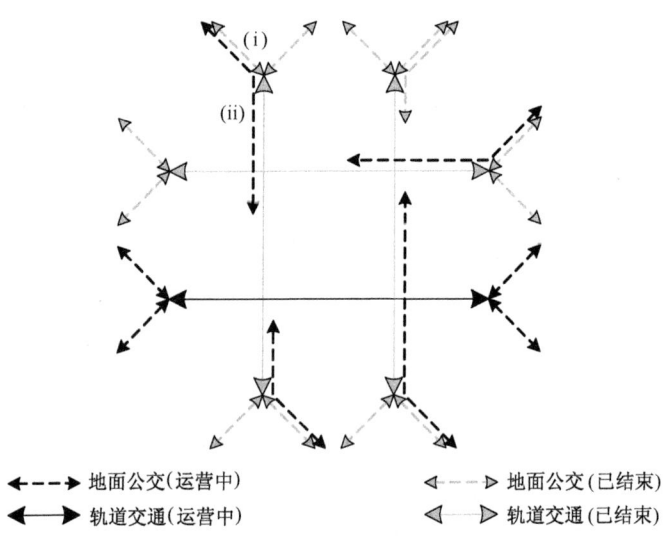

图 9-7　多模式公共交通网络简化结构

基于给定的轨道交通末班列车运行计划，提出地面公交时刻表协调优化的目标:线路上最后 k 班公交车辆中至少有一班能顺利衔接上所需换乘的轨道交通线路。其中，k 是预先给定的一个正整数，由公交运营企业和政府管理部门协商决定。协调时要求最后 k 班公交车辆中至少有一班到达换乘站点的时间比其所需换乘轨道交通线路的末班列车在换乘站点处的离站时刻能提前步行换乘所需必要时间。

实践中多模式公共交通网络内也存在从轨道交通线路末班列车换乘至地面公交服务的需求。此种情况下，乘客利用地面公交完成的出行与换乘之前的轨道交通出行相比往往距离较短，多为整个出行链的"最后一公里"。一旦乘客面临换乘失败选择替代出行方式时，由于是短距离出行，出行成本的增加往往在乘客所能接受的范围内。而且，轨道交通服务接运公交的存在已经在很大程度上降低了此类换乘失败的概率。减少轨道交通至地面公交换乘失败的末班公交车运行计划优化方法与减少地面公交至轨道交通换乘失败的深夜时段公交车运行计划方法上无显著差异(详见9.3.2节)。故本节将视角聚焦于地面公交至轨道交通的换乘需求。

参数 k 由于受到线路发车时刻和发车间隔的影响,对于不同的公交线路其取值往往不同。即对于线路 l 有其相对应的参数 $k(l)$。$k(l)$ 取值的大小对线路 l 与轨道交通服务换乘衔接水平有重要影响。$k(l)$ 取值越小,则意味着要求与轨道交通换乘失败的车辆数越少(对换乘乘客有利),但同时也意味着线路越早结束运营(对非换乘乘客不利)。尽管研究中假定参数 $k(l)$ 是给定的已知正整数,事实上基于本节所构建的优化模型进行参数 $k(l)$ 的敏感性分析可帮助公交运营企业和政府管理部门共同制定合理的协调优化目标。若线路 l 是专为轨道交通接送客流的接运公交线路(如图9-7的线路 i),令 $k(l) = 1$。

9.3.2 问题描述

定义有向图 $G(S,L)$ 表示多模式公共交通网络,其中 S 代表站点集合,包括公交站点子集合 $\hat{S}$ 和轨道交通站点子集合 S_r;L 代表线路集合,包括公交线路子集合 L_b 和轨道交通线路子集合 L_r。每一条线路的上下行将被分别视作独立的研究对象,如图9-8所示。

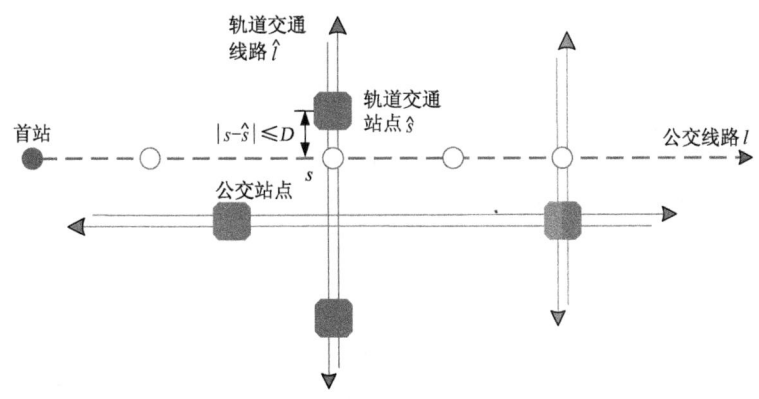

图 9-8 网络 $G(S,L)$ 示意图

定义 Ω 表示待研究的轨道交通线路与地面公交线路所构成的目标网络。Ω 是网络 $G(S,L)$ 的子集,主要考虑了地面公交与轨道交通的换乘关系,具体可表达成

$$\Omega = \{(s,\hat{s},l,\hat{l}) \mid |s-\hat{s}| \leqslant D, \forall s \in S_b(l), \hat{s} \in S_r(\hat{l}), l \in L_b, \hat{l} \in L_r\}$$
(9-76)

其中,l 和 $\hat{l}$ 分别是集合 L_b 和 L_r 内具体的线路。s 表示某一具体的公交站点,隶属于

$S_b(l)$,其中,集合 $S_b(l)$ 为地面公交线路 l 沿途经过的所有公交站点的集合。$\hat{s}$ 表示某一具体的轨道交通站点,隶属于 $S_r(\hat{l})$,其中,集合 $S_r(\hat{l})$ 为轨道交通线路 $\hat{l}$ 沿途经过的所有轨道交通站点的集合。

不等式 $|s-\hat{s}|\leqslant D$ 表示公交站点 s 和轨道交通站点 $\hat{s}$ 之间的步行距离必须小于等于乘客所能接受的最大换乘步行距离 D。即只有距离轨道交通站点 D 内的公交站点才会被视作与轨道交通存在换乘需求的公交站点,如图9-9所示。另外,由于服务于公交线路 l 的某一具体的公交车辆在公交站点 s 处的计划到站时刻无法同时与途经轨道站点 $\hat{s}$ 处的所有轨道交通线路的离站时刻进行协调,所以轨道交通线路 $\hat{l}$ 往往是与公交线路 l 具有相对更高的换乘需求的线路,如图9-9所示。轨道交通线路 $\hat{l}$ 的筛选工作可以借助对客流量历史数据的分析完成。在一些安装有自动售检票系统(AFC)的城市,客流量数据可以从乘客刷卡记录数据中统计获取。

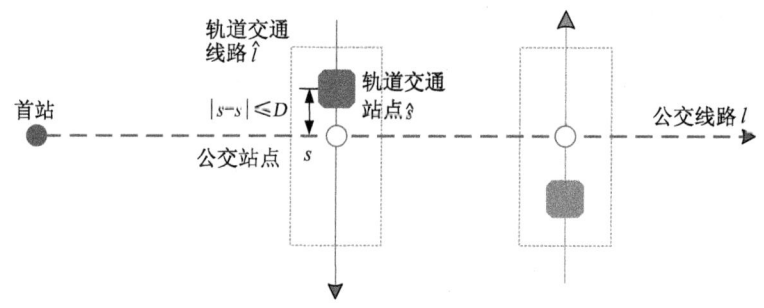

图 9-9　由图 9-8 网络 $G(S,L)$ 剥离出的目标网络 Ω 示意图

在目标网络 Ω 内,公交线路 l 的乘客可以选择在公交站点 s 下车,步行至轨道站点 $\hat{s}$,然后在他们到达换乘站台后选择轨道交通线路 $\hat{l}$ 上最先到站的一列轨道交通列车车次。上述过程即定义为从地面公交线路顺利换乘至轨道交通线路。

假定在研究时间范围内(深夜时段,约 22:00 至 24:00)目标地面公交线路按照固定且已知的运行计划(即现状运行计划)准点运行。由于夜间交通干扰小,公交车辆按照运行计划准点运行的假设是符合实际的。基于现状运行计划,可获取以下与公交线路 l 相关的运行参数:(1) 研究时间范围内从首站发出的公交车辆数;(2) 研究时间范围内计划发车间隔;(3) 末班公交车首站计划发车时刻;(4) 倒数第 $k(l)$ 班公交车辆首站计划发车时刻;(5) 倒数第 $k(l)$ 班公交车辆在公交站点 s 和公交站点 $s+1$ 之间区段的计划运行时间(包括区段内中间站点的停靠时间)。所允许的末班公交车最早首站计划发车时刻 $T_{\min}^{\phi}$ 为运行计划优化模型中的重要参数,通常由公交运营企业和政府管理部门协商确定。至于轨道交通线路 $\hat{l}$,同样假定其总是可以严格按照计划准点运行。故只需根据其给定的运行计划获取末班列车在轨

第 9 章
基于协同调度的首末班运行计划优化

道站点 $\hat{s}$ 处的计划离站时刻。另外,还需要通过实际调查获取公交站点 s 处的公交车辆停靠泊位数和乘客从公交站点 s 步行至轨道站点 $\hat{s}$ 的平均所需时间。

根据上述已知参数,可通过协调目标公交车辆在公交站点处的到站时刻和与其存在换乘关系的相应末班列车在轨道交通站点处的离站时刻以保证最后 $k(l)$ 班公交车辆中至少有一班能顺利衔接上所需换乘的轨道交通线路。具体来说,可以通过调节现状运行计划中公交车辆的首站计划发车时刻和计划运行时间来改变其在换乘站点处的到站时刻。因此,拟构建的基于轨道交通末班列车运行计划的地面公交深夜时段运行计划优化模型包含以下决策变量:(1) 协调后末班公交车首站计划发车时刻;(2) 倒数第 $k(l)$ 班公交车辆首站计划发车时刻的调整幅度;(3) 倒数第 $k(l)$ 班公交车辆在站点 s 至站点 $s+1$ 之间计划运行时间的调整幅度。地面公交运行计划经协调优化后,会导致不同公交线路的乘客换乘至同一轨道交通线路的末班列车,对列车载客能力提出要求。实践中,由于轨道交通末班列车上往往既有乘客数较少,即可以满足所有换乘乘客的需求。故假定在研究时间范围内轨道交通列车载客能力总能满足换乘需求。

9.3.3 地面公交运行计划优化模型

在构建地面公交运行计划协调优化模型前,需要先明确可用于调整现状运行计划的协调优化策略。必须指出的是,所构建的运行计划优化模型旨在通过适当调整研究时间范围内(即深夜时段)现状车辆运行计划以减少地面公交与轨道交通换乘失败情况,而非重新设计一份覆盖整个运营时长的完整的地面公交运行计划。

1. 面向换乘的公交车辆运行计划协调策略

公交车辆运行计划协调优化策略必须易在实际调度中实现,以增强协调优化模型的可行性和实用性。

策略 1:如果公交线路 l 最后 $k(l)$ 班公交车辆均无法顺利衔接上所需换乘的轨道交通线路(即当乘客到达换乘站点时所需换乘线路上的末班列车已离站),则首先对研究时间范围内的车辆运行计划进行整体偏移。

假定研究时间范围内公交线路 l 以均匀的发车间隔从首站发车,共发出 NB_l 班,则地面公交运行计划的整体偏移可通过统一偏移最后 (NB_l-1) 班公交车辆的首站计划发车时刻实现。偏移后最后 NB_l 班公交车辆间的发车间隔与偏移后的线路 l 末班公交车首站计划发车时刻满足以下关系:

$$x_{e(l)} - h_l \cdot (NB_l - 1) = SD_{e(l)} - SH_l \cdot (NB_l - 1), \forall l \in L_b \quad (9\text{-}77)$$

式中: $x_{e(l)}$ —— 协调后公交线路 l 末班公交车首站计划发车时刻;

h_l —— 协调后研究时间范围内公交线路 l 计划发车间隔(min);

$SD_{e(l)}$ ——现状公交线路 l 末班公交车首站计划发车时刻；

SH_l ——现状研究时间范围内公交线路 l 计划发车间隔(min)。

$$x_{e(l)} \geqslant T_{\min}^{eb}, \forall l \in L_b \qquad (9-78)$$

式中：$T_{\min}^{eb}$ ——所允许的末班公交车最早首站计划发车时刻。

公式(9-77)表明倒数第 NB_l 班公交车辆及其之前的所有公交车辆的首站计划发车时刻固定不变，即不会被调整。正如前文所述，所构建的优化模型旨在微调研究时间范围内现状运行计划而非重新设计完整运行计划。公式(9-78)则表明调整后的末班公交车首站计划发车时刻必须在预先规定的时间范围内取值。

策略 2：若偏移后仍为换乘失败状态，可考虑适度调整倒数第 $k(l)$ 班公交车辆首站计划发车时刻。

定义 $y_{k(l)}$ 为公交线路 l 倒数第 $k(l)$ 班公交车辆首站计划发车时刻调整幅度。协调后倒数第 $k(l)$ 班公交车辆首站计划发车时刻可按式(9-79)计算。

$$d_{k(l)} = x_{e(l)} - (k(l)-1) \cdot h_l + y_{k(l)}, \forall l \in L_b \qquad (9-79)$$

式中：$d_{k(l)}$ ——协调后公交线路 l 倒数第 $k(l)$ 班公交车辆首站计划发车时刻。

式(9-80)意味着发车时刻调整应尽可能减小对研究时间范围内均匀发车间隔的影响。

$$-0.5 \cdot h_l \leqslant y_{k(l)} \leqslant 0, \forall s \in S_b(l), l \in L_b \qquad (9-80)$$

策略 3：最后可考虑适度调整倒数第 $k(l)$ 班公交车辆计划运行时间以保证最后 $k(l)$ 班公交车辆中至少有一班能顺利衔接上所需换乘的轨道交通线路。

夜间道路车流量小，公交车辆可适当加速以便乘客能顺利赶上最后一班列车。定义 $z_{k(l)}^s$ 为公交线路 l 倒数第 $k(l)$ 班公交车辆在站点 s 和站点 $s+1$ 之间计划运行时间的调整幅度。相应地，协调优化后倒数第 $k(l)$ 班公交车辆在站点 s 和站点 $s+1$ 之间计划运行时间可按式(9-81)计算。

$$t_{k(l)}^s = ST_{k(l)}^s + z_{k(l)}^s, \forall s \in S_b(l), l \in L_b \qquad (9-81)$$

式中：$t_{k(l)}^s$ ——协调后公交线路 l 倒数第 $k(l)$ 班公交车辆在站点 s 至站点 $s+1$ 之间的计划运行时间(min)；

$ST_{k(l)}^s$ ——现状公交线路 l 倒数第 $k(l)$ 班公交车辆在站点 s 至站点 $s+1$ 之间的计划运行时间(min)。

考虑到安全要求建议调整后公交车平均行驶速度不得大于现状平均行驶速度的 $(1+\eta)$ 倍。参数 $\eta(\eta \geqslant 0)$ 表示预先给定的行驶速度的最高调整幅度，具体应用时可根据实际情况进行调整。故倒数第 $k(l)$ 班公交车辆在站点 s 和站点 $s+1$ 之间计划运行时间的调整幅度 $z_{k(l)}^s$ 必须满足以下约束条件：

$$-\frac{\eta}{1+\eta} \cdot ST_{k(l)}^s \leqslant z_{k(l)}^s \leqslant 0, \forall s \in S_b(l), l \in L_b \tag{9-82}$$

$$z_{k(l)}^s \in \mathbf{Z}, \forall s \in S_b(l), l \in L_b \tag{9-83}$$

式中：$\mathbf{Z}$——整数集合。

为了保证优化后的车辆运行计划在实际中易于操作执行，将计划运行时间调整幅度 $z_{k(l)}^s$ 设置为以分钟为单位的整数变量。当 $\eta = 0$ 时，站点 s 和站点 $s+1$ 之间公交车辆计划运行时间不允许被调整。

策略 4：进一步微调车辆运行计划以避免由换乘协调引起的多条公交线路在同一站点排队进站现象。

同一轨道站点处往往有多条公交线路需要与同一轨道交通线路进行换乘，然而由于公交站点处停靠泊位数有限，实施协调后可能会引起公交车辆在站点附近排队，使得部分公交车辆无法及时进站，进而导致车上换乘乘客错过最近的一班列车（即实施协调后等待时间最短的一列车次），甚至会发生在他们走至换乘站台的过程中眼看着列车离开的情况。因而增加约束条件(9-84)～(9-86)，旨在消除这一不受欢迎的协调优化的潜在"副产品"。这三个约束条件可以实现以下两个要求：公交线路 l 上倒数第 $k(l)$ 班公交车辆在站点 s 处的到站时刻必须分配给唯一的时间点 j；连续 φ^s 个时间点上所分配的公交车辆在站点 s 处的到站时刻的个数不超过 B^s。集合 J 包含覆盖整个研究时间范围内的各个时间点，而 j 则代表隶属于该集合的某一具体的时间点。举例说明，当 $J = [22:00, 22:01, 22:02, \cdots, 00:29]$，则到站时刻 22:29 会被分配到第 30 个时间点；当 $B^s = 2$ 和 $\varphi^s = 3$，约束条件(9-84～9-86)则意味着每连续 3 min 时间段内最多只能有 2 辆公交车停靠在站点 s 处。

$$tp_{k(l)}^{sj} = \begin{cases} 1, \text{当 } a_{k(l)}^s \text{ 在第 } j \text{ 个时间点}, j \in J \\ 0, \text{否则} \end{cases} \tag{9-84}$$

式中：$a_{k(l)}^s$——协调后公交线路 l 倒数第 $k(l)$ 班公交车辆在站点 s 处的计划到站时刻；

$tp_{k(l)}^{sj}$——二元变量：当 $a_{k(l)}^s$ 在第 j 个时间点时，等于 1；否则等于 0。

$$\sum_{j \in J} tp_{k(l)}^{sj} = 1, \forall s \in S_b(l), l \in L_b \tag{9-85}$$

$$\sum_{j'=0}^{\varphi^s-1} \sum_{l \in L_b} tp_{k(l)}^{s(j+j')} \leqslant B^s, \forall j \in J, s \in S_b(l) \tag{9-86}$$

式中：φ^s——公交车辆在站点 s 处实际停靠时间的最大值(min)；

B^s——公交站点 s 处车辆停靠泊位数(个)。

尽管由于公交运行的随机性使得排队现象发生的可能性较低,但为了在理论上保证所构建模型总是合理且符合实际的,有必要将协同调度引起的多条公交线路在同一站点排队进站现象纳入研究。事实上,夜间道路运行条件良好的情况下,公交车辆基本都可按照计划准点运行,即运行随机性可忽略不计。

2. 优化模型

当公交线路 l 倒数第 $k(l)$ 班公交车辆在站点 s 处的计划到站时刻比轨道交通线路 $\hat{l}$ 末班列车在站点 $\hat{s}$ 处的计划离站时刻能提前从公交站点 s 至轨道站点 $\hat{s}$ 所需步行时间时,线路 l 倒数第 $k(l)$ 班公交车辆上的乘客才能顺利换乘至轨道交通线路 $\hat{l}$,因此,定义二元变量 $n_{l\hat{l}}^{\hat{s}}$ 表征公交线路 l 最后 $k(l)$ 班公交车辆中是否有一班能顺利衔接上所需换乘的轨道交通线路 $\hat{l}$,参见式(9-87)和(9-88)。

$$M \cdot (n_{l\hat{l}}^{\hat{s}} - 1) \leqslant SD_{e(\hat{l})}^{\hat{s}} - a_{k(l)}^{s} - W^{s} \leqslant M \cdot n_{l\hat{l}}^{\hat{s}}, \forall s \in S_b(l), l \in L_b \quad (9\text{-}87)$$

式中:M——一个足够大的已知正数;

$n_{l\hat{l}}^{\hat{s}}$——二元变量:当公交线路 l 最后 $k(l)$ 班公交车辆中至少有一班能顺利衔接上所需换乘的轨道交通线路 $\hat{l}$ 时,等于 1,否则等于 0;

$SD_{e(\hat{l})}^{\hat{s}}$——轨道交通线路 $\hat{l}$ 末班列车在轨道交通站点 $\hat{s}$ 处的计划离站时刻;

$a_{k(l)}^{s}$——公交线路 l 倒数第 $k(l)$ 班公交车辆在站点 s 处的计划到站时刻;

W^{s}——从公交站点 s 步行至轨道交通站点 $\hat{s}$ 平均所需时间(min)。

$$n_{l\hat{l}}^{\hat{s}} \in \{0, 1\}, \forall s \in S_b(l), l \in L_b \quad (9\text{-}88)$$

轨道交通换乘至地面公交

优化目标:轨道交通线路 $\hat{l}$ 末班列车能顺利衔接上所需换乘的公交线路 l

调整对象:公交线路 l 末班公交车运行计划

轨道交通线路 $\hat{l}$ 末班列车在轨道站点 $\hat{s}$ 处的计划到站时刻比线路 l 末班公交车在站点 s 处的计划离站时刻能提前从公交站点 s 至轨道站点 $\hat{s}$ 所需步行时间 $W^{\hat{s}}$ 时,轨道交通线路 $\hat{l}$ 末班列车上的乘客才能顺利换乘至公交线路 l,因此,定义二元变量 $n_{\hat{l}l}^{\hat{s}s}$ 表征轨道交通线路 $\hat{l}$ 末班列车是否能顺利衔接上所需换乘的公交线路 l,参见式(9-89)和式(9-90)。

$$M \cdot (n_{\hat{l}l}^{\hat{s}s} - 1) \leqslant d_{e(l)}^{s} - SA_{e(\hat{l})}^{\hat{s}} - W^{\hat{s}} \leqslant M \cdot n_{\hat{l}l}^{\hat{s}s}, \forall s \in S_b(l), l \in L_b$$

$$(9\text{-}89)$$

式中:$n_{\hat{l}l}^{\hat{s}s}$——二元变量:当轨道交通线路 $\hat{l}$ 末班列车能顺利衔接上所需换乘的公交线路 l 时,等于 1,否则等于 0;

$d_{e(l)}^{s}$——协调后公交线路 l 末班公交车在站点 s 处的计划离站时刻;

$SA_{e(\hat{l})}^{\hat{s}}$ —— 轨道交通线路 $\hat{l}$ 末班列车在站点 $\hat{s}$ 处的计划到站时刻。

$$n_{l\hat{l}}^{s\hat{s}} \in \{0,1\}, \forall s \in S_b(l), l \in L_b \qquad (9\text{-}90)$$

如式(9-91)所示,公交线路 l 末班公交车在站点 s 处的计划离站时刻由首站计划发车时刻、站点间运行时间以及在站点处的停靠时间共同决定。

$$d_{e(l)}^s = SD_{e(l)} + \sum_{i \in S_b(l), i < s} t_{e(l)}^i + DW_{e(l)}^s, \forall s \in S_b(l), l \in L_b \qquad (9\text{-}91)$$

式中:$t_{e(l)}^i$ —— 协调后公交线路 l 末班公交车在站点 s 至站点 $s+1$ 之间的计划运行时间(min);

$DW_{e(l)}^s$ —— 公交线路 l 末班公交车在站点 s 处的停靠时间(min),可由历史数据估计。

其余约束条件均类似,仅研究对象均调整为末班公交车,故不再赘述。另外,此情景下可不再考虑消除公交车辆排队进站问题,此时即便发生了排队延误,某种意义上是提高了轨道交通末班列车上乘客成功换乘至地面公交的概率。

如式(9-92)所示,公交线路 l 倒数第 $k(l)$ 班公交车辆在站点 s 处的计划到站时刻 $a_{k(l)}^s$ 由首站计划发车时刻 $d_{k(l)}$、从首站至换乘站点区段内计划运行时间 $t_{k(l)}^i$ 之和共同决定。为了保证协调优化后的运行计划在实际中易于操作执行,将计划到站时刻 $a_{k(l)}^s$ 设置为以分钟为单位的整数变量。

$$a_{k(l)}^s = d_{k(l)} + \sum_{i \in S_b(l), i < s} t_{k(l)}^i, \forall s \in S_b(l), l \in L_b \qquad (9\text{-}92)$$

$$a_{k(l)}^s \in Z, \forall s \in S_b(l), l \in L_b \qquad (9\text{-}93)$$

定义 $so_{k(l)}$ 为线路 l 倒数第 $k(l)$ 班公交车辆首站计划发车时刻总偏移量,其值即可按式(9-94)计算。

$$so_{k(l)} = |d_{k(l)} - SD_{k(l)}|, \forall l \in L_b \qquad (9\text{-}94)$$

式中:$SD_{k(l)}$ —— 现状公交线路 l 倒数第 $k(l)$ 班公交车辆首站计划发车时刻。

根据式(9-78)~(9-80),可知

$$|d_{k(l)} - SD_{k(l)}| < SD_{k(l)} - (T_{\min}^{\varpi} - (k(l)-1) \cdot SH_l - 0.5 \cdot SH_l), \forall l \in L_b \qquad (9\text{-}95)$$

不等式右边定义为线路 l 倒数第 $k(l)$ 班公交车辆首站计划发车时刻总偏移量的最大值 $MSO_{k(l)}$。

合理的公交车辆运行计划协调优化方案应不仅能使其与轨道交通换乘成功的关系数量(即 $\sum_{s \in S_b(l)} n_{l\hat{l}}^{s\hat{s}}$)最大,同时也能使首站计划发车时刻总偏移量(即 $so_{k(l)}$)和计划运行时间调整幅度（即 $\sum_{s \in S_b(l)} z_{k(l)}^s$）最小。故构建目标函数（9-96）以响应以上诉求。

$$\max u_b = \sum_{l \in L_b} \Big[\sum_{s \in S_b(l)} n_{li}^s - \Big(\alpha \cdot \frac{so_{k(l)}}{MSO_{k(l)}} - \beta \cdot \sum_{s \in S_b(l)} \frac{z_{k(l)}^s}{ST_{k(l)}^s}\Big)\Big] \quad (9-96)$$

式中：u_b——目标函数值；

α——非负权重系数，反映减少首站计划发车时刻调整量的重要性；

β——非负权重系数，反映减少计划运行时间调整量的重要性。

由于非负权重 α 和 β 的作用使得当所有调整策略都尝试过后，若换乘成功关系数量也无法提高时，则放弃对现状运行计划的调整。这与构建地面公交运行计划换乘协调优化模型的初衷相一致，即主要是为了减少换乘失败的情形，而非其他目标如减少换乘等待时间。

考虑到调整策略对象的差异及其对公交车运行影响程度的不同，在构建优化模型时，推荐按照以下顺序逐步实施上述换乘协调策略：首先考虑整体偏移研究时间范围内车辆运行计划（策略1），然后考虑微调目标公交车辆首站计划发车时刻（策略2），最后再考虑调整目标公交车辆区段计划运行时间（策略3）。具体来说，只有当线路 l 上末班公交车首站计划发车时刻被调整至极值时（$x_{e(l)} = T_{\min}^\phi$），线路 l 倒数第 $k(l)$ 班公交车辆的首站计划发车时刻方可在预定的取值范围内波动；而只有当线路 l 倒数第 $k(l)$ 班公交车辆的首站计划发车时刻调整幅度达到极值后才能微调倒数第 $k(l)$ 班公交车辆的区段计划运行时间。故提出式（9-97）~（9-99）联合式（9-95）~（9-96）以控制协调策略实施的先后顺序。

$$(x_{e(l)} - T_{\min}^\phi) \cdot y_{k(l)} = 0, \forall l \in L_b \quad (9-97)$$

$$(x_{e(l)} - T_{\min}^\phi) \cdot z_{k(l)}^s = 0, \forall s \in S_b(l), l \in L_b \quad (9-98)$$

$$\sum_{s \in S_b(l)} \frac{\beta}{ST_{k(l)}^s} \cdot \theta > 0.5 \cdot SH_l \cdot \frac{\alpha}{MSO_{k(l)}}, \forall l \in L_b \quad (9-99)$$

式中：θ——辅助参数，表示以分钟为单位的1个单位时间。

根据式（9-97）和（9-98），当 $x_{e(l)} > T_{\min}^\phi$，变量 $y_{k(l)}$ 和 $z_{k(l)}^s$ 必须等于零。根据式（9-96）和（9-99），调整1个单位的计划运行时间的惩罚（即 $\sum_{s \in S_b(l)} \beta / ST_{k(l)}^s \cdot 1\min$）大于 $0.5 \cdot SH_l \cdot \alpha / MSO_{k(l)}$，即大于 $0.5 \cdot h_l \cdot \alpha / MSO_{k(l)}$（显然 $SH_l > h_l$）。事实上，式（9-80）表明 $0.5 \cdot h_l$ 是当末班公交车首站计划发车时刻达到极值后倒数第 $k(l)$ 班公交车辆首站计划发车时刻可实现的最大调整幅度。故倒数第 $k(l)$ 班公交车辆首站计划发车时刻调整策略必然会在实施计划运行时间微调策略前执行。需要注意的是，目标函数中的权重 α 和 β 是由运营者根据式（9-99）和式（9-120）预先确定的常数,后文将具体阐述权重赋值方法。

综上所述,协调优化后地面公交运行最优方案可通过求解以下混合整数非线性规划模型获取。具体需求解以下决策变量:协调后末班公交车首站计划发车时刻、倒数第 $k(l)$ 班公交车辆首站计划发车时刻调整幅度和倒数第 $k(l)$ 班公交车辆区段计划运行时间调整幅度。

目标函数:式(9-96)

约束条件:基本约束:式(9-77)~(9-94)

　　　　　顺序约束:式(9-97)~(9-98)

上述混合整数非线性规划模型可等价转化为混合整数线性规划模型。通过引入非负辅助变量 $so_{k(l)}^+$ 和 $so_{k(l)}^-$,式(9-94)中的绝对值表达式可利用式(9-100)~(9-101)线性化为式(9-102)。

$$d_{k(l)} - SD_{k(l)} = so_{k(l)}^+ - so_{k(l)}^-, \forall l \in L_b \qquad (9\text{-}100)$$

$$so_{k(l)}^+, so_{k(l)}^- \geqslant 0, \forall l \in L_b \qquad (9\text{-}101)$$

$$|d_{k(l)} - SD_{k(l)}| = so_{k(l)}^+ + so_{k(l)}^-, \forall l \in L_b \qquad (9\text{-}102)$$

目标函数表达式(9-96)则相应更新为

$$\max u_b = \sum_{l \in L_b} \left(\sum_{s \in S_b} n_{ti}^s - \left(\alpha \cdot \frac{(so_{k(l)}^+ + so_{k(l)}^-)}{MSO_{k(l)}} - \beta \cdot \sum_{s \in S_b} \frac{z_{k(l)}^s}{ST_{k(l)}^s} \right) \right)$$

$$(9\text{-}103)$$

约束条件(9-84)可转化为

$$(1 - tp_{k(l)}^{sj}) \leqslant |a_{k(l)}^s - j| \leqslant M \cdot (1 - tp_{k(l)}^{sj}), \forall j \in J, s \in S_b(l), \forall l \in L_b$$

$$(9\text{-}104)$$

通过引入非负辅助变量 $upp_{k(l)}^s$ 和 $low_{k(l)}^s$,式(9-104)可被线性化为

$$a_{k(l)}^s - j = upp_{k(l)}^s - low_{k(l)}^s, \forall j \in J, s \in S_b(l), l \in L_b \qquad (9\text{-}105)$$

$$(1 - tp_{k(l)}^{sj}) \leqslant (upp_{k(l)}^s + low_{k(l)}^s) \leqslant M \cdot (1 - tp_{k(l)}^{sj}), \forall j \in J, s \in S_b(l), \forall l \in L_b$$

$$(9\text{-}106)$$

$$tp_{k(l)}^{sj} \in \{0,1\}, \forall j \in J, s \in S_b(l), \forall l \in L_b \qquad (9\text{-}107)$$

$$upp_{k(l)}^s, low_{k(l)}^s \geqslant 0, \forall j \in J, s \in S_b(l), \forall l \in L_b \qquad (9\text{-}108)$$

约束条件(9-111)~(9-116)联合式(9-109)~(9-110)可将关于策略实施顺序的约束条件(9-97)~(9-98)实现线性化。其中需要引入非负辅助变量 $py_{k(l)}$ 和 $pz_{k(l)}^s$ 以及二元辅助变量 $b_{k(l)}$。

$$(1 - b_{k(l)}) \leqslant x_{e(l)} - T_{\min}^{db} \leqslant M \cdot (1 - b_{k(l)}), \forall l \in L_b \qquad (9\text{-}109)$$

$$b_{k(l)} \in \{0,1\}, \forall l \in L_b \tag{9-110}$$

$$0 \leqslant py_{k(l)} \leqslant M \cdot b_{k(l)}, \forall l \in L_b \tag{9-111}$$

$$py_{k(l)} \leqslant -y_{k(l)}, \forall l \in L_b \tag{9-112}$$

$$py_{k(l)} \geqslant -y_{k(l)} + M \cdot (b_{k(l)} - 1), \forall l \in L_b \tag{9-113}$$

$$0 \leqslant pz_{k(l)}^s \leqslant M \cdot b_{k(l)}, \forall s \in S_b(l), l \in L_b \tag{9-114}$$

$$pz_{k(l)}^s \leqslant -z_{k(l)}^s, \forall s \in S_b(l), l \in L_b \tag{9-115}$$

$$pz_{k(l)}^s \geqslant -z_{k(l)}^s + M \cdot (b_{k(l)} - 1), \forall s \in S_b(l), l \in L_b \tag{9-116}$$

式(9-79)和(9-81)相应地分别更新为式(9-117)和(9-118)。

$$d_{k(l)} = x_{e(l)} - (k(l) - 1) \cdot h_l - py_{k(l)}, \forall l \in L_b \tag{9-117}$$

$$t_{k(l)}^s = ST_{k(l)}^s - pz_{k(l)}^s, \forall s \in S_b(l), l \in L_b \tag{9-118}$$

综上可知，换乘协调优化策略及其实施顺序确实可以作为线性约束条件纳入优化模型，即混合整数非线性规划模型的确可通过增加辅助变量和不等式约束转化为以下等价的混合整数线性规划模型：

目标函数：式(9-103)

约束条件：基本约束：式(9-77)、(9-78)、(9-117)、(9-80)、(9-118)、(9-82)、(9-105)~(9-108)、(9-85)~(9-92)、(9-100)、(9-101)

顺序约束：式(9-109)~(9-116)

故可利用分支定界法获取上述模型的精确解。

3. 权重赋值方法

已知权重 α 和 β 的取值必须满足公式(9-99)所表达的关系式；同时权重 α 和 β 的取值必须保证不影响换乘协调优化模型最终结果，即当 $\alpha = \beta = 0$ 时，优化后能换乘成功的换乘关系方案保持不变。

基于前文的分析，易得

$$\left(\alpha \cdot \frac{so_{k(l)}}{MSO_{k(l)}} - \beta \cdot \sum_{s \in S_b(l)} \frac{z_{k(l)}^s}{ST_{k(l)}^s} \right) < \alpha + \sum_{s \in S_b(l)} \frac{\beta \cdot \eta}{1 + \eta}, \forall l \in L_b \tag{9-119}$$

其中不等式右边的表达式定义为运行计划调整最高"惩罚"。

根据公式(9-96)和(9-119)，若可以保证增加一对能换乘成功的换乘关系的"利益"总是大于运行计划调整最高"惩罚"，则任何可能成功的换乘关系都可通过适当的车辆运行计划调整方案实现。也就是说，对于任一待协调的公交线路 $l \in L_b$，目标函数中权重的取值必须满足以下要求：

$$1 > \alpha + \sum_{s \in S_b(l)} \frac{\beta \cdot \eta}{1 + \eta} \tag{9-120}$$

由此可知对于目标函数的权重的取值必须由公式(9-99)和(9-120)共同决定。

9.3.4 案例应用

以新加坡 8 条具有共同换乘站点的公交线路(33 路、166 路、124 路、30 路、145 路、26 路、32 路和 48 路)和轨道交通网络为例对上述基于轨道交通末班列车运行计划的地面公交深夜时段运行计划协调优化模型进行应用。公交线路的基本情况可参见表 9-19。

表 9-19 公交线路基本属性

公交线路	首站	线路长度(km)	站点数(个)
33	肯特岗	26.2	56
166	金文泰	28.8	67
124	港湾	17.6	44
30	文礼	38.0	75
145	波那维斯达	21.6	54
26	大巴窑	12.9	27
32	波那维斯达	23.0	56
48	勿洛	24.2	52

根据公交线路布局[215](图 9-10)和轨道交通线路布局[214],抽象出了待优化的多模式公共交通网络,如图 9-11 所示。图 9-11 内轨道交通线路和首发公交站均被省略。为了表达清晰,在图 9-11 中将公交站点及其相关的轨道站点合并为一个换乘节点。即图 9-11 中各节点既代表了公交线路所途经的公交站点,也代表了公交乘客可以换乘至轨道交通网络的轨道交通站点。例如,图 9-11 中节点"杜弗"既指代 166 路公交线路沿线的杜弗公交站,又表示地铁东西线上的杜弗地铁站。公交线路沿线所有换乘站点的情况参见表 9-20。

表 9-20 公交线路所途经换乘站点

公交线路	所途经的换乘站点
33	红山,欧南园,克拉码头,武吉士,劳明达,加冷,景万岸
166	杜弗,港湾,克拉码头,小印度
124	克拉码头,多美歌,索美塞,乌节,纽顿
30	虎豹别墅,港湾,友诺士,景万岸
145	联邦,女皇镇,红山,港湾,克拉码头,武吉士,劳明达
26	阿裕尼,友诺士,景万岸
32	联邦,红山,武吉士,劳明达,景万岸
48	丹那美拉,小印度,植物园,花拉路,荷兰村

表 9-21 给出了每条公交线路的现状运行计划，包括末班公交车首站计划发车时刻、各区段计划运行时间以及公交线路与轨道交通线路的换乘情况。表 9-22 给出了目标轨道交通线路末班列车的计划离站时刻和相关公交站点处的停靠泊位数。

表 9-21 公交现状运行计划

l	$SD_{e(l)}$	SH_l(min)	$ST^s_{k(l)}$(min)	$n^{s\hat{s}}_{l\hat{l}}$
33	23:45	16	21, 8, 5, 6, 4, 3, 23	1, 1, 1, 0, 0, 0, 0
166	23:45	19	8, 20, 14, 15	1, 1, 1, 0
124	00:00	13	32, 6, 3, 4, 6	0, 0, 0, 0, 0
30	00:20	15	29, 9, 20, 6	0, 0, 0, 0
145	23:30	14	4, 3, 5, 11, 15, 8, 3	1, 1, 1, 1, 1, 0, 0
26	23:30	13	24, 8, 3	1, 1, 0
32	00:00	18	4, 10, 16, 3, 2	1, 1, 0, 0, 0
48	23:30	19	6, 35, 11, 2, 7	1, 1, 0, 0, 0

表 9-22 末班列车离站时刻和公交站点泊位数

换乘节点	末班列车离站时刻	公交站点泊位数(个)
红山	23:59(驶往巴西立方向的末班列车)	1
欧南园	23:58(驶往榜鹅方向的末班列车)	1
克拉码头	00:02(驶往榜鹅方向的末班列车)	1
武吉士	23:49(驶往裕群方向的末班列车)	2
劳明达	23:47(驶往裕群方向的末班列车)	1
加冷	23:45(驶往裕群方向的末班列车)	1
景万岸	23:37(驶往裕群方向的末班列车)	1
阿裕尼	23:43(驶往裕群方向的末班列车)	1
友诺士	23:39(驶往裕群方向的末班列车)	2
联邦	23:55(驶往巴西立方向的末班列车)	1
女皇镇	23:57(驶往巴西立方向的末班列车)	1
港湾	23:55(驶往榜鹅方向的末班列车)	2
丹那美拉	23:31(驶往裕群方向的末班列车)	1
小印度	00:06(驶往榜鹅方向的末班列车)	1
植物园	23:25(驶往多美歌方向的末班列车)	1
花拉路	23:23(驶往多美歌方向的末班列车)	1
荷兰村	23:21(驶往多美歌方向的末班列车)	1
杜弗	23:51(驶往巴西立方向的末班列车)	2

续表 9-22

换乘节点	末班列车离站时刻	公交站点泊位数(个)
多美歌	23:57(驶往裕廊东方向的末班列车)	1
索美塞	23:58(驶往裕廊东方向的末班列车)	1
乌节	00:00(驶往裕廊东方向的末班列车)	1
纽顿	00:03(驶往裕廊东方向的末班列车)	1
虎豹别墅	23:49(驶往蒙巴登方向的末班列车)	1

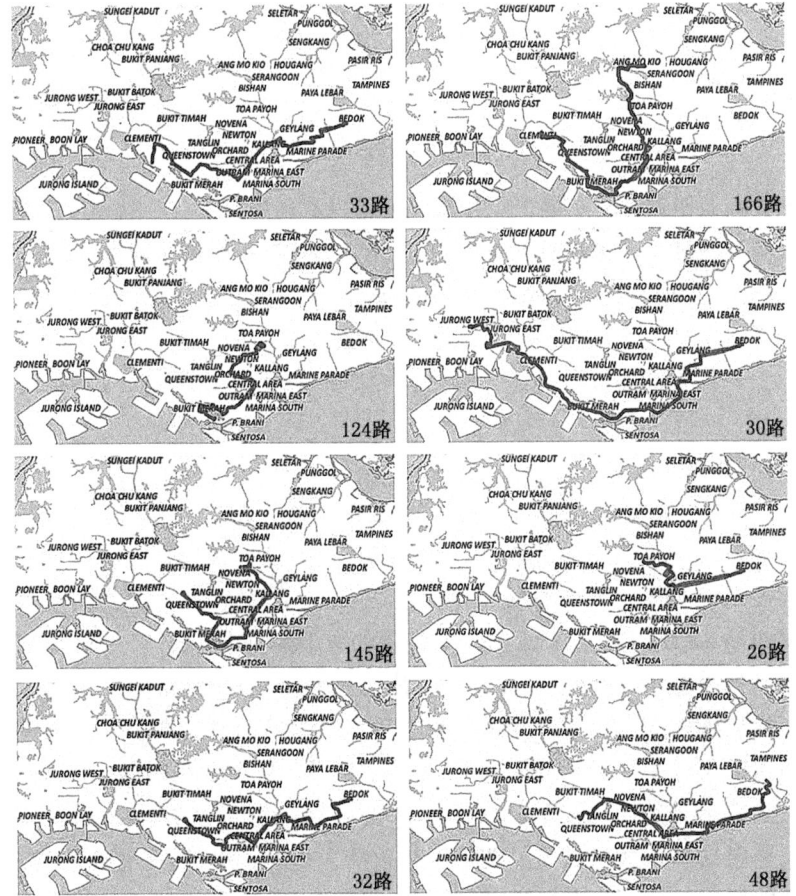

图 9-10 公交线路布局图[215]

研究时间范围内从公交线路 l 计划从首站发出的班次的数量设为 21 班,计划发车间隔参见表 9-21。参数 T_{min}^{ϕ} 设为 23:30。换乘站点内线路间平均换乘步行时间统一设为 3 min。对于除了公交线路 30 路以外的公交线路的协调目标设为倒数最后三班公交车辆中至少有一班可以顺利换乘至目标轨道交通线路;而公交线路 30 路的协调

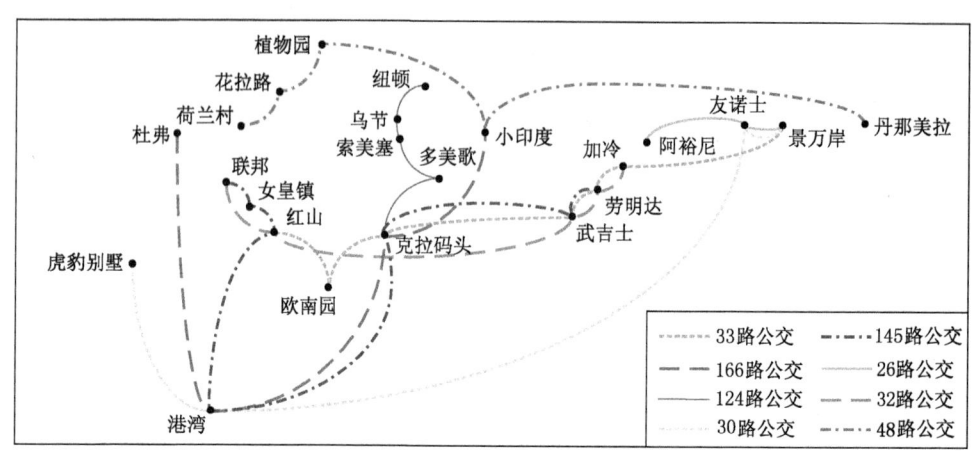

图 9-11　多模式公共交通网络抽象图

目标为倒数最后四班公交车辆中至少有一班可以顺利换乘至目标轨道交通线路。公交车辆在站点的最大停靠时间设为 1 min。公交车行驶速度最高调整幅度定为 0.25。根据公式(9-99)和(9-120),目标函数中的权重 α 和 β 的取值分别为 0.01 和 0.70。

采用 YALMIP 语言[203]在 MATLAB(R2013a)平台编写求解程序,并调用 CPLEX 12.6 获取最优解。具体计算过程在一台内存为 16G 的台式机(Intel Core i7-2600 CPU @ 3.40GHz)上完成。

1. 案例结果分析

表 9-23 为计算所得地面公交运行计划最优调整方案。协调后,公交线路 33 路倒数第 3 班公交车辆上的乘客可以在除了最后一处换乘节点之外的所有换乘节点处顺利换乘至所需轨道交通线路。公交线路 30 路倒数第 4 班公交车辆上的乘客和公交线路 48 路倒数第 3 班公交车辆上的乘客都仅能在各自经过的前两处换乘节点顺利换乘至所需轨道交通线路。其他公交线路(166 路、124 路、145 路、26 路和 32 路)倒数第 3 班公交车辆上的乘客可以在途经的所有换乘节点处顺利换乘至目标轨道交通线路。对于公交线路 33 路、124 路、145 路和 26 路,在其末班公交车首站计划发车时刻被调整至极限(23:30)后,其各自的倒数第 3 班公交车辆的首站计划发车时刻均被适当调整以增加换乘成功关系数。另外,在整个协调过程中,所有公交线路的目标公交车辆的计划运行时间均无需被调整。

表 9-23　公交运行计划最优调整方案(单位:min)

l	$x_{e(l)}$	$y_{k(l)}$	$z_{k(l)}^s$	h_l	n_{ll}^{ss}
33	23:30	−7	0,0,0,0,0,0,0	14.5	1,1,1,1,1,1,0
166	23:43:45	0	0,0,0,0	18.875	1,1,1,1

续表 9-23

l	$x_{e(l)}$	$y_{k(l)}$	$z^s_{k(l)}$	h_l	$n^{s\hat{s}}_{l\hat{l}}$
124	23:30	−1	0, 0, 0, 0, 0	10	1, 1, 1, 1, 1
30	23:50	0	0, 0, 0, 0	12	1, 1, 0, 0
145	23:30	−7	0, 0, 0, 0, 0, 0	14	1, 1, 1, 1, 1, 1
26	23:30	−5	0, 0, 0	13	1, 1, 1
32	23:38:45	0	0, 0, 0, 0	15.875	1, 1, 1, 1
48	23:30	0	0, 0, 0, 0	19	1, 1, 0, 0, 0

与表 9-21 中现状运行计划进行对比可发现协调后换乘成功关系数由 17 增长至 34。也就是说，所构建的优化模型可大大改善地面公交与轨道交通运行衔接水平。另外，协调前后发车间隔的微小差异意味着运营者不需要调整车辆和人员调度安排。即在给定的资源下，所构建模型可以被运营调度人员作为有效的辅助分析工具帮助其调整现状公交运行计划以大幅度提高其与轨道交通网络的换乘衔接性。

2. 权重赋值方法有效性验证

为了验证 9.3.3 节所介绍的权重赋值方法的有效性，在所构建的混合整数线性规划模型中令目标函数的权重 $\alpha=\beta=0$，其他参数设置不变。由 CPLEX 求解所得运行计划最优调整方案可见表 9-24。

表 9-24　公交运行计划最优调整方案（当 $\alpha=\beta=0$）（单位：min）

l	$x_{e(l)}$	$y_{k(l)}$	$z^s_{k(l)}$	h_l	$n^{s\hat{s}}_{l\hat{l}}$
33	23:30	−7	−3, −1, −1, 0, 0, 0, −4	14.5	1, 1, 1, 1, 1, 1, 0
166	23:30	0	0, −4, 0, 0	17.5	1, 1, 1, 1
124	23:30	−5	−3, 0, 0, 0, 0	10	1, 1, 1, 1
30	23:30	−5	−5, −1, −4, −1	10	1, 1, 0, 0
145	23:30	−5	0, 0, 0, −2, −2, −1, 0	14	1, 1, 1, 1, 1, 1
26	23:30	−6	−4, −1, 0	13	1, 1, 1
32	23:30	−7	0, −1, −3, 0, 0	15	1, 1, 1, 1, 1
48	23:30	−9	0, −6, 0, 0	19	1, 1, 0, 0, 0

表 9-24 与表 9-23 的比较说明当 $\alpha=\beta=0$ 时，可换乘成功的换乘关系保持不变，表明 9.3.2 节提出的权重赋值方法确实能消除对权重取值模型优化结果的影响，也表明借助合适的权重取值策略实施顺序约束条件能够切实发挥作用。

3. 公交排队约束条件影响分析

为了分析公交排队约束条件 (9-84)～(9-86) 对最终协调优化结果的影响，在所构建的混合整数非线性规划模型中略去关于公交排队的相关约束条件,其他参数设置不变。由 CPLEX 求解所得运行计划最优调整方案可见表 9-25。

表 9-25　无排队约束下公交运行计划最优调整方案(单位:min)

l	$x_{e(l)}$	$y_{k(l)}$	$z^s_{k(l)}$	h_l	n^{ss}_{ll}
33	23:30	−6	0, 0, 0, 0, 0, 0, 0	14.5	1, 1, 1, 1, 1, 1, 0
166	23:43:45	0	0, 0, 0, 0	18.875	1, 1, 1, 1
124	23:30	−1	0, 0, 0, 0, 0	10	1, 1, 1, 1, 1
30	23:50	0	0, 0, 0, 0	12	1, 1, 0, 0
145	23:30	−7	0, 0, 0, 0, 0, 0, 0	14	1, 1, 1, 1, 1, 1, 1
26	23:30	−5	0, 0, 0	13	1, 1, 1
32	23:38:45	0	0, 0, 0, 0, 0	15.875	1, 1, 1, 1
48	23:30	0	0, 0, 0, 0	19	1, 1, 0, 0

　　由表 9-25 可知,公交线路 33 路的倒数第 3 班公交车辆和 32 路的倒数第 3 班公交车辆协调后将同时在 23:42(即 $r_{e(33)} = 23:30, y_{k(33)} = -6; x_{e(32)} = 23:38:45, y_{k(32)} = 0$)到达同一公交停靠站(图 9-11 中加冷站)。由于该停站仅有一个停靠泊位,即会引起公交车辆排队进站进而导致换乘失败。由于公交排队约束条件(9-84)~(9-86)的作用,使得最终的协调方案可有效避免上述情况。表 9-23 中方案(即 $x_{e(33)} = 23:30, y_{k(33)} = -7; x_{e(32)} = 23:38:45, y_{k(32)} = 0$)使得公交线路 33 路的倒数第 3 班公交车辆在 23:41 到达换乘站点而公交线路 32 路的倒数第 3 班公交车辆在 23:42 到达换乘站点。由于设定公交车辆在站点停靠时间最长为 1 min,即此时两辆车上所有换乘乘客均可顺利换乘至目标的末班列车。由此可知,公交排队约束条件(9-84)~(9-86)确实可以消除协同调度引起的多条公交线路在同一站点排队进站的现象。

4. 计划运行时间调整策略有效性分析

考虑到表 9-23 的方案中所有公交线路的计划运行时间均未被调整,为了说明计划运行时间调整策略的有效性,将目标轨道交通线路末班列车在克拉码头地铁站的离站时刻由现状 00:02 调整至 23:33,其他参数设置不变。由 CPLEX 求解所得运行计划最优调整方案可见表 9-26。此时,对于公交线路 145 路,不仅需要整体偏移研究时间范围内运行计划和调整其倒数第 3 班公交车辆的首站计划发车时刻,也需要微调其计划运行时间。正如表 9-26 所示,当倒数第 3 班公交车辆的首站计划发车时刻调整幅度达到极限时($y_{k(145)} = -7$),为了在克拉码头地铁站实现与轨道交通线路末班列车的顺利换乘,其从首站至克拉码头公交站的计划运行时间至少需要缩短 3 min。

表 9-26　运行时间调整下公交运行计划最优调整方案（单位：min）

l	$x_{e(l)}$	$y_{k(l)}$	$z_{k(l)}^{s}$	h_l	n_{ll}^{ss}
33	23:30	−7	0, 0, 0, 0, 0, 0, 0	14.5	1, 1, 1, 1, 1, 1, 0
166	23:30	−8	0, 0, 0, 0	17.5	1, 1, 1, 1
124	23:30	−1	0, 0, 0, 0, 0	10	0, 1, 1, 1, 1
30	23:50	0	0, 0, 0, 0	12	1, 1, 0, 0
145	23:30	−7	0, 0, 0, 0, −3, 0, 0	14	1, 1, 1, 1, 1, 1, 1
26	23:30	−5	0, 0, 0, 0	13	1, 1, 1
32	23:38:45	0	0, 0, 0, 0	15.875	1, 1, 1, 1
48	23:30	0	0, 0, 0, 0	19	1, 1, 0, 0, 0

针对地面公交与轨道交通间的末班换乘问题，提出了四条地面公交运行计划调整策略：整体偏移研究时间范围内运行计划、调整目标公交车辆首站计划发车时刻、微调目标公交车辆计划运行时间以及消除由于协同调度引起的排队现象。其中对前三条策略更进一步明确了实施顺序。基于案例已证明了通过采取适当的调整策略确实能有效减少换乘失败的情况。另外，案例分析结果也表明在某些情况下前三条策略无需均被采用，应以实际需要为准，但第四条策略必须在优化过程中发挥作用以消除排队进站这一不受欢迎的协同调度潜在"副产品"。

9.4　本章小结

本章针对轨道交通网络内首班换乘问题，提出了与首班列车具有换乘关系的车次识别方法，并通过构建面向换乘的首班列车运行计划优化模型，寻找使轨道交通网络内首班列车乘客换乘等待时间最小的各线路计划发车时刻。所建优化模型为混合整数线性规划模型，故可利用分支定界法便捷地获取模型精确解，算例分析与实例应用结果均表明优化后的首班列车运行计划可有效提高具有换乘关系的线路间换乘效率，使首班列车乘客快速地完成不同线路间的换乘。尽管所论述的运行计划优化方法以轨道交通系统为优化对象，但也可利用上述方法解决地面公交系统内首班换乘问题（凌晨时分道路流量小，对地面公交运行干扰可忽略不计，即可不考虑地面公交运行随机性）。针对轨道交通网络的末班列车换乘问题，则提出了切合实际的运行计划优化目标和调整策略，构建了混合整数线性规划模型以通过调整优化现状末班列车运行计划改善轨道交通网络内线路间末班列车换乘衔接服务，降低换乘失败的换乘关系所占的比例。并利用了分支定界法获取模型的全局最优解。基于优化后的轨道交通末班列车运行计划，构建了混合整数线性规划模型以通过调整优化地面公交现状运行计划改善深夜时段内地面公交与轨道交通间的换乘衔接服务，减少换乘失败。同样利用了分支定界法获取模型精确解。案例应用结果表明经过协调优化后的车辆运行计划能大幅度地提高换乘成功的换乘关系所占比例。

第 10 章 多模式公共交通运行控制策略

公共交通线路运行的随机性往往导致线路间运行计划协调方案实际实施效果无法达到预期目标,需采取实时的运行控制策略提高公共交通单线路运行可靠性,以保障多线路运行协调方案的有效落实。

10.1 运行控制策略分类

按调度控制发生的位置可将运行控制策略分为三类:站点处控制策略、站点间控制策略和其他控制策略[216]。

1. 站点间控制策略

站点间控制策略主要包括规范驾驶员行为和实施公交信号优先。

鼓励驾驶员按照计划时刻表行驶,提供实时诱导信息,当公交车辆实际运行落后/超前于计划时刻表时,提醒驾驶员根据实际道路交通状况在有条件的情况下加速/减速。适用于采用中途站时刻表或时间控制点时刻表的线路。

实施公交信号优先是以公交车流为控制目标,通过选择适宜的交通控制策略、合理设置控制参数,提高公交车辆的通行优先级,减少公交车辆在交叉口的排队延误,提高线路运行可靠性。公交信号优先按照控制策略的不同可以分为被动优先控制策略、主动优先控制策略、预信号优先控制策略和实时优先控制策略[217]。

2. 站点处控制策略

站点处控制策略是日常调度中最普遍、最频繁使用的运行控制策略,包括准点发车、驻站控制、越站控制和区间车调度。

公交运行的不可靠性具有向下游站点传播的特点,提高线路运行可靠性首要应保证车辆在首站处准时发车。调度控制中心应加强监督管理,确保首站处实际发车时刻与计划时刻表的偏差在可接受阈值范围内,保障运行计划协调方案有效落实。

基于时刻表的驻站控制是指当公交车辆超前计划时刻表时延缓其离站时刻的

调度方法,通常适用于采用中间站时刻表或控制点时刻表的线路。通过在换乘站点实施驻站控制使到站车辆等待与其存在换乘关系的晚点车辆,提高乘客能够换乘到当班地面公交车辆的概率,减少乘客由于等待下一班次造成的出行延误。但驻站控制会增加非换乘乘客的等待时间,因此需要准确预测晚点车辆的到站时刻,确定驻站控制带来的系统成本变化,从而进行驻站控制的决策。

越站控制也称为"快车调度",即车辆在运行过程中越过一些站点(不停靠),以节省一定的站点停靠时间,使得公交车辆从运行不可靠状态中恢复过来,但其缺点是,被越过的乘客必须至少等待一个班次才能乘坐上目标线路的公交车辆。后文将重点探讨越站控制方案生成方法。

3. 其他控制策略

其他控制策略主要包括空驶补点和首站放车。

空驶补点是指公交车辆空载行驶到目标站点,从目标站点开始允许乘客上车,可避免车辆间的大服务间隔或末站处过度偏离计划时刻表无法正常开始下一个班次的问题。该策略类似于完全越站,区别是空驶补点的车辆在到达目标站点前是空载状态。

首站放车是指公交车辆空车从首站出发,经过数个公交站点后,开始按序依次停靠的调度形式。首站放车策略可用以解决车辆载客能力不足无法满足换乘需求的情况。

10.2 越站控制策略

10.2.1 问题描述与假设条件

目标公交线路依次途经站点 1、站点 2、…、站点 j、…、站点 N,如图 10-1 所示。在任意一个时刻,线路上公交车辆可能处于以下任意一种状态:在站点之间运行、在站点处停靠让乘客上/下车、在首站处等待发车。越站控制问题聚焦最后一种状态,即车辆在站点处等待发车,同时从调度中心获取关于越站策略的指令,明确哪些站要越过、哪些站要停靠。

考虑到车辆越站控制问题的复杂性,为降低模型复杂度,做出以下假设:

(1) 当在考虑对公交车辆 i 实施越站调度时,公交车辆 $i-1$ 和公交车辆 $i+1$ 均不允许实施任何控制措施,即每隔一班实施一次越站控制,故分析越站控制问题时需要同时考虑连续三班公交车辆的运行状态。这样可保证任何一个公交站点处的计划车头时距不超过原计划车头时距的两倍,即乘客的等待时间不会过长。

(2) 公交车辆载客能力总能满足需求,即不考虑公交车辆的载客能力约束。

(3) 在采用越站控制时,公交车辆的到站次序不发生变化,即不存在超车

第 10 章
多模式公共交通运行控制策略

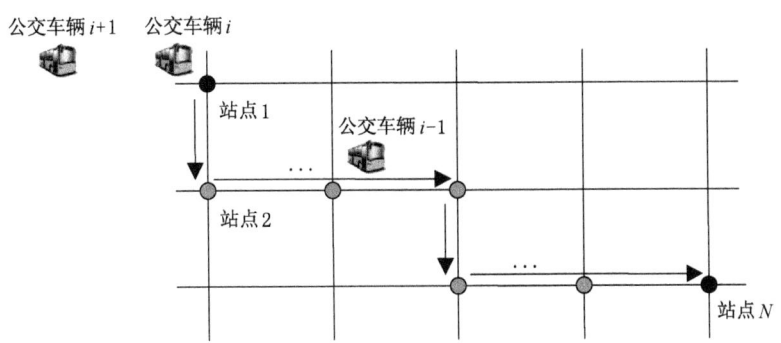

图 10-1 公交线路及站点示意图

现象。

(4) 每个公交站点处乘客到达率是给定的。

(5) 对于某站点处的上车乘客而言,在每一个后续站点下车的概率也是给定的并独立于上车乘客数。

(6) 站点间行驶时间是随机的,但站点 $j-1$ 和站点 j 间车辆行驶时间分布特征可根据历史 AVL 数据拟合估计。

(7) 在每个公交站点处都设有电子显示设备,可以及时显示、发布具体的越站控制方案。

(8) 当乘客上车站点被越过时,乘客将会等待下一班未实施越站控制的车辆,不存在中途离开转向其他交通方式的情况。

假设条件(4)和(5)实际上是指,在分析越站控制问题之前,已知站点 O-D 矩阵。假设条件(7)为实际实施越站控制时公交企业应附加采取的措施。

由于分析越站控制问题时只需同时考虑连续三班公交车辆的运行状态,即车辆 $i-1$、车辆 i 和车辆 $i+1$,此处将这三班车辆分别标记为车辆 0、车辆 1 和车辆 2,其中,车辆 1 即为在站点处等待越站决策的当前公交车辆。

10.2.2 越站方案生成模型

在假设前提下,此模型中超车只可能发生在实施了越站调度后的车辆 i 和未实施任何控制策略的车辆 $i-1$ 之间。即若车辆 i 在站点 j 处越站,则车辆 i 的运行速度加快,有可能在站点 $j+1$ 处赶上并且超过它前面的车辆 $i-1$。因此,为避免超车情况的发生,车辆 $i-1$ 在站点 $j+1$ 处离站时刻与车辆 i 在站点 $j+1$ 处到站时刻的时间间隔不小于预先规定的临界车头时距,即

$$a_{i,j+1} - d_{i-1,j+1} \geqslant H_0, \forall i=1,2; j=2,3,\cdots,N-1 \quad (10\text{-}1)$$

式中:$a_{i,j+1}$—— 公交车辆i在站点$j+1$处到站时刻;

$d_{i-1,j+1}$—— 公交车辆$i-1$在站点$j+1$处离站时刻;

H_0—— 所允许的最小车头时距(min)。

公交车辆基本上遵循以下运行过程:到达一个公交站点,进行上、下客,然后离开再到达下一个公交站点。这个过程开始于首站,结束于末站。因此,车辆i在站点j处的到站时刻为车辆在站点$j-1$处离站时刻加上车辆在站点$j-1$和站点j间行驶时间和加、减速时间损失之和,如式(10-2)所示。

$$a_{i,j} = d_{i,j-1} + T_j + \frac{\delta}{2} \cdot y_{i,j-1} + \frac{\delta}{2} \cdot y_{i,j}, \forall i = 1,2; j = 2,3,\cdots,N \tag{10-2}$$

式中:T_j—— 站点$j-1$和站点j之间车辆行驶时间(min);

δ—— 站点处公交车辆平均加、减速时间(min);

$y_{i,j}$—— 二元变量:若车辆i越过站点j,则等于0;否则等于1。

$$y_{i,j} \in \{0,1\}, \forall i = 1; j = 2,3,\cdots,N-1 \tag{10-3}$$

$$y_{i,1} = y_{i,N} = 1, \forall i = 1 \tag{10-4}$$

式(10-4)表明车辆i在首站和末站处不能越站。

车辆i在站点j处的离站时刻$d_{i,j}$为车辆i在站点j处的到站时刻$a_{i,j}$加上车辆在站点j处的停靠时间,即

$$d_{i,j} = a_{i,j} + \tau_{i,j} \cdot y_{i,j}, \forall i = 1,2; j = 2,3,\cdots,N \tag{10-5}$$

式中:$\tau_{i,j}$—— 公交车辆i在站点j处的停靠时间(min)。

在双门公交车辆(前门上车、后门下车)的情况下,站点停靠时间$\tau_{i,j}$主要由上、下客人数决定,通常采用式(10-6)计算,即

$$\tau_{i,j} = \max(B \cdot u_{i,j}, A \cdot v_{i,j}), \forall i = 1,2; j = 2,3,\cdots,N \tag{10-6}$$

式中:B—— 乘客上车平均所需时间(min);

$u_{i,j}$—— 在站点j处车辆i的上车乘客数(人);

A—— 乘客下车平均所需时间(min);

$v_{i,j}$—— 在站点j处车辆i的下车乘客数(人)。

运行过程中车辆i在站点j处上、下客情况可采用式(10-7)~(10-11)计算。

$$u_{i,j} = y_{i,j} \cdot \sum_{k=j+1}^{N} w_{i,jk} \cdot y_{i,k}, \forall i = 1,2; j = 1,2,\cdots,N-1 \tag{10-7}$$

式中:$w_{i,jk}$—— 在站点j处等待车辆i并计划在站点k处下车的乘客数(人),$1 \leqslant j$

$< k \leqslant N$。

式(10-7)表明,车辆 i 在站点 j 处(假设车辆 i 在站点 j 处停靠)的上车乘客数,取决于在站点 j 与站点 $k(k>j)$ 之间出行的乘客数(即起点为站点 j,讫点为站点 k 的乘客数),以及车辆 i 是否在站点 k 处停靠。若车辆 i 不在站点 k 处停靠(即 $y_{i,k}=0$),这部分乘客将不再等待车辆 i,而是选择等待车辆 $i+1$。

$$v_{i,j} = y_{i,j} \cdot \sum_{k=1}^{j-1} w_{i,kj} \cdot y_{i,k}, \forall i=1,2; j=1,2,\cdots,N \quad (10\text{-}8)$$

式(10-8)反映出,车辆 i 在站点 j 处(假设车辆 i 在站点 j 处停靠)的下客数,取决于在站点 k 与站点 $j(k<j)$ 之间出行的乘客数(即起点为站点 k,讫点为站点 j 的乘客数),以及车辆 i 是否在站点 k 处停靠。

$$w_{i,jk} = l_{i-1,jk} + \lambda_{j,k} \cdot h_{i,j}, \forall i=1,2; j=1,2,\cdots,N-1; k=2,3,\cdots,N \quad (10\text{-}9)$$

式中:$l_{i-1,jk}$——被车辆 i 越过的,准备在站点 j 处上车、在站点 k 处下车的乘客数(人),$1 \leqslant j < k \leqslant N$;

$\lambda_{j,k}$——下车站点为 k 的乘客在站点 j 处的平均到达率(人/min),$1 \leqslant j < k \leqslant N$;

$h_{i,j}$——站点 j 处车辆 $i-1$ 与车辆 i 间的车头时距(min)。

$$h_{i,j} = a_{i,j} - d_{i-1,j}, \forall i=1,2; j=1,2,\cdots,N \quad (10\text{-}10)$$

式(10-9)和式(10-10)意味着,在站点 j 处等待车辆 i 且讫点为站点 k 的乘客中,包含了由于车辆 $i-1$ 越过站点 j 而滞留下来的乘客数 $l_{i-1,jk}$,以及在车辆 $i-1$ 离开站点 j 之后到达站点 j 的新增乘客。

$$l_{i,jk} = w_{i,jk} - w_{i,jk} \cdot y_{i,k} \cdot y_{i,j} \quad (10\text{-}11)$$

式(10-11)表明,若车辆 $i-1$ 在站点 j 和站点 k 处停靠,则由于车辆 $i-1$ 越过站点 j 而余留下来的讫点为站点 k 的乘客数 $l_{i-1,jk}$ 则为 0;否则,$l_{i-1,jk}$ 为在站点 j 处等待车辆 $i-1$ 且讫点为站点 k 的乘客数。

实际应用时,由于规定车辆 0 不允许有任何越站调度行为,且车辆载客能力无限大,即 $l_{0,jk}=0$。而且,在末站处没有乘客上车,即 $u_{i,N}=0(i=1,2)$;在首站处没有乘客下车,即 $v_{i,1}=0(i=1,2)$。此外,也可以增加一些其他的约束条件,例如,不允许连续越站时,相应的约束条件为

$$y_{i,j} + y_{i,j+1} \geqslant 1, \forall j=1,2,\cdots,N-1 \quad (10\text{-}12)$$

关于越站控制,常用的目标函数是最小化乘客等待时间和车上乘客延误。然

而,越站控制还有两个重要的期望效果是减少乘客出行时间和公交车辆运行时间。因此,目标函数包含以下三部分:

1. 乘客等待时间

在站点 j 处等待公交车辆 i 的乘客 $u_{i,j}$ 中,一部分是在车辆 $i-1$ 离站之后、车辆 i 到站之前到达站点 j 处的乘客,即 $(u_{i,j} - l_{i-1,j})$,这部分乘客乘坐第 i 辆车时的平均等待时间为 $0.5 \cdot h_{i,j}$[218]。在站点 j 处等待公交车辆 i 的乘客 $u_{i,j}$ 中,还有一部分乘客是由于车辆 $i-1$ 越过站点 j 而遗留下来的,他们除了平均等待时间 $0.5 \cdot h_{i-1,j}$ 外,还需要额外等待一个车头时距 $h_{i,j}$ 方可顺利乘坐车辆 $i+1$ 离开,即总的等待时间为 $(0.5 \cdot h_{i-1,j} + h_{i,j})$。因此,对于车辆 i 和车辆 $i+1$,总的乘客等待时间为

$$z_1 = \sum_{i=1}^{2} \sum_{j=1}^{N} [(u_{i,j} - l_{i-1,j}) \cdot 0.5 \cdot h_{i,j} + l_{i-1,j} \cdot (0.5 \cdot h_{i-1,j} + h_{i,j})] \tag{10-13}$$

式中:z_1——乘客等待时间(min);

$l_{i-1,j}$——被车辆 $i-1$ 越过的,准备在站点 j 处上车的乘客数(人)。

$$l_{i-1,j} = \sum_{k=j+1}^{N} l_{i-1,jk}, \forall j = 2, 3, \cdots, N-1 \tag{10-14}$$

2. 乘客车内时间

在站点 j 处乘坐车辆 i 并在站点 k 处下车的乘客,其车内时间为所经过的各站点间行驶时间及站点处停靠时间之和,即 $\sum_{f=j+1}^{k} [T_f + (\tau_{i,f} + \delta) \cdot y_{i,f}]$,若车辆 i 越过站点 $f(j < f \leqslant k)$,则 $y_{i,f} = 0$,节省了在该站点处的停靠时间(包括上、下客和车辆加、减速时间);若车辆 i 在站点 f 处停靠,则 $y_{i,f} = 1$。因此,所有站点 O-D 间乘客总的车内时间为

$$z_2 = \sum_{i=1}^{2} \sum_{j=1}^{N-1} \sum_{k=j+1}^{N} \left\{ w_{i,jk} \cdot \sum_{f=j+1}^{k} [T_f + (\tau_{i,f} + \delta) \cdot y_{i,f}] \right\} \tag{10-15}$$

式中:z_2——乘客车内时间(min)。

3. 线路总运行时间

线路总运行时间为公交车辆从首站至末站所经过的各站点间的行驶时间及站点处停靠时间之和,线路总运行时间可反映公交企业运营成本,按式(10-16)计算。

$$z_3 = \sum_{i=1}^{2} \sum_{j=2}^{N} [T_j + (\tau_{i,j} + \delta) \cdot y_{i,j}] \tag{10-16}$$

式中:z_3——线路运行时间(min)。

由于乘客等待时间、乘客车内时间、线路总运行时间的价值不同,故总的目标函数表达为

$$\min z = C_1 \cdot \sum_{i=1}^{2} \sum_{j=1}^{N} [(u_{i,j} - l_{i-1,j}) \cdot 0.5 \cdot h_{i,j} + l_{i-1,j} \cdot (0.5 \cdot h_{i-1,j} + h_{i,j})]$$
$$+ C_2 \cdot \sum_{i=1}^{2} \sum_{j=1}^{N-1} \sum_{k=j+1}^{N} \{w_{i,jk} \cdot \sum_{f=j+1}^{k} [T_f + (\tau_{i,f} + \delta) \cdot y_{i,f}]\}$$
$$+ C_3 \sum_{i=1}^{2} \sum_{j=z}^{N} [T_j + (\tau_{i,j} + \delta) \cdot y_{i,j}] \quad (10\text{-}17)$$

式中:z——目标函数值(min);

C_1——非负权重系数,表征减少乘客等待时间的重要性;

C_2——非负权重系数,表征减少乘客车内时间的重要性;

C_3——非负权重系数,表征减少线路总运行时间的重要性。

综上可知,越站控制方案生成问题可抽象为以下混合整数非线性规划模型。

目标函数:式(10-17)

约束条件:式(10-1)~(10-11)、式(10-13)~(10-16)

10.2.3 包含蒙特卡罗仿真的遗传算法

越站控制问题实际上是一个非线性 0−1 规划问题,若公交线路上站点个数 $N = 20$,则越站形式有 $2^{18} = 262144$ 种,采用枚举算法较为繁琐,故设计遗传算法进行求解。

设计求解越站控制问题的遗传算法的第一步是对越站形式进行基因表达,即在问题的实际表现形式和遗传算法的染色体位串结构之间建立联系,确定编码和解码运算。由于越站问题的决策变量为 $y_{i,j}$,它本身是一个 0−1 变量,当 $y_{i,j} = 0$ 时,车辆 i 越过站点 j,当 $y_{i,j} = 1$ 时,车辆 i 在站点 j 处停靠。因此,可以直接采用二值编码形式,如图 10-2 所示。

$y_{1,1}$	$y_{1,2}$	$y_{1,3}$		$y_{1,J-1}$	$y_{1,J}$	$y_{1,J+1}$		$y_{1,N-1}$	$y_{1,N}$
1	0	1	…	0	1	1	…	0	1

图 10-2 越站问题染色体编码示意图

编码确定之后,便是初始种群的选择。选择规模较大的初始种群可以同时处理更多的解,容易得到全局最优解,但其缺点是增加了每次迭代的时间。初始种群中的个体是随机产生的,先随机生成一定数目的个体,看是否满足约束条件(10-4),然后从中挑出最好的个体加到初始群体中。这个过程不断迭代,直到初

始群体中个体数达到了预先确定的规模。

遗传算法的适应度是用来判断群体中个体优劣程度的指标,可根据所求问题的目标函数值来进行评估。然而适应度的方法容易导致一些较差的个体依然被选中,从而丢失好的个体。因此,设计求解越站问题的遗传算法时直接选择最优的前 k 个个体进入下一代。例如,一代开始时,有 50 个个体,通过交叉和突变,又有了 26 个个体,那么就选择这 76 个个体中,目标函数值最小的前 50 个进入下一代。这样可保证好的个体始终不会丢失。

关于交叉率 ρ_c 和变异率 ρ_m 的选取。交叉算子采用单点交叉法,交叉率 ρ_c 和变异率 ρ_m 则采用试算,即通过分析交叉率 ρ_c 和变异率 ρ_m 值的变化对目标函数值以及收敛速度的影响,最终确定比率值。

终止条件为给定最大迭代数,即当算法遗传代数达到给定最大迭代数时,算法终止。

考虑到行驶时间为随机变量,增加了模型求解难度,故最终设计包含蒙特卡罗仿真的遗传算法获取模型(近似)最优解。基于给定的车辆 1 的越站形式,蒙特卡罗主要用于计算各参数值和目标函数值。遗传算法主要用于生成车辆 1 的不同的越站形式。

1. 蒙特卡罗过程

Step 1:初始化。令抽样次数 $m=1$,$\bar{z}^{(m)}$ 表示目标函数值的估计值。惩罚参数 M 为一个足够大的已知正数。

Step 2:取样。对于公交车辆 i,基于站点 $j-1$ 和站点 j 之间的行驶时间服从的分布函数,产生一组站点间行驶时间样本 $\bar{T}_{i,j}(i=0,1,2;j=2,3,\cdots,N)$。

Step 3:参数计算。利用样本行驶时间值,计算各参数值。

Step 4:目标函数值计算。计算目标函数值,记为 $\hat{z}^{(m)}$。检查约束条件(10-1)是否满足,若不满足,令目标函数值 $\hat{z}^{(m)} = \hat{z}^{(m)} + M$。

Step 5:检查是否停止算法。$m_{\max}$ 为设定的样本规模,若 $m > m_{\max}$,则算法停止并输出目标函数估计值 $\bar{z} = \bar{z}^{(m)}$;否则,令 $m = m+1$,并跳转至 Step2。

Step 6:更新并计算 $\bar{z}^{(m+1)}$。$\bar{z}^{(m+1)} = \bar{z}^{(m)} + \frac{1}{m}(\hat{z}^{(m)} - \bar{z}^{(m)})$。

2. 含蒙特卡罗仿真的遗传算法

Step 1:初代种群。设种群规模为 n,交叉率为 ρ_c,变异率为 ρ_m,采用伪随机数产生器生成初代种群中的染色体,令种群代数 $k=1$。染色体的第一个基因和最后一个基因均为 1,以满足约束条件(10-4)。

Step 2:交叉。对每一个染色体,设一个附加的 $\gamma^{(k)}$ 值,$\gamma^{(k)}$ 为服从 $[0,1]$ 均匀分布的随机数。将 $\gamma^{(k)} < \rho_c$ 的染色体集中起来,并进行配对。然后,对选中的每一对

染色体,在 1 至 N 间取一个整数 $\bar{j}$,交换染色体中的前 $\bar{j}$ 个基因,即可形成两个新的染色体。

Step 3:变异。对所有的染色体上的每一个基因(除第 1 个和第 N 个基因外),设一个附加的值 $\bar{\gamma}^{(k)}, \bar{\gamma}^{(k)}$ 为服从 $[0,1]$ 均匀分布的随机数。若 $\bar{\gamma}^{(k)} < \rho_m$,则改变该基因的值(从 0 变为 1,或者从 1 变为 0),从而生成新的染色体。

Step 4:计算。每一个染色体代表了一种中途站越站控制形式。采用蒙特卡罗过程计算每一个新生成的染色体的目标函数值 $\bar{z}$。

Step 5:选择。将所有染色体的目标函数值 $\bar{z}$ 按从小到大进行排序,选择前 $\bar{k}$ 个染色体作为优选出的染色体。

Step 6:检验是否停止算法。$k_{\max}$ 为设定的最大迭代次数(即种群代数),若 $k > k_{\max}$,算法停止并输出优选出的染色体的目标函数值 $\bar{z}$ 中的最小值以及对应的染色体;否则,令 $k = k+1$,并跳转至 Step 2。

10.2.4 算例分析

某一公交线路总站点数 $N = 19$,车辆 0、车辆 1 和车辆 2 之间的发车间隔分别为 6.2 min 和 3.7 min,车辆 0 在首站处发车时刻为 17:00:00。各站点处乘客平均到达率为 $\lambda_j (\lambda_j = \sum_{k=j+1}^{N} \lambda_{j,k})$,如表 10-1 所示。

表 10-1 各站点处乘客平均到达率(单位:人/min)

站点	1	2	3	4	5	6	7	8	9	10
到达率	0.72	0.85	0.64	1.05	0.98	1.30	1.68	1.21	0.90	1.44
站点	11	12	13	14	15	16	17	18	19	
到达率	1.84	2.38	2.52	2.10	2.40	2.01	1.70	1.10	0	

假设在站点 j 上车的乘客在站点 j 后面的各个站点处下车的概率是相同的,得到各个 $\lambda_{j,k}$ 取值(单位:人/min),分别为:$\lambda_{1,k} = 0.04(k = 2,3,\cdots,19)$,$\lambda_{2,k} = 0.05(k = 3,4,\cdots,19)$,$\lambda_{3,k} = 0.04(k = 4,5,\cdots,19)$,$\lambda_{4,k} = 0.07(k = 5,6,\cdots,19)$,$\lambda_{5,k} = 0.07(k = 6,7,\cdots,19)$,$\lambda_{6,k} = 0.10(k = 7,8,\cdots,19)$,$\lambda_{7,k} = 0.14(k = 8,9,\cdots,19)$,$\lambda_{8,k} = 0.11(k = 9,10,\cdots,19)$,$\lambda_{9,k} = 0.09(k = 10,11,\cdots,19)$,$\lambda_{10,k} = 0.16(k = 11,12,\cdots,19)$,$\lambda_{11,k} = 0.23(k = 12,13,\cdots,19)$,$\lambda_{12,k} = 0.34(k = 13,14,\cdots,19)$,$\lambda_{13,k} = 0.42(k = 14,15,\cdots,19)$,$\lambda_{14,k} = 0.42(k = 15,16,\cdots,19)$,$\lambda_{15,k} = 0.60(k = 16,17,18,19)$,$\lambda_{16,k} = 0.67(k = 17,18,19)$,$\lambda_{17,k} = 0.85(k = 18,19)$,$\lambda_{18,19} = 0.85$。绘制出各站点处的上、下客情况,如图 10-3 所示。

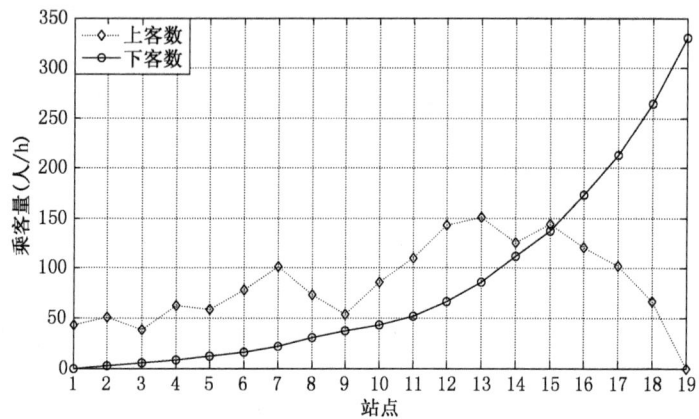

图 10-3 各站点处上、下客情况

每个乘客上车平均所需时间 $B=0.07\,\mathrm{min}$,下车平均所需时间 $A=0.03\,\mathrm{min}$,公交车辆在站点处的加速和减速总时间 $\delta=0.3\,\mathrm{min}$,临界车头时距 $H_0=0.15\,\mathrm{min}$。

假设不同公交车辆在站点 $j-1$ 和站点 j 之间的行驶时间服从同一分布,并假设站点间行驶时间服从正态分布,即 $T_j \sim N(r_j, \sigma_j^2)$。$r_j$ 和 σ_j 分别为站点 $j-1$ 和站点 j 之间车辆随机行驶时间 T_j 的均值和标准差。具体的各站点间平均行驶时间 r_j(单位:min)分别为:$r_2=5.0, r_3=0.98, r_4=1.72, r_5=2.59, r_6=3.24, r_7=1.57, r_8=3.49, r_9=1.02, r_{10}=2.19, r_{11}=2.40, r_{12}=3.83, r_{13}=3.30, r_{14}=2.52, r_{15}=2.78, r_{16}=3.43, r_{17}=3.55, r_{18}=1.01, r_{19}=2.80$。令各站点间行驶时间的变异系数为 0.2,即 $\sigma_j=0.2r_j$。车辆 0 在各站点处的离站时刻为初始条件,列于表 10-2。

令各权重系数值 $C_1=1, C_2=1, C_3=1$,惩罚参数 $M=10^8$。

表 10-2 车辆 0 在各站点处的离站时刻

站点	1	2	3	4	5	6	7
离站时刻	17:00:00	17:05:37	17:07:06	17:09:29	17:12:42	17:16:40	17:19:06
站点	8	9	10	11	12	13	14
离站时刻	17:23:17	17:24:54	17:27:51	17:31:09	17:36:05	17:40:31	17:44:02
站点	15	16	17	18	19		
离站时刻	17:47:55	17:52:19	17:56:44	17:58:47	18:02:48		

采用包含蒙特卡罗仿真的遗传算法进行求解,交叉率 ρ_c 和变异率 ρ_m 分别为 0.25 和 0.01。令种群规模为 100,种群最大代数为 60,蒙特卡罗抽样规模设为 60。以无调度控制策略(即不允许越站)情况下的计算结果作为参照标准,此时目

标函数值 $z = 4\,523$ min，其中 $z_1 = 956$ min，$z_2 = 3\,446$ min，$z_3 = 121$ min。

表 10-3 给出了车辆 1 的最优中途越站调度控制方案，即在站点 17 和站点 18 处越站，对应的目标函数值 $z = 3\,656$ min，其中 $z_1 = 399$ min，$z_2 = 3\,140$ min，$z_3 = 117$ min。与无调度控制策略情况相比，中途越站有效改善了公交运行，总成本降低了 19%。

表 10-3 车辆 1 最优越站方案：站点间行驶时间服从正态分布

站点	1	2	3	4	5	6	7	8	9	10
$y_{1,j}$	1	1	1	1	1	1	1	1	1	1
站点	11	12	13	14	15	16	17	18	19	
$y_{1,j}$	1	1	1	1	1	1	0	0	1	

为了检验含蒙特卡罗仿真的遗传算法的计算性能，采用枚举算法计算全局最优解，由于站点 1 和站点 19 不允许越站，中途越站调度控制方案共有 $2^{17} = 131\,072$ 种可能。对所有的方案进行枚举并采用蒙特卡罗过程计算目标函数值，得到目标函数值的最小值 $z = 3\,656$ min，对应的越站方案与表 10-3 中相同，最大值为 1.680×10^6 min，均值为 1.633×10^6 min。由于惩罚参数的设置，与最小值相比，最大值和均值量级均较大，可知遗传算法可以快速获取枚举算法所能计算得到的全局最优解，说明算法可行且高效。

继续求解当各站点间行驶时间为常量时的情况，分析随机行驶时间对越站方案的影响。同样采用遗传算法进行求解，此时不再需要蒙特卡罗抽样过程。表 10-4 给出了各站点间行驶时间为常量（即 $\sigma_j = 0$）时车辆 1 的最优中途越站调度控制方案，与各站点间行驶时间服从正态分布时获取的方案有所不同，此时目标函数值 $z = 3\,771$ min，其中 $z_1 = 371$ min，$z_2 = 3\,284$ min，$z_3 = 116$ min。可见行驶时间的随机性影响了最优越站方案，在应用调度控制策略时应将公交车辆运行随机性考虑在内。

表 10-4 车辆 1 最优越站方案：站点间行驶时间为常量

站点	1	2	3	4	5	6	7	8	9	10
$y_{1,j}$	1	1	1	1	1	1	1	1	1	1
站点	11	12	13	14	15	16	17	18	19	
$y_{1,j}$	1	1	1	1	0	1	0	0	1	

同样采用枚举算法计算各站点间行驶时间为常量的情况，目标函数的最小值 $z = 3\,683$ min，其中 $z_1 = 349$ min，$z_2 = 3\,218$ min，$z_3 = 116$ min。对应的越站方案如表 10-5 所示，最大值为 1.683×10^6 min，均值为 1.667×10^6 min。可见含蒙特卡罗仿真的遗传算法获取的解的质量较好。

表 10-5　车辆 1 最优越站方案：站点间行驶时间为常量（枚举算法）

站点	1	2	3	4	5	6	7	8	9	10
$y_{1,j}$	1	1	1	1	1	1	1	1	1	1
站点	11	12	13	14	15	16	17	18	19	
$y_{1,j}$	1	1	1	1	0	0	0	0	1	

如 10.2.2 节中所述，考虑到实际情况或调度控制人员的偏好，可以增加其他的约束条件，如不允许连续越站等，采用含蒙特卡罗的遗传算法进行求解。表 10-6 为不允许连续越站情况下车辆 1 的最优中途越站调度控制方案，即在站点 16 和站点 18 处越站。目标函数值为 $z=3706\,\text{min}$，其中 $z_1=408\,\text{min}$，$z_2=3181\,\text{min}$，$z_3=117\,\text{min}$。

表 10-6　车辆 1 最优越站方案：不允许连续越站

站点	1	2	3	4	5	6	7	8	9	10
$y_{1,j}$	1	1	1	1	1	1	1	1	1	1
站点	11	12	13	14	15	16	17	18	19	
$y_{1,j}$	1	1	1	1	1	0	1	0	1	

10.3　考虑车载能力约束的越站控制策略

10.3.1　考虑车载能力约束的越站方案生成模型

10.2 节给出的越站控制方案生成模型未考虑公交车辆实际载客能力约束，适用于非客流高峰期公共交通运行系统。客流高峰期，由于公交车辆载客能力有限，常常出现乘客无法顺利乘坐其到达后首班到站车辆。公交车辆运行情况很大程度上也受到车载能力约束引起的车内拥挤状况的影响，如高载客率的公交车辆所需的上、下客时间更长。为了更好地反映实际情况，需改进 10.2 节构建的越站控制方案生成模型，考虑车辆载客能力约束和车内拥挤程度对乘客上、下车时间的影响[219]。

令 l 表示目标公交线路，沿线途经 N 个站点，各站点按照线路途经顺序命名，即站点 j 为线路 j 上车辆经过的第 l 个停靠站点。研究时间范围内线路 l 的发车班次为 n，各班次按发班次序命名，即车辆 $i(i=1,2,\cdots,n)$ 表示第 i 班从首站发出的公交车次。

为避免乘客等待时间过长，车辆 i 不能连续越过两个相邻站点，即

$$y_{i,j}+y_{i,j+1}\geqslant 1,\forall i=1,2,\cdots,n;j=1,2,\cdots,N-1 \qquad (10\text{-}18)$$

$$y_{i,j} \in \{0,1\}, \forall i=1,2,\cdots,n; j=1,2,\cdots,N \quad (10\text{-}19)$$

式中：$y_{i,j}$—— 二元变量：若车辆 i 越过站点 j，则等于 0；否则等于 1。

若车辆 i 在站点 j 越站，则车辆 $i+1$ 必须在站点 j 处停靠，即

$$y_{i,j} + y_{i+1,j} \geqslant 1, \forall i=1,2,\cdots,n-1; j=1,2,\cdots,N \quad (10\text{-}20)$$

此外，车辆 i 在首站和末站处不能越站，即

$$y_{i,1} = y_{i,N} = 1, \forall i=1,2,\cdots,n \quad (10\text{-}21)$$

车辆 i 在站点 j 处的停靠方案会影响车辆 $i+1$ 的运行情况。为避免发生串车或超车情况，车辆 i 与车辆 $i+1$ 的车头时距应大于预先规定的临界车头时距，即

$$a_{i+1,j} - d_{i,j} \geqslant H_0, \forall i=1,2,\cdots,n-1; j=1,2,\cdots,N \quad (10\text{-}22)$$

式中：$a_{i+1,j}$—— 公交车辆 $i+1$ 在站点 j 处的到站时刻；

$d_{i,j}$—— 公交车辆 i 在站点 j 处的离站时刻；

H_0—— 所允许的最小车头时距（min）。

由于公交车辆载客能力约束引起的车内拥挤状况会影响乘客上、下车时间，故需准确计算各站点处车内已载乘客数、上车乘客数和下车乘客数。

$$u_{i,j} = y_{i,j} \cdot \min(w_{i,j}, S_i + v_{i,j} - x_{i,j}), \forall i=1,2,\cdots,n; j=1,2,\cdots,N$$
$$(10\text{-}23)$$

式中：$u_{i,j}$—— 站点 j 处实际登上车辆 i 的乘客数（人）；

$w_{i,j}$—— 在站点 j 处等待车辆的乘客数（人）；

S_i—— 车辆 i 的额定载客能力（人/辆），包括座位与站位；

$v_{i,j}$—— 在站点 j 处实际从车辆 i 上下来的乘客数（人）；

$x_{i,j}$—— 当车辆 i 到达站点 j 处时车内已载乘客数（人）。

在站点 j 处实际从车辆 i 上下来的乘客数可按式（10-24）计算。

$$v_{i,j} = y_{i,j} \cdot x_{i,j} \cdot p_{i,j}, \forall i=1,2,\cdots,n; j=1,2,\cdots,N \quad (10\text{-}24)$$

式中：$p_{i,j}$—— 站点 j 处车辆 i 上乘客下车率，可按式（10-25）计算。

$$p_{i,j} = \frac{\sum_{k=1}^{j-1} u_{i,kj} \cdot y_{i,k}}{x_{i,j}}, \forall i=1,2,\cdots,n; j=2,3,\cdots,N \quad (10\text{-}25)$$

式中：$u_{i,kj}$—— 站点 k 处登上车辆 i 并计划在站点 j 处下车的乘客数（人）。

当车辆 i 到达站点 j 处时车内已载乘客数 $x_{i,j}$ 为

$$x_{i,j} = \sum_{h=1}^{j-1}(u_{i,h} - v_{i,h}), \forall i = 1,2,\cdots,n; j = 2,3,\cdots,N \quad (10\text{-}26)$$

当车辆 i 到达站点 j 处时车内满载率不大于给定的参数 φ(即 $0 \leqslant x_{i,j}/S_i \leqslant \varphi$)时,车内尚不拥挤,乘客可以快速地上/下车,即此时站点停靠时间主要由上、下客人数决定。

当车辆 i 到达站点 j 处时车内满载率大于给定的参数 φ 但尚未达到 1 时(即 $\varphi < x_{i,j}/S_i < 1$)时,车内呈拥挤状态,此时乘客上/车时间相较于不拥挤状态有所增加。

当车辆 i 到达站点 j 处时车内满载率达到 1(即 $x_{i,j} = S_i$)时,只有等车上乘客下车后才能上车,即此时车辆上客与下客过程无法同时进行。

上述三种状况下,车辆 i 在站点 j 处的停靠时间 $\tau_{i,j}$ 可按式(10-27)计算。

$$\tau_{i,j} = \begin{cases} \max(B \cdot u_{i,j}, A \cdot v_{i,j}) + \kappa, & 0 \leqslant x_{i,j}/S_i \leqslant \varphi \\ \varepsilon \cdot \max(B \cdot u_{i,j}, A \cdot v_{i,j}) + \kappa, & \varphi < x_{i,j}/S_i < 1 \\ \varepsilon \cdot (B \cdot u_{i,j} + A \cdot v_{i,j}) + \kappa, & x_{i,j}/S_i = 1 \end{cases} \quad (10\text{-}27)$$
$$\forall i = 1,2,\cdots,n; j = 1,2,\cdots,N$$

式中:B—— 乘客上车平均所需时间(min);

A—— 乘客下车平均所需时间(min);

κ—— 车辆开、关门所需时间(min);

ε—— 常量参数,$\varepsilon > 1$,表征车内拥挤状况对上、下客时间影响程度。

车辆 i 在站点 j 处的离站时刻 $d_{i,j}$ 为车辆 i 在站点 j 处的到站时刻 $a_{i,j}$ 加上车辆 i 在站点 j 处的停靠时间 $\tau_{i,j}$,即

$$d_{i,j} = a_{i,j} + \tau_{i,j} \cdot y_{i,j}, \forall i = 1,2,\cdots,n; j = 2,3,\cdots,N \quad (10\text{-}28)$$

式中:$\tau_{i,j}$—— 公交车辆 i 在站点 j 处的停靠时间(min)。

车辆 i 在站点 j 处的到站时刻为车辆 i 在站点 $j-1$ 处的离站时刻加上车辆 i 在站点 $j-1$ 和站点 j 间的行驶时间和加、减速时间损失之和,如式(10-29)所示。

$$a_{i,j} = d_{i,j-1} + T_j + \frac{\delta}{2} \cdot y_{i,j-1} + \frac{\delta}{2} \cdot y_{i,j}, \forall i = 1,2,\cdots,n; j = 2,3,\cdots,N$$
$$(10\text{-}29)$$

式中:T_j—— 站点 $j-1$ 和站点 j 之间车辆行驶时间(min);

δ—— 站点处公交车辆平均加、减速时间(min)。

实际中,公交线路运行情况往往受到天气、交通状况等诸多外在因素影响,导致站点间车辆行驶时间的不确定性。因此,车辆行驶时间 T_j 为随机变量,其分布

特征可根据历史 AVL 数据估计。

在站点 j 处等待车辆 i 的乘客中包含了未能顺利乘坐车辆 $i-1$ 的乘客和在车辆 $i-1$ 离开站点 j 之后到达站点 j 的乘客，即

$$w_{i,j} = l_{i-1,j} + \lambda_j \cdot h_{i,j}, \forall i = 2,3,\cdots,n; j = 1,2,\cdots,N-1 \quad (10\text{-}30)$$

式中：$l_{i-1,j}$——未能顺利乘坐车辆 $i-1$ 的乘客数（人）；

λ_j——站点 j 处乘客到达率；

$h_{i,j}$——在站点 j 处车辆 $i-1$ 与车辆 i 间的车头时距（min）。

未能顺利乘坐车辆 i 的乘客数 $l_{i,j}$ 可按式(10-31)计算。式(10-31)第一项表征在站点 j 处被车辆 i 越过的乘客数，第二项表征由于车辆 i 在站点 j 处满载而造成的滞留乘客数。

$$l_{i,j} = (1-y_{i,j}) \cdot w_{i,j} + y_{i,j} \cdot \max(w_{i,j} + x_{i,j} - v_{i,j} - S_i, 0), \\ \forall i = 1,2,\cdots,n; j = 1,2,\cdots,N \quad (10\text{-}31)$$

在站点 j 处车辆 $i-1$ 与车辆 i 间的车头时距 $h_{i,j}$ 为

$$h_{i,j} = a_{i,j} - d_{i-1,j}, \forall i = 2,3,\cdots,n; j = 1,2,\cdots,N \quad (10\text{-}32)$$

越站控制方案应同时兼顾乘客与企业双方的利益，因此采用乘客车内时间和等待时间两个指标来表征乘客的出行费用，同时引入线路运行时间来估算公交企业运营成本。即模型优化目标包括：(1)最小化乘客等待时间成本；(2)最小化乘客车内时间成本；(3)最小化公交企业运营成本。

因此，模型目标函数为

$$\begin{aligned}
\min z &= z_w + z_v + z_o \\
&= C_w \cdot \sum_{i=2}^{2} \sum_{j=1}^{N} \left(\lambda_j \cdot h_{i,j} \cdot \frac{h_{i,j}}{2} + l_{i-1,j} \cdot h_{i,j} \right) \\
&+ C_v \cdot \sum_{i=1}^{n} \sum_{j=1}^{N} \left\{ \left[T_j + \left(\delta + \frac{\kappa}{2} \right) \cdot y_{i,j} \right] \cdot x_{i,j-1} + \left[\left(\tau_{i,j} - \frac{\kappa}{2} \right) \cdot y_{i,j} \right] \cdot x_{i,j} \right\} \\
&+ C_o \cdot \sum_{i=1}^{n} \sum_{j=2}^{N} [T_j + (\delta + \tau_{i,j}) \cdot y_{i,j}]
\end{aligned}$$

$$(10\text{-}33)$$

式中：z——目标函数值（元）；

z_w——乘客等待时间成本（元）；

z_v——乘客车内时间成本（元）；

z_o——线路运行时间成本（元）；

C_w——乘客等待时间单位经济价值(元/min);

C_v——乘客车内时间单位经济价值(元/min);

C_o——线路运行时间单位经济价值(元/min)。

考虑车辆载客能力约束的越站控制方案生成模型最终可抽象为混合整数非线性规划模型。

目标函数:式(10-33)

约束条件:式(10-18)~(10-32)

10.3.2 包含蒙特卡罗仿真的人工蜂群算法

人工蜂群算法(Artificial Bee Colony Algorithm,简称 ABC 算法)是一种借鉴蜂群觅食行为来求解数值优化问题的启发式算法[220]。相较于遗传算法,ABC 算法具有更好的局部搜索机制,在搜索过程中基本不利用外部信息,仅以适应度函数作为进化依据,从而提高了解的质量。

ABC 算法主要包括蜜源、雇佣蜂、跟随蜂和侦察蜂 4 个要素,其中雇佣蜂用于维持优良解,跟随蜂用于提高算法收敛速度,侦察蜂用于避免算法陷入局部最优。在标准的 ABC 算法中,雇佣蜂利用先前的蜜源信息寻找新的蜜源并与侦察蜂分享蜜源信息;侦察蜂在蜂房中等待并依据雇佣蜂分享的信息寻找新的蜜源;侦察蜂的任务则是在蜂房附近随机地寻找一个新的有价值的蜜源。

考虑车辆载客能力约束的越站控制方案生成模型的解由 $n \times N$ 个元素构成,代表了目标公交线路 l 上 n 班公交与 N 个站点,故可用包含二元变量 $y_{i,j}$ 的矩阵表示解空间(即蜜源搜寻空间)。

由于车辆运行过程的随机性,人工蜂群算法中适应度计算(评判蜜源质量)时需要利用蒙特卡罗仿真抽样过程。包含蒙特卡罗仿真的人工蜂群算法具体如下:

1. 人工蜂群算法流程

Step 1:参数初始化。初始化蜂群规模 N_c,雇佣蜂数量 N_e,观察蜂数量 N_o,侦察蜂数量 N_s,蜜源质量保持不变的极限迭代次数设为 lim。设定迭代计数变量 I,令其初始值为 1,即令 $I=1$。设定最大迭代次数 I_{max}。

Step 2:雇佣蜂初始化。为每一个雇佣蜂随机生成一个初始蜜源(初始解),设定每个蜜源的迭代计数变量均为 0。

Step 3:雇佣蜂工作阶段。每只雇佣蜂在当前蜜源附近搜索产生一个新的蜜源(新的解)。基于蒙特卡罗仿真评价新蜜源的质量(即适应度),若新蜜源的质量优于当前蜜源,则遗弃当前蜜源、保留新蜜源;反之,则仍保留当前蜜源,并令该蜜源的迭代计数变量加 1。

Step 4:跟随蜂工作阶段。一旦所有雇佣蜂完成局部搜索过程,它们将与跟随蜂交流蜜源质量信息。蜜源的质量与跟随蜂选择该蜜源的概率成正比。运用轮盘法确定跟随蜂选择的蜜源。确定后，跟随蜂采用与雇佣蜂相同的方式进行局部搜索，产生一个新的蜜源。若新蜜源的质量优于当前蜜源，则选择新蜜源、遗弃当前蜜源；反之，则仍保留当前蜜源，并令该蜜源的迭代计数变量加1。

Step 5：侦察蜂工作阶段。对比雇佣蜂找到的所有蜜源的适应度，找到最优的蜜源。若某一蜜源在极限迭代次数 lim 内未能更新，且又不是最优蜜源，则与该蜜源相关的雇佣蜂转变为侦察蜂，侦察蜂随机搜寻产生新蜜源替代当前蜜源，并令新蜜源的迭代计数变量为0。

Step 6：检验是否停止算法。若 $I > I_{max}$，算法停止并输出最小目标函数值及其对应的蜜源信息（最优解）；否则，令 $I = I + 1$，并跳转至 Step3。

2. 蒙特卡罗抽样过程

Step 1：初始化。令抽样次数 $m = 1$，$\bar{z}^{(m)}$ 表示目标函数值的估计值。令惩罚参数 M 为一个给定的足够大的正数。设定样本规模 m_{max}。

Step 2：取样。对于公交车辆 i，基于站点 $j-1$ 和站点 j 之间的行驶时间服从的分布函数，产生一组站点间行驶时间样本 $T_{i,j} (i = 1, 2, \cdots, n; j = 2, 3, \cdots, N)$。

Step 3：参数计算。利用样本行驶时间值，计算各参数值，包括停靠时间、到站/离站时刻、车头时距等。

Step 4：目标函数值计算。计算目标函数值，记为 $\hat{z}^{(m)}$。检查约束条件(10-22)是否满足，若不满足，令目标函数值 $\hat{z}^{(m)} = \hat{z}^{(m)} + M$。

Step 5：检查是否停止算法。若 $m > m_{max}$，则算法停止并输出目标函数估计值 $\bar{z} = \bar{z}^{(m)}$；否则，令 $m = m + 1$，并跳转至 Step 2。

Step 6：更新并计算 $\bar{z}^{(m+1)}$。$\bar{z}^{(m+1)} = \bar{z}^{(m)} + \frac{1}{m}(\hat{z}^{(m)} - \bar{z}^{(m)})$。

10.4 本章小结

本章讨论了公共交通常态运行过程中较为常用的运行控制策略，用以提高线路运行可靠性，保障线路时刻表协调设计方案的实施效果。重点分析了越站控制策略，考虑车辆运行随机性建立了非客流高峰期公交车辆越站控制方案生成模型，并设计了包含蒙特卡罗仿真的遗传算法进行求解。针对客流高峰期越站控制，给出了考虑车辆运行随机性、车辆载客能力限制、车内拥挤状况的越站控制方案生成方法。

参考文献

[1] 陈艳艳,孙明正,王振报.多层次公交线网规划与评价技术[M].北京:人民交通出版社,2011.

[2] 范海雁,杨晓光,夏晓梅,等.基于轨道交通的常规公交线网调整方法[J].城市轨道交通研究,2005(4):50-52.

[3] 周昌标,王婷静,赖友兵.基于道路公交与轨道交通布局模式的公交线网调整方法[J].城市轨道交通研究,2008(4):44-47.

[4] 周韬,邵敏华.与轨道线平行的常规公交线路优化方法研究[J].公路工程,2011,36(15):122-124.

[5] 陈素平,刘岱宗,姜洋.轨道交通常规线网优化——基于目标要素分析法[J].现代城市研究,2013(1):23-28.

[6] 孙杨,孙小年,孔庆峰,等.轨道交通新线投入运营下常规公交网络优化调整方法研究[J].铁道学报,2014(3):1-8.

[7] 张毅.轨道交通影响下的常规公交线网优化及其应用研究[D].成都:西南交通大学,2014.

[8] 过秀成,李家斌.轨道交通运营初期公共交通系统优化方法[M].南京:东南大学出版社,2015.

[9] 刘华胜.城市轨道交通与常规公交协调优化关键方法研究[D].长春:吉林大学,2015.

[10] Wan Q K H, Lo H K, Yip C. Optimal integrated transit network design[C]. Presented at the International Conference on Applications of Advanced Technologies in Transportation Engineering, 2002.

[11] Wan Q K H, Lo H K. Congested multimodal transit network design[J]. Public Transport, 2009, 1(3): 233-251.

[12] Szeto W Y, Jiang Y. Transit route and frequency design: Bi-level modeling and hybrid artificial bee colony algorithm approach[J]. Transportation Research Part B: Methodological, 2014, 67: 235-263.

[13] Kuah G K, Perl J. The feeder-bus network-design problem[J]. Journal of the Operational Research Society, 1989, 40(8): 751-767.

[14] Lúcio M C, Vaz P M. Search strategies for the feeder bus network design problem[J]. European Journal of Operational Research, 1998, 106(2): 425-440.

[15] Verma A,Dhingra S L. Feeder bus routes generation within integrated mass transit planning framework[J]. Journal of Transportation Engineering,2005,131(11):822-834.

[16] 曹玫,林小涵.基于遗传算法的城市轨道交通接运公交线网规划[J].武汉理工大学学报(交通科学与工程版),2005,29(4):568-570.

[17] Kuan S N,Ong H L,Ng K M. Solving the feeder bus network design problem by genetic algorithms and ant colony optimization[J]. Advances in Engineering Software,2006,37(6):351-359.

[18] Shrivastava P,O'Mahony M. Use of a hybrid algorithm for modeling coordinated feeder bus route network at suburban railway station[J]. Journal of Transportation Engineering,2009,135(1):1-8.

[19] Shrivastava P,Dhingra S L. Development of feeder routes for suburban railway stations using heuristic approach[J]. Journal of Transportation Engineering,2001,127(4):334-341.

[20] 许旺土,何世伟,宋瑞,等.基于改进遗传算法的接运公交线路生成优化模型[J].北京交通大学学报,2009,33(3):40-44.

[21] 宋瑞,刘志谦.轨道交通系统接运公交线路生成的启发式算法[J].吉林大学学报(工学版),2011(5):1234-1239.

[22] 孙杨,宋瑞,何世伟.弹性需求下的接运公交网络设计[J].吉林大学学报(工学版),2011,41(2):349-354.

[23] 李诗灵,陈宁,赵学彧.基于粒子群算法的城市轨道交通接运公交规划[J].武汉理工大学学报(交通科学与工程版),2010,34(4):780-783.

[24] 张杰林,郭本峰,李铁柱.城市轨道交通接运公交最优线路模型[J].公路交通科技,2013,30(1):102-109.

[25] 熊杰,关伟,黄爱玲.社区公交接驳地铁路径优化研究[J].交通运输系统工程与信息,2014(1):166-173.

[26] Salzborn F J M. Optimum bus scheduling[J]. Transportation Science,1972,6(2):137-148.

[27] Schéele S. A supply model for public transit services[J]. Transportation Research Part B:Methodological,1980,14:133-146.

[28] Furth P G,Wilson N H M. Setting frequencies on bus routes:theory and practice[J]. Transportation Research Record:Journal of the Transportation Research Board,1982(818):1-7.

[29] Ceder A. Bus frequency determination using passenger count data[J]. Transportation Research Part A:Policy and Practice,1984,18:453-469.

[30] Van Nes R.,Hamerslag R,Immers B H. Design of public transport networks[J]. Transportation Research Record:Journal of the Transportation Research Board,1988(1202):74-83.

[31] Constantin I, Florian M. Optimizing frequencies in a transit network: a nonlinear bi-level programming approach[J]. International Transactions in Operational Research, 1995, 2(2): 149-164.

[32] Gao Z, Sun H, Shan L. A continuous equilibrium network design model and algorithm for transit systems[J]. Transportation Research Part B: Methodological, 2004, 38(3): 235-250.

[33] 牛学勤,陈茜,王炜. 城市公交线路调度发车频率优化模型[J]. 交通运输工程学报,2003, 3(4):68-72.

[34] 陈茜,牛学勤,陈学武,等. 公交线路发车频率优化模型[J]. 公路交通科技,2004,21(2): 103-105.

[35] 滕靖,杨晓光. APTS下城市公交枢纽调度问题的实用优化方法研究[J]. 系统工程,2004, 22(8):78-82.

[36] 杨兆升. 城市智能公共交通系统理论与方法[M]. 北京:中国铁道出版社,2004.

[37] 于滨,杨忠振,程春田,等. 公交线路发车频率优化的双层规划模型及其解法[J]. 吉林大学学报(工学版),2006, 36(5):664-668.

[38] Yu B, Yang Z, Yao J. Genetic algorithm for bus frequency optimization[J]. Journal of Transportation Engineering, 2010, 136: 576-583.

[39] 王佳,胡列格,贺翔. 城市公交发车频率优化的双层规划模型及算法[J]. 系统工程,2013, 31(12):69-73.

[40] Zhao F, Zeng X. Optimization of transit route network, vehicle headways and timetables for large-scale transit networks[J]. European Journal of Operational Research, 2008, 186(2): 841-855.

[41] 许旺土,何世伟,宋瑞,等. 多时段公交发车间隔优化的随机期望值模型[J]. 北京理工大学学报,2009, 29(8):676-680.

[42] 姚锦宝,姚宝珍,尹智宏,等. 基于双种群遗传算法的公交线路发车间隔优化[J]. 深圳大学学报(理工版),2012, 29(6):559-564.

[43] Li Y, Xu W, He S. Expected value model for optimizing the multiple bus headways[J]. Applied Mathematics and Computation, 2013, 219: 5849-5861.

[44] 宋晓鹏,韩印,姚佼. 基于NSGA算法的公交车辆调度优化模型[J]. 上海理工大学学报, 2014, 36(4):357-361.

[45] Bie Y, Gong X, Liu Z. Time of day intervals partition for bus schedule using GPS data[J]. Transportation Research Part C: Emerging Technologies, 2015, 60: 443-456.

[46] 宋瑞,何世伟,杨永凯,等. 公交时刻表设计与车辆运用综合优化模型[J]. 中国公路学报, 2006, 19(3):70-76.

[47] 宋瑞,何世伟,杨海,等. 基于随机需求的公交运营设计优化模型及算法[J]. 土木工程学报, 2006, 39(4):110-115.

[48] 邹迎. 公交区域调度行车计划编制方法研究[J]. 交通运输系统工程与信息,2007, 7(3): 78-82.

[49] 刘志刚,申金升,王海星,等.基于协同发车的区域公交时刻表生成模型研究[J].交通运输系统工程与信息,2007a,7(2):109-113.

[50] 刘志刚,申金升.区域公交时刻表及车辆调度双层规划模型[J].系统工程理论与实践,2007b,(11):135-141.

[51] Ceder A. Optimal multi-vehicle type transit timetabling and vehicle scheduling[J]. Procedia Social and Behavioral Sciences, 2011, 20: 19-30.

[52] Hadas Y, Shnaiderman M. Public-transit frequency setting using minimum-cost approach with stochastic demand and travel time[J]. Transportation Research Part B: Methodological, 2012, 46: 1068-1084.

[53] Petersen H L, Larsen A, Madsen O B, et al. The simultaneous vehicle scheduling and passenger service problem[J]. Transportation Science, 2013, 47: 603-616.

[54] 孙杨,宋瑞,何世伟.随机需求下公交时刻表设计的鲁棒性优化[J].系统工程理论与实践,2011,31(5):986-992.

[55] 吴影辉,唐加福,宫俊.考虑随机行驶时间的单线路公交时刻表设计优化模型[J].东北大学学报(自然科学版),2015,36(10):1393-1397.

[56] Wu Y, Tang J, Tang Q P. Modeling the effects of integrated bus drivers' schedule recovery and holding control strategy on the bus route schedule design[C]. Proceedings of the 11th World Congress on Intelligent Control and Automation, 2014, 432-437.

[57] Wu Y, Tang J, Luo, X. Comparative analysis of operation strategies in schedule design for a fixed bus route[J]. International Transactions in Operational Research, 2015, 22(3): 545-562.

[58] Lesley L J S. The role of the timetable in maintaining bus service reliability[C]. Proceedings of the Symposium on Operating Public Transport, 1975.

[59] Abkowitz M, Engelstein I. Methods for maintaining transit service regularity[J]. Transportation Research Record: Journal of the Transportation Research Board, 1984(961): 1-8.

[60] Abkowitz M, Eiger A, Engelstein I. Optimal control of headway variation on transit routes [J]. Journal of Advanced Transportation, 1986, 20(1): 73-88.

[61] Carey M. Reliability of interconnected scheduled services[J]. European Journal of Operational Research, 1994, 79(1): 51-72.

[62] Dessouky M, Hall R, Nowroozi A, et al. Bus dispatching at timed transfer transit stations using bus tracking technology[J]. Transportation Research Part C: Emerging Technologies, 1999, 7(4): 187-208.

[63] Zhao J, Dessouky M, Bukkapatnam S. Optimal slack time for schedule-based transit operations[J]. Transportation Science, 2006, 40(4): 529-539.

[64] Yan Y, Meng Q, Wang S, et al. Robust optimization model for the reliable bus transit route schedule design[J]. Transportation Research Part C: Emerging Technologies, 2012, 25: 113-121.

[65] 过秀成,严亚丹. 地面公共交通运行可靠性分析与调度控制[M]. 南京:东南大学出版社,2013.

[66] Zhao H,Zhang C,Gao Z, et al. 2013. Risk-based transit schedule design for a fixed route from the view of Equity[J]. Journal of Transportation Engineering,139(11):1086-1094.

[67] Wirasinghe S C,Liu G. Determination of the number and locations of time points in transit schedule design[J]. Annals of Operations Research,1995,60(1):161-191.

[68] Liu G,Wirasinghe S C. A simulation model of reliable schedule design for a fixed transit route[J]. Journal of Advanced Transportation,2001,35(2):145-174.

[69] Furth P G, Muller T H J. Optimality conditions for public transport schedules with time-point holding[J]. Public Transport,2009,1(2):87-102.

[70] Rapp M H,Gehner C D. Transfer optimization in an interactive graphic system for transit planning[J]. Transportation Research Record:Journal of the Transportation Research Board,1976,(619):27-33.

[71] Salzborn F J M. Scheduling bus systems with interchanges[J]. Transportation Science,1980,14(3):211-231.

[72] Klemt W, Stemme W. Schedule synchronization for public transit networks[J]. Computer-Aided Transit Scheduling,1988,308:327-335.

[73] Castelli L, Pesenti R, Ukovich W. Scheduling multimodal transportation systems[J]. European Journal of Operational Research,2004,155(3):603-615.

[74] 何迪. APTS下公交车辆区域调度问题研究[D]. 成都:西南交通大学,2009.

[75] Khani A, Shafahi Y. Transfer optimization in transit networks: Headway and departure time coordination[C]. Proceedings of the 14th International IEEE Conference on Intelligent Transportation Systems,2011.

[76] Hassold S, Ceder A. Multiobjective approach to creating bus timetables with multiple vehicle types[J]. Transportation Research Record:Journal of the Transportation Research Board,2012,(2276):56-62.

[77] 赵航,安实,金广君,等. 考虑车辆运输能力限制的公交换乘优化[J]. 吉林大学学报(工学版),2012,42(3):606-611.

[78] Tilahun S L, Ong H C. Bus timetabling as a fuzzy multiobjective optimization problem using preference-based genetic algorithm[J]. Promet-Traffic&Transportation,2012,24(3):183-191.

[79] Parbo J, Nielsen O A, Prato C G. User perspectives in public transport timetable optimization[J]. Transportation Research Part C:Emerging Technologies,2014,48:269-284.

[80] Schröder M, Solchenbach I. Optimization of transfer quality in regional public transit[R]. Berichte des Fraunhofer ITWM,2006.

[81] 杨晓光,周雪梅,臧华. 基于ITS环境的公共汽车交通换乘时间最短调度问题研究[J]. 系统工程,2003,21(2):56-59.

[82] 周雪梅,杨晓光. 基于 ITS 的公共交通换乘等待时间最短调度问题研究[J]. 中国公路学报, 2004,17(2):83-85.

[83] Shafahi Y, Khani A. A practical model for transfer optimization in a transit network: model formulations and solutions[J]. Transportation Research Part A: Policy and Practice, 2010, 44(6): 377-389.

[84] 颜建新,李文权,柏海舰. 基于换乘优化的公交区域调度[J]. 交通运输工程与信息学报, 2010,8(2):81-86.

[85] 司徒炳强,靳文舟. 合作与竞争条件下公交网络发车时间优化模型[J]. 公路交通科技, 2010,27(6):121-126.

[86] Saharidis G K D, Dimitropoulos C, Skordilis E. Minimizing waiting times at transitional nodes for public bus transportation in Greece[J]. Operational Research, 2014, 14(3): 341-359.

[87] Chakroborty P, Deb K, Subrahmanyam P S. Optimal scheduling of urban transit system using genetic algorithms[J]. Journal of Transportation Engineering, 1995, 121(6): 544-553.

[88] Chakroborty P, Deb K, Srinivas B. Network-wide optimal scheduling of transit system using genetic algorithms[J]. Computer-Aided Civil and Infrastructure Engineering, 1998, 13(5): 363-376.

[89] Yan S, Chen H. A scheduling model and a solution algorithm for inter-city bus carriers[J]. Transportation Research Part A: Policy and Practice, 2002, 36(9): 805-825.

[90] Yan S, Chi C, Tang C. Inter-city bus routing and timetable setting under stochastic demands[J]. Transportation Research Part A: Policy and Practice, 2006, 40(7): 572-586.

[91] Chen C, Yan S, Tseng C. Inter-city bus scheduling for allied carriers[J]. Transportmetrica, 2010, 6(3): 161-185.

[92] Wu Y, Yang H, Tang J, et al. Multi-objective re-synchronizing of bus timetable: model, complexity and solution[J]. Transportation Research Part C: Emerging Technologies, 2016, 67: 149-168.

[93] Ceder A, Tal O. Designing synchronization into bus timetables[J]. Transportation Research Record: Journal of the Transportation Research Board, 2001, (1760): 28-33.

[94] Ceder A, Golany B, Tal O. Creating bus timetables with maximal synchronization[J]. Transportation Research Part A: Policy and Practice, 2001, 35(10): 913-928.

[95] Ceder A. Public transit planning and operation[M]. Amsterdam: Elsevier, 2007.

[96] Ibarra-Rojas O J, Rios-Solis Y A. Synchronization of bus timetabling[J]. Transportation Research Part B: Methodological, 2012, 46(5): 599-614.

[97] Ibarra-Rojas O J, Giesen R, Rios-Solis Y A. An integrated approach for timetabling and vehicle scheduling problems to analyze the trade-off between level of service and operating costs of transit networks[J]. Transportation Research Part B: Methodological, 2014, 70: 35-46.

[98] Ibarra-Rojas O J, López-Irarragorri F, Rios-Solis Y A. Multiperiod bus timetabling[J]. Transportation Science, 2015, 50(3): 805-822.

[99] 田启华,陈艳艳.区域公交协调调度优化算法研究[J].交通运输系统工程与信息,2011,11(4):160-165.

[100] 石琴,覃运梅,黄志鹏.公交区域调度的最大同步换乘模型[J].中国公路学报,2007,20(6):90-94.

[101] 陈霞,黄中祥,况爱武,等.基于线网结构的公交协同调度时刻表模型[J].系统工程,2011,29(8):108-111.

[102] 柏海舰,董瑞娟,张敏,等.基于同步多样性的公交时刻优化方法[J].交通运输工程学报,2013,13(3):79-85.

[103] Bookbinder J H, Désilets A. Transfer optimization in a transit network[J]. Transportation Science, 1992, (2): 106-118.

[104] Knoppers P, Muller T. Optimized transfer opportunities in public transport[J]. Transportation Science, 1995, 29(1): 101-105.

[105] Cevallos F, Zhao F. Minimizing transfer times in a public transit network with a genetic algorithm[J]. Transportation Research Record: Journal of the Transportation Research Board, 2006, (1971): 74-79.

[106] 李铭,李旭宏.公交枢纽内多线路车辆实时调度优化方法研究[J].公路交通科技,2006,23(10):108-112.

[107] Wu Y, Tang J, Yu Y, et al. A stochastic optimization model for transit network timetable design to mitigate the randomness of travelling time by adding slack time[J]. Transportation Research Part C: Emerging Technologies, 2015b, 52: 15-31.

[108] Lee K K T. Optimization of timed transfers in transit terminals[D]. Ph. D. Dissertation, University of Maryland, College Park, MD, 1993.

[109] Hall R. Vehicle scheduling at a transportation terminal with random delay en Route[J]. Transportation Science, 1985, 19(3): 308-320.

[110] Shih M C. A design methodology for bus transit route networks with coordinated operations[D]. Ph. D. Dissertation, University of Texas, Austin, Texas, 1994.

[111] Ngamchai S, Lovell D J. Optimal time transfer in bus transit route network design using a genetic algorithm[J]. Journal of Transportation Engineering, 2003, 129(5): 510-521.

[112] Ting C J. Transfer coordination in transit network[D]. Ph. D. Dissertation, University of Maryland, College Park, MD, 1997.

[113] Domschke W. Schedule synchronization for public transit networks[J]. Operations-Research-Spektrum, 1989, 11(1): 17-24.

[114] 张铭,徐瑞华.轨道交通网络列车衔接组织的递阶协调优化[J].系统工程,2007,25(9):33-37.

[115] 张铭,杜世敏.基于递阶偏好的轨道交通网络化运营换乘协调优化[J].铁道学报,2009,

31(6):9-14.

[116] Barrena E, Canca D, Coelho L C, et al. Exact formulations and algorithm for the train timetabling problem with dynamic demand[J]. Computers & Operations Research, 2014, 44: 66-74.

[117] Nachtigall K. Periodic network optimization with different arc frequencies[J]. Discrete Applied Mathematics, 1996, 69(1-2): 1-17.

[118] Nachtigall K, Voget S. A genetic algorithm approach to periodic railway synchronization [J]. Computers & Operations Research, 1996, 23(5): 453-463.

[119] Nachtigall K, Voget S. Minimizing waiting times in integrated fixed interval timetables by updating railway tracks[J]. European Journal of Operational Research, 1997, 103(3): 610-627.

[120] Kwan C M, Chang C S. Timetable synchronization of mass rapid transit system using multiobjective evolutionary approach[J]. IEEE Transactions on Systems, Man, and Cybernetics-Part C: Applications and Reviews, 2008, 38(5): 636-648.

[121] 周艳芳,周磊山,乐逸祥. 城市轨道网络换乘站列车衔接同步协调优化研究[J]. 铁道学报, 2011, 33(3):9-16.

[122] Kaspi M, Raviv T. Service-oriented line planning and timetabling for passenger trains[J]. Transportation Science, 2013, 47(3): 295-311.

[123] Yang X, Ning B, Li X, et al. A two-objective timetable optimization model in subway systems[J]. IEEE Transactions on Intelligent Transportation Systems, 2014, 15(5): 1913-1921.

[124] Aksu D T, Akyol U. Transit coordination using integer-ratio headways[J]. IEEE Transactions on Intelligent Transportation Systems, 2014, 15(4): 1633-1642.

[125] Aksu D T, Yilmaz S. Transit coordination with heterogeneous headways[J]. Transportation Planning and Technology, 2014, 37(5): 450-465.

[126] Wu J, Liu M, Sun H, et al. Equity-based timetable synchronization optimization in urban subway network[J]. Transportation Research Part C: Emerging Technologies, 2015, 51: 1-18.

[127] Liebchen C, Möhring R H. A case study in periodic timetabling[J]. Electronic Notes in Theoretical Computer Science, 2002, 66(6): 18-31.

[128] Liebchen C. The first optimized railway timetable in practice[J]. Transportation. Science, 2008, 42(4): 420-435.

[129] Vansteenwegen P, Oudheusden D V. Developing railway timetables which guarantee a better service[J]. European Journal of Operational Research, 2006, 173(1): 337-350.

[130] Vansteenwegen P, Oudheusden D V. Decreasing the passenger waiting time for an intercity rail network[J]. Transportation Research Part B:Methodological, 2007, 41(4): 478-492.

[131] Wong R C W, Yuen T W Y, Fung K W, et al. Optimizing timetable synchronization for

rail mass transit[J]. Transportation Science,2008,42(1):57-69.

[132] Shrivastava P,Dhingra S L. Development of coordinated schedules using genetic algorithms[J]. Journal of Transportation Engineering,2002,128(1):89-96.

[133] 李萌,彭国雄. 基于换乘系统经济效益最优的公共交通调度问题研究[J]. 城市轨道交通研究,2006(2):31-34.

[134] 林国鑫,陈旭梅. 城市轨道交通与常规公交系统协调评价探讨[J]. 交通运输系统工程与信息,2006,6(3):89-92.

[135] 姚凤金,杨浩. 旅客枢纽换乘时间调度研究[J]. 交通运输系统工程与信息,2008,8(1):133-137.

[136] 陈旭梅,林国鑫,于雷. 常规公共交通与轨道交通运营调度协调模型[J]. 系统工程理论与实践,2009,29(10):165-173.

[137] 张宇石,陈旭梅,于雷,等. 基于换乘站点的轨道交通与常规公交运营协调模型研究[J]. 铁道学报,2009,31(3):11-19.

[138] Hsu S C. Determinants of passenger transfer waiting time at multi-modal connecting stations[J]. Transportation Research Part E:Logistics and Transportation Review,2010,46(3):404-413.

[139] 宗芳,王琳虹,贾洪飞. 综合客运枢纽内各方式协调调度模型[J]. 华南理工大学学报(自然科学版),2010,38(3):53-57.

[140] 孙杨,宋瑞,何世伟. 接运公交时刻表与区域车辆调度的综合优化[J]. 吉林大学学报(工学版),2011,41(5):1228-1233.

[141] 陈鹏,严新平,李旭宏,等. 轨道交通与常规公交计划调度协调模型[J]. 吉林大学学报(工学版),2011,41(4):950-955.

[142] 马天山,曹玮,乔新宇. 城市轨道交通与接运公交换乘优化模型[J]. 长安大学学报(自然科学版),2013,33(4):80-85.

[143] 魏明,陈学武,孙博. 多模式区域公交协调调度模型与算法[J]. 公路交通科技,2015,32(4):136-142.

[144] Lee K K T,Schonfeld P M. Optimal slack time for timed transfers at a transit terminal[J]. Journal of Advanced Transportation,1991,25(3):281-308.

[145] Chien S. Optimization of coordinated intermodal transit networks[D]. Ph. D. Dissertation,University of Maryland,College Park,MD,1995.

[146] Chien S,Schonfeld P. Joint optimization of a rail transit line and its feeder bus system[J]. Journal of Advanced Transportation,1998,32(3):253-284.

[147] Chowdhury M S. Intermodal transit system coordination with dynamic vehicle dispatching[D]. Ph. D. dissertation. New Jersey Institute of Technology,New Jersey,2000.

[148] Chowdhury M S,Chien S. Dynamic vehicle dispatching at the intermodal transfer station[J]. Transportation Research Record:Journal of the Transportation Research Board,2001,(1753):61-68.

[149] 徐瑞华,李璇. 城市轨道交通网络末班车衔接方案的综合优化[J]. 同济大学学报(自然科学版),2012,40(10):1510-1516.

[150] 徐杰,张新,郭建媛,等. 基于末班车时刻表的城市轨道交通客流诱导系统的研究[J]. 中国铁道科学,2014,35(2):111-119.

[151] Kang L, Zhu X, Wu J, et al. Departure time optimization of last trains in subway networks: mean-variance model and GSA algorithm[J]. Journal of Computing in Civil Engineering, 2015a, 29(6).

[152] Kang L, Wu J, Sun H, et al. A case study on the coordination of last trains for the Beijing subway network[J]. Transportation Research Part B: Methodological, 2015b, 72: 112-127.

[153] Kang L, Wu J, Sun H, et al. A practical model for last train rescheduling with train delay in urban railway transit networks [J]. Omega, 2015c, 50: 29-42.

[154] 汪波,李平,厉立,等. 北京城市轨道交通路网末班车延误调整研究[J]. 铁道学报,2010,2010(1):41-44.

[155] 彭益兵,苏厚勤,何晋川. 轨交末班车可达多路径换乘算法的研究与实现[J]. 计算机应用研究,2010,27(4):1373-1375.

[156] 罗钦,徐瑞华,江志彬,等. 基于运行图的轨道交通网络动态可达性研究[J]. 同济大学学报(自然科学版),2010,38(1):72-75.

[157] 徐瑞华,张铭,江志彬. 基于线网运营协调的城市轨道交通首末班列车发车时间域研究[J]. 铁道学报,2008,30(2):7-11.

[158] Zhou W, Deng L, Xie M, et al. Coordination optimization of the first and last trains' departure time on urban rail transit network[J]. Advances in Mechanical Engineering, 2013.

[159] Guo X, Wu J, Sun H, et al. Timetable coordination of first trains in urban railway network: a case study of Beijing[J]. Applied Mathematical Modelling, 2016, 1-19.

[160] Kang, L., Zhu, X. A simulated annealing algorithm for first train transfer problem in urban railway networks[J]. Applied Mathematical Modelling, 2016a, 40(1): 419-435.

[161] Kang L, Zhu X, Sun H, et al. Modeling the first train timetabling problem with minimal missed trains and synchronization time differences in subway networks[J]. Transportation Research Part B: Methodological, 2016b, 93: 17-36.

[162] Dessouky M, Hall R, Zhang L, et al. Real-time control of buses for schedule coordination at a terminal[J]. Transportation Research Part A: Policy and Practice, 2003, 37(2): 145-164.

[163] Fu L, Liu Q, Calamai P. Real-time optimization model for dynamic scheduling of transit operations[J]. Transportation Research Record: Journal of the Transportation Research Board, 2003, (1857): 48-55.

[164] Sun A, Hickman M. The real-time stop-skipping problem[J]. Journal of Intelligent Transportation Systems, 2005, 9: 91-109.

[165] Cortés C, Sáez D, Milla F, et al. Hybrid predictive control for real-time optimization of

public transport systems' operations based on evolutionary multi-objective optimization[J]. Transportation Research Part C: Emerging Technologies, 2010, 18: 757-769.

[166] Sáez D, Cortés C, Milla F, et al. Hybrid predictive control strategy for a public transport system with uncertain demand[J]. Transportmetrica, 2012, 8: 61-86.

[167] Turnquist M, Blume S. Evaluating potential effectiveness of headway control strategies for transit systems[J]. Transportation Research Record: Journal of the Transportation Research Board, 1980, (746): 25-29.

[168] Fu L, Yang X. Design and implementation of bus-holding control strategies with real-time information[J]. Transportation Research Record: Journal of the Transportation Research Board, 2002, (1791): 6-12.

[169] Zolfaghari S, Azizi N, Jabner M. A model for holding strategy in public transit systems with real time information[J]. International Journal of Transportation Management, 2004, 2: 99-110.

[170] Sun A., Hickman M. The holding problem at multiple holding stations[C]. Proceedings of the 9th International Conference on Computer-Aided Scheduling of Public Transport (CASPT), San Diego, California, 2008.

[171] Daganzo C F. A headway-based approach to eliminate bus bunching: systematic analysis and comparisons[J]. Transportation Research Part B: Methodological, 2009, 43: 913-921.

[172] Xuan Y, Argote J, Daganzo C F. Dynamic bus holding strategies for schedule reliability: optimal linear control and performance analysis[J]. Transportation Research Part B: Methodological, 2011, 45: 1831-1845.

[173] 陈春晓,陈治亚,陈维亚.基于多智能体增强学习的公交驻站控制方法[J].计算机工程与应用,2015, 51(17):8-13.

[174] 陈春晓,陈治亚,陈维亚.基于模糊逻辑的单线路公交实时控制方法[J].公路交通科技,2016, 33(9):141-147.

[175] Hall R, Dessouky M, Lu Q. Optimal holding times at transfer stations[J]. Computers & Industrial Engineering, 2001, 40: 379-397.

[176] 滕靖,杨晓光.面向换乘枢纽的公共汽车驻站协调优化[J].系统工程理论与实践,2008, 28(5):156-163.

[177] Delgado, F, Contreras, N, Muñoz, J. Holding for transfers[C]. Proceedings of the 92nd Transportation Research Board Meeting, 2013.

[178] Chandrasekar P, Cheu R L, Chin H C. Simulation evaluation of route-based control of bus operations[J]. Journal of Transportation Engineering, 2012, 128: 519-527.

[179] Daganzo C F, Pilachowski J. Reducing bunching with bus-to-bus cooperation[J]. Transportation Research Part B: Methodological, 2011, 45: 267-277.

[180] 张宇石.大城市常规公共交通运行可靠性的研究与实例评价[D].北京:北京交通大学,2008.

[181] VanOort N, Van Nes R. Improving reliability in urban public transport in strategic and tactical design[C]. Proceedings of 87th Transportation Research Board Meeting, Washington DC, 2008.

[182] 杨晓光,安健,刘好德,等. 公交运行服务质量评价指标体系探讨[J]. 交通运输系统工程与信息, 2010, 10(4): 13-21.

[183] Systan Inc. Timed transfer: an evaluation of its structure, performance and cost[R]. UMTA-MA-06-0049083-6, Urban Mass Transportation Administration, Washington D. C, 1983.

[184] Vuchic V R, Clarke R, Molinero A. Timed transfer system planning, design and operation[R]. DOT-I-83-28, Urban Mass Transportation Administration, Washington D. C, 1983.

[185] Patnaik J, Chien S, Bladikas A. Using data mining techniques on APC data to develop effective bus scheduling plans[J]. Journal of Systemics Cybernetics & Informatics, 2006, 4(1): 86-90.

[186] Ceder A, Hassold S, Dano B. Approaching even-load and even-headway transit timetables using different bus sizes[J]. Public Transport, 2013, 5(3): 193-217.

[187] Ceder A, Hassold S, Dunlop C, et al. Improving urban public transport service using new timetabling strategies with different vehicle sizes[J]. International Journal of Urban Science, 2013, 17(2): 239-258.

[188] Dou X, Yan Y, Guo X, et al. Time control point strategy coupled with transfer coordination in bus schedule design[J]. Journal of Advanced Transportation, 2016, 50(7): 1336-1351.

[189] Guo Z, Wilson N H M. Modeling effects of transit system transfers on travel behavior: case of commuter rail and subway in downtown Boston, Massachusetts[J]. Transportation Research Record: Journal of the Transportation Research Board, 2007, (2006): 11-20.

[190] Chowdhury S, Ceder A. Definition of planned and unplanned transfer of public transport service and user decisions to use routes with transfers[J]. Journal of Public Transportation, 2013, 16(2): 1-20.

[191] Chowdhury S, Ceder A. A psychological investigation on public-transport users' intention to use routes with transfers[J]. International Journal of Transportation, 2013, 1(1): 1-20.

[192] Jang W. Travel time and transfer analysis using transit smart card data[J]. Transportation Research Record: Journal of the Transportation Research Board, 2010, (2144): 142-149.

[193] Currie G, Loader C. Exploring bus transfer behavior in Metropolitan Melbourne[C]. Proceedings of the 32nd Australasian Transport Research Forum (ATRF), 2009.

[194] Turnquist M A. A model for investigating the effects of service frequency and reliability on bus passenger waiting time[J]. Transportation Research Record: Journal of the Transportation Research Board, 1978, (663): 70-73.

[195] Guenthner R P, Hamat K. Distribution of bus transit on-time performance[J]. Transpor-

tation Research Record: Journal of the Transportation Research Board, 1988, (1202): 1-8.

[196] Wirasinghe S C, Liu G. Optimal schedule design for a transit route with one intermediate time point[J]. Transportation Planning and Technology, 1995b, 19(2): 121-145.

[197] Abkowitz M, Josef R, Tozzi J, et al. Operational feasibility of timed transfer in transit systems[J]. Journal of Transportation Engineering, 1987, 113(2): 168-177.

[198] Senevirante P N. Analysis of on-time performance of bus service using simulation[J]. Journal of Transportation Engineering, 1990, 116(4): 517-531.

[199] Kleywegt A J, Shapiro A, Homem-De-Mello T. The sample average approximation method for stochastic discrete optimization[J]. SIAM Journal on Optimization, 2002, 12(2): 479-502.

[200] Norkin V I, Pflug G C, Ruszczyński A. A branch and bound method for stochastic global optimization[J]. Mathematical Programming, 1998, 83(1): 425-450.

[201] Mak W K, Morton D P, Wood R K. Monte Carlo bounding techniques for determining solution quality in stochastic programs[J]. Operations Research Letters, 1999, 24(1-2): 47-56.

[202] Wolsey L A. Integer Programming[M]. John Wiley & Sons, Inc, 1988.

[203] Löfberg J. YALMIP: a toolbox for modeling and optimization in MATLAB[C]. Proceedings of IEEE International Symposium on Computer Aided Control Systems Design Conference, Taipei, 2004, 284-289.

[204] Holland J H. Adaptation in natural and artificial systems[M]. The University of Michigan Press, Ann Arbor, MI, 1975.

[205] Goldberg E D. Genetic algorithms in search optimization and machine learning[M]. Addison-Wesley, Reading, MA, 1989.

[206] Michalewicz Z. Genetic algorithms + Data structures = Evolution programs[M]. Springer, Berlin/Heidelgerg, 1992.

[207] Chambers L. Practical handbook of genetic algorithms: applications[M]. CRC Press, Boca Raton, FL, 1995.

[208] Bielli M, Caramia M, Carotenuto P. Genetic algorithm in bus network optimization[J]. Transportation Research Part C: Emerging Technologies, 2002, 10(1): 19-34.

[209] Using archived AVL-APC data to improve transit performance and management[R]. TCRP Synthesis of Transit Practice 113, National Research Council: Transportation Research Board, Washington, DC, 2006.

[210] Transit Scheduling: Basic and Advanced Manuals [R]. TCRP Synthesis of Transit Practice 30, National Research Council: Transportation Research Board, Washington, DC, 1998.

[211] Chen M, Liu X B, Xia J X. Dynamic prediction method with schedule recovery impact for

bus arrival time[J]. Transportation Research Record: Journal of the Transportation Research Board, 2005(1923): 208-217.

[212] Ben-Tal A, Ghaoui L E. Nemirovski A. Robust optimization[M]. Princeton: Princeton University Press, 2009.

[213] Shapiro A, Dentcheva D, Ruszczyński A. Lectures on stochastic programmming: modelling and theory[M]. The Society for Industrial and Applied Mathematics and the Mathematical Programming Society, 2009.

[214] Land Transport Authority of Singapore. Train system map [EB/OL]. http://www.lta.gov.sg/content/dam/ltaweb/corp/PublicTransport/img/Train%20System%20Map%20May%202015%20large.jpg. [Accessed: 10th June 2015].

[215] Land Transport Authority of Singapore. http://www.mytransport.sg. [Accessed: 10th October 2014].

[216] 于滨. 城市公交系统模型与算法研究[D]. 大连: 大连理工大学, 2006.

[217] 马万经, 杨晓光. 公交信号优先控制策略研究综述[J]. 城市交通, 2010, 08(6): 70-78.

[218] Ceder A, Marguier P H J. Passenger waiting at transit stops[J]. Traffic Engineering and Control, 1985, 26: 327-329.

[219] Chen J, Liu Z, Zhu S, et al. Design of limited-stop bus service with capacity constraint and stochastic travel time[J]. Transportation Research Part E: Logistics and Transportation Review, 2015, 83: 1-15.

[220] Karaboga D, Basturk B. A powerful and Efficient Algorithm for Numerical Function Optimization: Artificial Bee Colony (ABC) Algorithm[J]. Journal of Global Optimization, 2007, 39(3): 459-171.

后　记

　　城市公共交通系统建设与运营向多模式、网络化方向发展，要求不同方式、不同线路间更加互补、协调，以提高整个公共交通系统的运营效率并最大限度地满足乘客需求。本书以城市多模式公共交通系统为研究对象，界定运行可靠性与换乘便捷性的内涵，从协调设计、协同调度与运行控制三方面综合剖析多模式公共交通协调机理，探索轨道交通与地面公交线路协调设计方法，提出地面公交线路时刻表协调优化、轨道交通与地面公交时刻表协调设计以及基于协同调度的首末班运行计划优化方法，并给出保障运行协调方案有效落实的运行控制策略。

　　公共交通方式的多样化与乘客出行需求的日益多元化，使得公共交通客流时空分布特征随之变化，要求多模式公共交通协调优化方法持续调整与更新。此外，公共交通的信息化与智能化使得研究多模式公共交通协调问题的视角与方法日益丰富。多模式公共交通协调优化问题作为需要进行长期持续性研究的课题，其有待继续深化的内容包括(但不限于)：

　　1. 考虑多模式公共交通系统结构对协调优化方法的影响。城市轨道交通系统主要包括地铁、轻轨、有轨电车等方式，地面公交系统又可细分为快速公交、常规公交、定制公交、城乡公交等方式。不同规模、形态的城市所建设的多模式公共交通系统的方式构成往往不同。考虑不同方式在客流特征、运行特性、运行组织等方面的差异，进一步细化、深化本书所提出的多模式公共交通协调优化方法，加强协调方案的适应性。

　　2. 多模式公共交通乘客出行行为研究。掌握乘客的出行行为特性有助于更加科学合理地实施公共交通协同调度。城市公共交通信息化将为乘客出行行为分析提供数据支持，利用手机信令数据、IC 卡数据、AVL 数据等，通过数据挖掘获取多模式公共交通客流时空分布特征、运力与客流契合程度、乘客出行路径选择偏好等，指导运行协调方法的调整与优化，使协调方案更加精细化。

　　3. 多模式公共交通网络建模与设计方法研究。在多模式公共交通网络设计阶段需考虑乘客跨方式、跨线路组合出行需求，通过组合出行和非组合出行特征分析探索多模式公共交通系统中乘客出行行为机理;考虑网络中出行者换乘与等待行为,研究基于容量限制客流分配的公交网络分析模型;提出多模式公共交通网络初始线路生成方法,构建多模式公共交通网络组合优化模型与算法。

4. 动态运行控制策略研究。运行控制策略可用于纠正运行偏差、提高运行可靠性,保障线路运行计划协调方案的有效落实。本书探讨了以历史数据为基础的线路运行控制方法,在运行过程中控制方案无法进行动态实时优化,属于静态运行控制。智能化交通背景下,结合 AVL 数据、道路交通运行数据、乘客需求实时信息等,研究动态运行控制方案生成方法,以便当车辆实际运行偏离计划时刻表时可实时实施有效的运行控制。

5. 城市多模式公共交通与城际通勤交通协调优化方法研究。在城市群协同发展背景下,城市间通勤、商务出行比例大幅度增加,以城际轨道交通为主骨架的快速通勤系统日趋完善。城市多模式公共交通系统需为城际客流提供高效便捷的集输运服务。在明晰城际客流时空分布规律与乘客出行特性的基础上,建立城市多模式公共交通与城际客运交通协同调度模型与算法。

6. 多模式公共交通应急协同调度方法研究。多模式公共交通系统在异常事件或大客流需求下需要进行应急调度、疏散客流。可建立大客流疏散要求下的多模式公共交通协同调度模型,对不同方式、不同线路、车辆、人员进行综合调度,为运营管理部门异常事件下的应急响应、资源统筹提供决策依据。

感谢研究过程中东南大学徐吉谦教授、刘攀教授、刘志远教授、李文权教授、程琳教授、邓卫教授、蔡先华教授、李铁柱教授和新加坡国立大学孟强教授,同济大学陈小鸿教授,上海理工大学韩印教授,南京航空航天大学朱金福教授,中设设计集团邓润飞研究员级高工给予的指导。感谢杭州市城市规划设计研究院李家斌硕士在第 4 章、郑州大学严亚丹博士在第 10 章撰写过程中参与研讨、贡献智慧。感谢东南大学 Bluesky 工作室李居宸硕士研究生参与资料整理、书稿校对工作。

著者

于东南大学

2017 年 6 月